MICHAEL COLLINS PIPER

DAS NEUE JERUSALEM

DIE ZIONISTISCHE MACHT IN AMERIKA

Eine gründliche, sorgfältig recherchierte und mit Fakten gespickte Studie über das breite Spektrum an Reichtum und Macht, das die zionistische Elite in den USA heutzutage angehäuft hat.

MICHAEL COLLINS PIPER

Michael Collins Piper war ein US-amerikanischer politischer Schriftsteller und Radiomoderator. Er wurde 1960 in Pennsylvania, USA, geboren. Er war ein regelmäßiger Mitarbeiter von The Spotlight und dessen Nachfolger American Free Press, Zeitungen, die von Willis Carto unterstützt wurden. Er starb 2015 in Coeur d'Alène, Idaho, in den USA.

Das neue Jerusalem - Zionistische Macht in Amerika
Eine gründliche, sorgfältig recherchierte und mit Fakten gespickte Studie über das breite Spektrum an Reichtum und Macht, das die zionistische Elite in den Vereinigten Staaten von Amerika heutzutage angehäuft hat.

The New Jerusalem – Zionist Power in America
The first-ever in-depth, thoroughly documented, fact-filled study of the vast array of wealth and power accumulated by the Zionist elite in the United States today

Erstdruck in den USA: Juni 2004 American Free Press

Übersetzt und herausgegeben von
Omnia Veritas Limited

www.omnia-veritas.com

© Omnia Veritas Ltd - 2025

Alle Rechte vorbehalten. Kein Teil dieser Publikation darf ohne vorherige schriftliche Genehmigung des Herausgebers in irgendeiner Form oder mit irgendwelchen Mitteln, einschließlich Fotokopien, Aufnahmen oder anderen elektronischen oder mechanischen Mitteln, vervielfältigt, verbreitet oder übertragen werden, außer für kurze Zitate in kritischen Zeitschriften und für andere nicht kommerzielle Zwecke, die nach dem Urheberrechtsgesetz zulässig sind.

VORWORT 19
ISRAEL ODER AMERIKA? 19
EINFÜHRUNG 22
SEMITEN UND ANTISEMITEN - DER KONFLIKT DER ZEITALTER 22
DIE „NEUE ELITE" DER USA 30
EIN EHRLICHER UND SYMPATHISCHER ÜBERBLICK ÜBER DIESES ÄUSSERST SCHWIERIGE THEMA 30
KORRUPTION AUF AMERIKANISCHE ART 52
ENRON - DIE WENIG BEACHTETE (ABER SEHR WICHTIGE) ZIONISTISCHE VERBINDUNG 52
DER FALL INSLAW: 59
DIE ZIONISTISCHE KONTROLLE DER GERICHTE UND DES JUSTIZMINISTERIUMS DER USA 59
DIE BRONFMAN-BANDE 69
DIE KÖNIGLICHE FAMILIE DER AMERIKANISCHEN JUDEN SAM UND EDGAR BRONFMAN: DIE „PATEN" VON AL CAPONE UND JOHN MCCAIN 69
ZWEI MEDIENGIGANTEN 81
DIE IMPERIEN MEYER-GRAHAM UND NEWHOUSE 81
DAS MEYER-GRAHAM-IMPERIUM 82
DAS NEWHOUSE-IMPERIUM 88
NEWHOUSE-ZEITUNGEN: 92
DIE REICHSTEN UND MÄCHTIGSTEN JÜDISCHEN FAMILIEN IN AMERIKA 95
DIEJENIGEN, DIE HERRSCHEN 95
WER VERBIRGT SICH HINTER TRUMP? 129
DIE SELTSAME GESCHICHTE DES „DONALD" 129
KLARE FAKTEN UND ZAHLEN: 134
DIE ZIONISTISCHE MACHT IN AMERIKA HEUTE - AUS JÜDISCHEN QUELLEN 134
Eine einleitende Notiz... 134
JÜDISCHE FINANZIERS PROFITIERTEN VON REAGAN 135
EINE SCHEINEHE 135
JÜDISCHE FINANZIERS UND RAMSCHANLEIHEN 137
PRAKTISCH ALLE SPEZIALISTEN FÜR ÜBERNAHMEANGEBOTE (OPA) 137
BEDUINEN AN BORD VON DÜSENFLUGZEUGEN 138
KALIFORNIEN, HIER SIND SIE... 138
MEDIEN: UNVERHÄLTNISMÄSSIGER EINFLUSS 139
DIE WAHRE MACHT IN HOLLYWOOD 139
DIE NEUE INVASION DURCH JÜDISCHE EINWANDERER 140
DIE ISRAELIS FINDEN EIN NEUES „LAND, IN DEM MILCH UND HONIG FLIESSEN 141
DAS TAL DES SILIZIUMS: DAS NEUE GELOBTE LAND 141

JÜDISCHE FINANZWIRTSCHAFT: „EIN INTERNATIONALER DUFT 142
KUNST: „EIN STARKES JÜDISCHES AROMA 142
MEIN SOHN, DER... 143
DIE STADTBEWOHNER 144
DIE AM BESTEN GEBILDETEN 145
JÜDISCHE LEHRER DIE NICHTJÜDISCHEN „BEI WEITEM ÜBERTREFFEN".. 145
EIN VIERTEL DER REICHSTEN AMERIKANER UND 30% DER MILLIARDÄRE JUDEN SIND. 146
IMMOBILIEN, DIE WICHTIGSTE QUELLE JÜDISCHEN WOHLSTANDS... 147
IMMOBILIENMILLIARDÄRE 148
JUDEN MACHEN MEHR ALS 11% DER AMERIKANISCHEN ELITE AUS.. 149
DIE JUDEN „SCHUFEN" DIE SOGENANNTE MAFIA.......... 150
GEWALT UND SEX IM FERNSEHEN UNTER JÜDISCHER ÄGIDE 150
DIE DOMINANTE ROLLE DER JUDEN IN DER „NEUEN LINKEN KULTUR... 151
DIE FRAUENBEWEGUNG 151
DIE WALL STREET-JUDEN „UMGEHEN DIE GRENZEN DES GESETZES 152
DEN KAUF VON PROFISPORT 152
DIE MACHT DER PRESSE.. 153
DIE MACHT DES WORTES 153
DAS GEWICHT DER MEDIEN GLEICHBEDEUTEND MIT POLITISCHEM EINFLUSS IST 154
„BESSER GESTELLT" ALS DIE „MEISTEN ANDEREN" GRUPPEN 155
WER BEHERRSCHT DIE „AMERIKANISCHE ELITE"?........ 157
DIE AMERIKANISCHE AKADEMISCHE ELITE 157
LEHRER AN ELITESCHULEN.. 158
JÜDISCHE LEHRER BESSER BEZAHLT............................... 158
SCHLÜSSELENTSCHEIDUNG" IN DEN NACHRICHTENSENDUNGEN; FAST EIN DRITTEL DER „MEDIENELITE".. 159
EINFLUSSREICH" IN „MANAGEMENT VON FERNSEHNACHRICHTEN". 159
BÜCHER VON ODER ÜBER JUDEN...................................... 160
PRO-ISRAELISCHE KOLUMNISTEN UND KOMMENTATOREN.... 160
DER JOE LIEBERMAN-EFFEKT: JÜDISCHES GELD „VOR DER ÖFFENTLICHKEIT VERSTECKT.. 167
DAS GEHEIMNIS DES JÜDISCHEN WOHLSTANDS 168
DIE REICHSTE ETHNISCHE GRUPPE 168

DIE JÜDISCHE ELITE: WER IST WER? 169
WAS DIE JÜDISCHEN FÜHRER GLAUBEN... 176
POLITISCHER EINFLUSS ÜBERSTEIGT ZAHLEN 177
JUDEN IM SENAT DER VEREINIGTEN STAATEN 177
REPRÄSENTANTENHAUS... 177
EINE FAST DOPPELT SO GROSSE STIMMKRAFT 178
DIE JUDEN „IHRE STIMMKRAFT VERSTÄRKEN...................... 179
KONZENTRATION DER JÜDISCHEN BEVÖLKERUNG UND
PROZENTSATZ DER GESAMTEN WÄHLERSCHAFT 179
JÜDISCHE POLITISCHE AKTIONSKOMITEES (PAC).................. 180
ISRAELISCHE EINWANDERER UND ORGANISIERTES
VERBRECHEN 184
JUDEN UND DIE KOMMUNISTISCHE PARTEI - USA................... 185
JÜDISCHE FRAUEN ÜBERTREFFEN NICHTJÜDISCHE FRAUEN185
„GEHEIMER" CLUB JÜDISCHER MILLIARDÄRE 186
DAS DOPPELTE DER SELBSTSTÄNDIGENQUOTE...................... 187
DIE JUDEN VON WALL STREET 187
DIE „HERREN" DES INTERNETS?.. 188
JEWISH SOB SISTERS 189
EINEN BREITEN TRAININGSEFFEKT... 189
JUDEN UND DIE GEGENWART: „EINE SEHR GEEINTE
GEMEINSCHAFT... 190
ZWEI HÄUSER, VIEL GEREIST, ABENDESSEN IM RESTAURANT 191
PERSONEN, DIE SICH DEN KAUF VON BÜCHERN LEISTEN
KÖNNEN... 191
ANKAUF VON BÜCHERN MIT FESTEM EINBAND 192
GEHALTENE WERTPAPIERE UND INVESTITIONEN..................... 192
JÜDISCHE NAMEN IN DER FORBES 400-LISTE.......................... 193
DIE LISTE DER JUDEN IM „FORBES 400" IM JAHR 2004........... 193
AMERIKA: DER GRÖSSTE TRIUMPH... 200
DIE WESTLICHE KULTUR IST „VOM JUDENTUM
DURCHDRUNGEN... 201

EIN ENDGÜLTIGES URTEIL **203**
  DIE JÜDISCHE MACHT IN AMERIKA IST HEUTE GRÖßER ALS DIE JÜDISCHE
  MACHT IN IRGENDEINEM LAND ZU IRGENDEINEM ZEITPUNKT IN DER
  GESCHICHTE. 203
    Moderne zionistische Philosophen: „Amerika ist das neue Jerusalem 204
EINIGE ÜBERLEGUNGEN...**216**
  DIE WELLE DER ZUKUNFT... 216
BIBLIOGRAFIE DER QUELLEN **225**
ANDERE TITEL **231**

DAS NEUE JERUSALEM

DIE ZIONISTISCHE MACHT IN AMERIKA

> „Die große Frage, die zu allen Zeiten die Menschheit beunruhigt und ihr den größten Teil des Übels beschert hat, das die Städte ruiniert, die Länder entvölkert und den Weltfrieden gestört hat, war nicht, ob es eine Macht in der Welt gibt oder woher sie kommt, sondern wer sie haben sollte.
>
> -JOHN LOCKE *Abhandlungen über die Regierung*, I

THE HALF-PROMISED LAND.

Am 7. Juni 1922 veröffentlichte das bekannte Londoner Satiremagazin *Punch* diese Karikatur mit dem Titel „Das halbversprochene Land". Die Karikatur erinnert daran, wie Pinchas Rutenberg, ein in Russland geborener jüdischer antitzaristischer Revolutionär, der zu einem glühenden Zionisten und Geschäftsmann wurde, Palästina sah, das sich damals noch in britischer Hand befand und noch nicht, wie es schließlich geschah, unter jüdische Kontrolle gebracht worden war. Für Rutenberg erwies sich Palästina als wahres Land aus Milch und Honig, als Basis für das, was im Wesentlichen Rutenbergs Plan war, schnell reich zu werden, indem er Palästina mit Strom versorgte, wie die „Stromverträge" zeigen, die er in der einen Hand hielt, mit seiner Reisetasche in der anderen, mit der Aufschrift „Mr. Rutenberg - von

Russland nach Palästina". Rutenbergs Palestine Electric Corporation (später Israel Electric Corporation) war eines der ersten Unternehmen, denen es gelang, in Palästina Fuß zu fassen. Obwohl Rutenberg und seine zionistischen Traumgefährten mit der offiziellen Gründung Israels im Jahr 1948 schließlich einen Staat in Palästina erhielten, ist seither ein ganz reales „neues Jerusalem" entstanden, das fest in den Händen der „Rutenbergs" der Neuzeit liegt, und zwar nicht mehr und nicht weniger als die Vereinigten Staaten von Amerika.

ÜBER DAS COVER...

Es handelt sich um eine Reproduktion des Gemäldes von Robert Fleaux aus dem Jahr 1851, das den „Sturm auf das jüdische Viertel von Venedig" darstellt und dessen Original sich im Musée des Augustins in Toulouse befindet. Das Gemälde erinnert an den Aufstand der venezianischen Bürger im 15. Jahrhundert gegen jüdische Händler und Geldverleiher, die in ihren geschäftlichen und öffentlichen Angelegenheiten zu dominieren begannen.

Tatsächlich kam es in ganz Europa zu ähnlichen Ereignissen, als die Bürger entdeckten, dass ihre jeweiligen Volkswirtschaften - auf lokaler, provinzieller und nationaler Ebene - in die Hände einer Handvoll Privilegierter gefallen waren.

Solche Aufstände brachen in Europa für einen Großteil des 20. Jahrhunderts aus. Einige glauben, dass diese tragische Geschichte eine wichtige Rolle dabei spielte, die Aufmerksamkeit der Juden auf den neuen amerikanischen Kontinent zu lenken, wo die geopolitischen Interessen Großbritanniens, die eng mit den globalen Unternehmen der jüdischen Familie Rothschild verbunden waren, Wurzeln geschlagen hatten.

Letztendlich begann Amerika - nach Jahren der Unruhen, Kriege und sozialen Unruhen, die größtenteils auf Intrigen auf höchster Ebene zurückzuführen waren, an denen die Rothschilds und ihre Agenten auf amerikanischem Boden beteiligt waren - ein deutlich anderes Gesicht anzunehmen, wobei sich eine „neue Elite" herausbildete, die ein ansonsten im Inneren weitgehend gespaltenes Land beherrschte.

Die Folgen dieses neuen Paradigmas - und die Auswirkungen, die es auf die Zukunft nicht nur der USA, sondern der ganzen Welt haben kann - sind das Thema von *Das neue Jerusalem*.

Widmung

An Ruth Cramer Waters, die erste Person, die mir gesagt hat, dass die Zionisten in Amerika eine ungeheure Macht haben.

An meinen lebenslangen Freund, Oberst Dallas Texas Naylor, einen bedingungslosen Patrioten, dessen Leben zu kurz war.

An die über 100 Millionen Opfer des Zionismus und des Kommunismus in der Welt.

An die muslimischen und christlichen Überlebenden (und Opfer) des palästinensischen Holocausts (der „Nakba").

An Nikolaus II., Zar von Russland, den ersten Märtyrer des 20. Jahrhunderts, der von zionistischen Mördern massakriert wurde.

An John Fitzgerald Kennedy, der öffentlich hingerichtet wurde, weil er versucht hatte, Israels irrsinnigen Wettlauf um den Bau von nuklearen Massenvernichtungswaffen zu stoppen.

An Seine Heiligkeit Papst Pius XII., dessen Andenken rituell von den Kräften des Hasses beschmutzt wurde.

Lawrence Dennis, Charles Coughlin, Paquita DeShishmareff, Arnold Leese, Henry Ford, Charles Lindbergh, Ezra Pound - und viele andere - wurden gekreuzigt, weil sie ihre Meinung gesagt haben.

An Eustace Mullins, den amerikanischen Intellektuellen, dessen Studien mich auf Handlungsstränge aufmerksam gemacht haben, die nur wenige Menschen jemals schreiben würden.

An Ernst Zundel, Hans Schmidt, Fredrick Toben, Udo Walendy, vier von Tausenden, die inhaftiert wurden, weil sie es wagten, die offiziellen „Interpretationen" der Geschichte des 20. Jahrhunderts in Frage zu stellen.

An Paul Christian Wolff, einen lieben Freund, Vertrauten und Ratgeber, dessen Scharfsinn und Humor nie wieder erreicht werden.

Und an alle künftigen Führungskräfte - in den Vereinigten Staaten und weltweit -, die eine Rolle bei den Anpassungen spielen werden, die notwendig sind, um allen Völkern auf unserem Planeten echte Freiheit zu bringen.

— MICHAEL COLLINS PIPER

DER ERSTE GROSSE FANATIKER IN AMERIKA: LEWIS CHARLES LEVIN, ABGEORDNETER DES US-KONGRESSES UND JÜDISCHER GRÜNDER DER PARTEI „KNOW NOTHING".

Das Thema „Antisemitismus" und „Sektierertum" wird in den Mainstream-Medien und in den Geschichtsbüchern des heutigen Amerikas heiß diskutiert. Aber das größte Geheimnis ist vielleicht, dass einer der ersten und wichtigsten amerikanischen Fanatiker, der den Kampf gegen die Einwanderung in die Vereinigten Staaten - insbesondere die irisch-katholische Einwanderung - anführte, ein prominenter amerikanischer Jude namens Lewis Charles Levin war.

Obwohl uns die Geschichte oft erzählt, dass die sogenannte „Know Nothing"-Bewegung - die Native American Party - „von Protestanten geführt" wurde und „auf Katholiken und Juden abzielte", ist die Wahrheit, dass Levin - ein Jude - nicht nur einer der Gründer der Partei war, sondern auch einer der Herausgeber ihres nationalen Organs und einer der ersten Know Nothing-Mitglieder, die in den Kongress gewählt wurden

Tatsächlich war Levin der erste Jude, der in den US-Kongress gewählt wurde. Dennoch wird Levins herausragende Rolle in der antikatholischen Agitation der frühen Jahre Amerikas in der heutigen jüdischen Literatur nie erwähnt.

Levin wurde 1808 in Charleston, South Carolina, geboren, das - wie Kenner des afrikanischen Sklavenhandels wissen - viele Jahre lang das Zentrum der jüdischen Bevölkerung der Vereinigten Staaten war, lange bevor New York City als solche entstand. Später ließ er sich als Anwalt in Philadelphia nieder, wo er die *Philadelphia Daily Sun* veröffentlichte und herausgab. 1844 wurde er auf der amerikanischen Liste (oder „Know Nothing") in den Kongress von Pennsylvania gewählt und bekleidete dieses Amt drei Amtszeiten lang, bis er 1850 bei seiner Wiederwahl unterlag. Levin starb zehn Jahre später, am 14. März 1860.

Die Tatsache, dass Levin einer der ersten antikatholischen Agitatoren auf amerikanischem Boden war, ist zumindest interessant, vor allem, weil, wie wir festgestellt haben, die Geschichtsbücher darauf geachtet haben, die historischen Aufzeichnungen in Bezug auf Levins Rolle in der „Know Nothing"-Bewegung zu „modifizieren". Und das wirft natürlich die Frage auf: „Warum? „Warum?". Auf den Seiten des *Neuen Jerusalem* werden wir erklären, warum Levins Karriere in das Orwellsche „Gedächtnisloch" verbannt wurde und warum wir stattdessen immer wieder hören, dass „die Protestanten" und „die Katholiken" den „armen jüdischen Einwanderern, die vor Verfolgung flohen", so feindlich gesinnt waren.

Levins Geschichte ist in der Tat sehr aufschlussreich...

VORWORT

Israel oder Amerika

1988 machte Professor Shalom Goldman, außerordentlicher Professor für Hebräische und Nahost-Studien an der Emory University, die interessante Entdeckung, dass ein wenig bekannter Vorfahre der US-Präsidenten Bush kein anderer war als Professor George Bush, der 1830 *Das Leben Mohammeds* schrieb, was sich als die erste antimuslimische Hetzschrift herausstellte, die je auf amerikanischem Boden veröffentlicht wurde.

In seinem eigenen Buch von 2004, *God's Sacred Tongue: Hebrew and the American Imagination* (The University of North Carolina Press), spricht Professor Goldman über Bush, der von 1796 bis 1859 lebte, und stellt fest, dass Bushs Leben und Werk wichtig sind, um die Wurzeln des „christlichen Zionismus" in Amerika nachzuvollziehen. Bush war zu seiner Zeit sehr bekannt und produktiv und ein starker Befürworter der Rückkehr der Juden ins Heilige Land, und seine diesbezüglichen Äußerungen, so Goldman, „hatten einen erheblichen Einfluss".

Ironischerweise war Bush trotz seines Plädoyers für den Zionismus kein Philosemit, sondern dem jüdischen Volk gegenüber ziemlich feindselig eingestellt, ebenso wie gegenüber den Muslimen. Er betrachtete die jüdische Philosophie als eine Bedrohung für das Christentum und den Westen und war der Ansicht, dass die Errichtung eines jüdischen Staates nur möglich wäre, wenn man sich auf das beruft, was Bush als die „weltlichen und egoistischen Prinzipien des jüdischen Geistes" bezeichnete.

Natürlich gibt es heute einen jüdischen Staat, der als Israel bekannt ist, und die Bush-Nachfahren haben sich als würdige Verteidiger dieser Nation erwiesen, da beide Bush-Präsidenten in ihrem Namen verheerende Kriege begonnen haben. Und zumindest der zweite Präsident Bush scheint die besondere Hassliebe seines entfernten Vorfahren zu den Juden aufgrund seiner eigenen Marke des christlichen

Dispensationalismus zu teilen, der Israel in den Mittelpunkt stellt, während er auf diese sogenannten „letzten Tage" wartet, in denen (nach der Lehre) nur ein Überrest von Juden überleben und Anhänger Christi werden wird.

Der damalige Professor Bush war jedoch nicht der einzige Philosoph, der die Rückkehr der Juden nach Zion in Betracht zog. Andere sahen die Vereinigten Staaten von Amerika tatsächlich als das neue Jerusalem - zumindest vorübergehend - und betrachteten den amerikanischen Boden als einen Sammelplatz für die Juden, um ihre mögliche Rückkehr nach Palästina vorzubereiten, das angeblich das Land ihrer Vorfahren sein sollte. Und obwohl es heute - von vielen unbemerkt - viele namhafte Anthropologen und Archäologen sowie unter anderem jüdische und christliche Akademiker und Spezialisten der Hohen Kritik gibt, die ernsthafte Zweifel an dem sogenannten „his torischen" Recht des jüdischen Volkes auf Palästina haben, hatte die Legende von einer Rückkehr ins Heilige Land in der Frühzeit Amerikas und sogar bis heute einen großen Einfluss.

(Für diejenigen, die es wagen, sich mit dieser Kontroverse um den Mythos eines historischen jüdischen Anspruchs auf Palästina zu befassen, ist ein guter Ausgangspunkt das Buch von Professor Thomas L. Thompson aus dem Jahr 1999, *The Mythic Past: Biblical Archaeology and the Myth of Israel* (Basic Books). Ebenso veröffentlichte der jüdische Autor Daniel Lazarus in der Märzausgabe 2002 von *Harper's* einen Artikel mit dem Titel „False Testament". Dieser Artikel kann im Internet unter folgender Adresse eingesehen werden: findarticles.com). Jahrhundert schnell voranschreiten - lange nachdem Professor Bush seine Auszeichnung erhalten hat -, stellen wir dennoch fest, dass der Staat Israel zwar tatsächlich existiert - wenn auch kaum und von großen internen Spaltungen zerrissen -, die Stellung der zionistischen Gemeinschaft auf amerikanischem Boden jedoch von keiner anderen ethnischen Gruppe übertroffen wird, selbst wenn man die alten sogenannten „WASP"-Familien von großer Macht und Ansehen mit einbezieht.

Obwohl die amerikanischen Zionisten darauf bestehen, dass die Vereinigten Staaten den Staat Israel weiterhin mit Milliarden von Dollar an Sozialhilfe unterstützen, ganz zu schweigen von Militärhilfe und anderen Formen der Unterstützung, scheinen dieselben Zionisten nicht die Absicht zu haben, sich dort niederzulassen. Nein, in

Wirklichkeit sind sie hier in Amerika ziemlich glücklich und profitieren enorm davon.

Wie wir sehen werden, hat die zionistische Elite der USA viel erreicht, und obwohl viele Menschen wissen, dass die sogenannte „Israel-Lobby" in Washington mächtig ist, verstehen die meisten nicht genau, warum diese Lobby so mächtig ist. Der Grund dafür ist ganz einfach: Trotz all des Medienrummels und all der Rhetorik über das „kleine Israel" und seinen heiligen Platz im Herzen des jüdischen Volkes ist es eine Tatsache, dass die Vereinigten Staaten zum Zentrum der zionistischen Macht in der heutigen Welt geworden sind.

Diejenigen, die allein durch die Kraft ihrer Finanzmacht in Verbindung mit dem Griff nach dem Medienmonopol herrschen, haben die Vereinigten Staaten zum Mechanismus für die Errichtung eines Weltreichs gemacht, der neuen Weltordnung, von der wir schon so lange träumen.

Aus einer breiteren Perspektive betrachtet ist der Staat Israel nichts anderes als das Symbol eines jahrhundertealten Traums, der in Wirklichkeit hier in Amerika verwirklicht wurde - das neue Jerusalem.

-MICHAEL COLLINS PIPER

Einführung

Semiten und Antisemiten - Der jahrhundertealte Konflikt

Obwohl der Großteil des Inhalts dieses Buches aus Büchern jüdischer Autoren stammt, die jüdischen Reichtum und jüdische Macht zitieren oder sogar damit prahlen, wird die Anti-Defamation League (ADL) der B'nai B'rith dieses Buch zweifellos als „Antisemitismus" bezeichnen, wenn sie es überhaupt wagt, darüber zu sprechen.

Zu Beginn sei klargestellt, dass es uns nicht darum geht, zu sagen, dass die Juden in Amerika den massiven und beispiellosen Reichtum und die konsequente Macht, die sie angehäuft haben (und die in diesem Buch dokumentiert sind), nicht verdienen.

Die Existenz von beträchtlichem jüdischem Reichtum und jüdischer Macht steht nicht zur Debatte. Was zur Debatte steht, ist die Art und Weise, wie die jüdische Gemeinschaft ihren Reichtum und ihre Macht - in Zusammenarbeit mit einem harten Kern fundamentalistischer christlicher Verbündeter - vor allem im Bereich der Einflussnahme auf die US-Politik gegenüber Israel und der arabischen Welt ausgeübt hat.

Die Wahrheit ist, dass zwei der großen Tragödien unseres neuen Jahrhunderts - der Terroranschlag vom 11. September, bei dem 3000 Amerikaner ums Leben kamen, und die unnötige und katastrophale US-Invasion im Irak, bei der unzählige Menschen ihr Leben verloren und zehnmal so viele Menschen getötet und verstümmelt wurden - beide eine direkte Folge der US-Politik im Nahen Osten sind. Diese Politik wurde von der „jüdischen Lobby" in Washington diktiert und aktiv vom amerikanischen Medienmonopol gefördert, das sich, um es vorwegzunehmen, weitgehend im Besitz einer Handvoll Familien und Finanzinteressen befindet, die jüdische Unterstützer Israels sind.

Wie viele Tragödien dieser Art werden sich noch ereignen, weil die amerikanischen Juden so viel Macht angehäuft und sie dazu benutzt haben, die amerikanische Politik auf so parochiale Weise zu beeinflussen, indem sie gewählte Vertreter und Beamte in den USA zwingen, eine Politik umzusetzen, die meist gegen die Interessen Amerikas gerichtet ist? Wie viele unschuldige Menschen müssen noch sterben? Wie lange noch wird eine einflussreiche Interessengruppe die Außenpolitik der USA dominieren

Allein diese sehr ernsthaften Fragen zeigen, warum eine Studie über den Reichtum und die Macht, die die jüdische Elite in Amerika an sich gerissen hat, in einer öffentlichen Debatte durchaus akzeptabel und logisch ist, ungeachtet dessen, was die gut finanzierten und oft hysterischen Verteufler der ADL vielleicht das Gegenteil behaupten.

Zweifellos ist der jüdische Einfluss nicht nur im Bereich der Außenpolitik spürbar. Der Einfluss jüdischer Organisationen auf die Gestaltung der modernen (und verheerendsten) amerikanischen Einwanderungspolitik war von größter Bedeutung.

Dasselbe gilt für den jüdischen Einfluss auf Themen wie die Trennung von Kirche und Staat und die Einführung von Maßnahmen zur „Gedankenkontrolle", die in die Freiheiten des ersten Verfassungszusatzes eingreifen. Die Bandbreite der Fragen ist unendlich.

Wer jedoch Fragen zum jüdischen Einfluss aufwirft, wird natürlich des „Antisemitismus" bezichtigt, was immer schädlich ist.

Und - zumindest in der Vergangenheit - mussten diejenigen, die mit diesem hässlichen Etikett belegt wurden, mit den krassesten Formen öffentlicher Zensur und Schmach rechnen, ganz zu schweigen von Wirtschaftssanktionen und mehr als einmal von Terrorakten, wobei Letzteres nicht überrascht, wenn man bedenkt, dass der moderne Terrorismus seinen Ursprung in den Aktivitäten der sogenannten jüdischen „Verteidigungs„organisationen hat, die die Briten vor der Gründung Israels im Jahr 1948 aus Palästina vertrieben haben.

Wenn man Gruppen wie der ADL Glauben schenken darf, ist der Antisemitismus in den letzten Jahren jedoch mit Riesenschritten auf dem Vormarsch. In den letzten Jahren wurde in Dutzenden von Büchern und Tausenden von Zeitschriftenartikeln das Gespenst eines „neuen Antisemitismus" heraufbeschworen.

Selbst das hoch angesehene Webster's Dictionary hat die Definition von Antisemitismus auf „Widerstand gegen den Zionismus" und „Sympathie für Gegner Israels" ausgeweitet, zwei Kategorien, die wahrscheinlich Milliarden von Menschen auf der ganzen Welt umfassen.

In dieser Hinsicht ist es vielleicht nicht überraschend, dass vor einigen Jahren, noch vor dem angeblichen „Aufflammen" des „neuen Antisemitismus", das beliebteste Lied in Israel „The Whole World Is Against Us" (Die ganze Welt ist gegen uns) war, was eine zumindest aufschlussreiche Geisteshaltung widerspiegelte.

Tatsache ist, dass das Thema „Antisemitismus", von dem die ADL so stark profitiert hat, so müde und abgenutzt geworden ist, dass es nun - wenn man der ADL glauben darf - so aussieht, als sei praktisch jeder ein Antisemit (oder zumindest potenziell antisemitisch)

Die Geschichte zeigt, dass eine breite Palette von Personen von der ADL - oder ähnlichen „Hassjägern" wie dem Simon-Wiesenthal-Zentrum - beschuldigt wurde, „antisemitisch" zu sein und/oder die Ansprüche des jüdischen Volkes und, in moderneren Zeiten, des Staates Israel nicht ausreichend zu unterstützen. Und wir sprechen hier nicht von Adolf Hitler! Die Liste der Personen, die des „Antisemitismus" beschuldigt werden, ist in der Tat beeindruckend und stellt praktisch einen Katalog einiger der angesehensten Persönlichkeiten ihrer jeweiligen Epochen dar. Diese Liste ist sicherlich nicht vollständig, aber sie ist repräsentativ.

Zunächst einmal gibt es eine lange Liste ehemaliger Beamter aus den letzten Jahren - Liberale und Konservative gleichermaßen -, die als „Antisemiten" bezeichnet, „antisemitischer" Äußerungen beschuldigt oder der Feindseligkeit gegenüber dem „kleinen Israel" bezichtigt wurden. Unter den Angeklagten befinden sich prominente Namen wie:

- Präsident Richard Nixon
- Präsident John F. Kennedy
- Präsident Jimmy Carter
- Präsident George H. W. Bush
- Präsident Gerald Ford
- Präsident Harry Truman
- Senator Robert F. Kennedy (D-N.Y.)
- Senator J. William Fulbright (D-Ark.)
- Senator Charles Percy (R-Ill.)
- Senator Jim Abourezk (D-S.D.)

- Senator Adlai Stevenson (D-Ill.)
- Rep. Paul Findley (R-Ill.)
- Rep. Ed Zshau (R-Calif.)
- Rep. Mervin Dymally (D-Kalif.)
- Rep. John R. Rarick (D-La.)
- Rep. Jim Traficant (D-Ohio)
- Bill Scranton, Botschafter der Vereinten Nationen
- Gouverneur John B. Connally (D-Texas)
- Sekretär für Verteidigung Caspar Weinberger
- Senator Ernest F. Hollings (D-S.C.)
- Rep. Pete McCloskey (R-Calif.)
- Mary Rose Oakar (D-Ohio)
- Rep. Gus Savage (D-Ill.)
- Rep. Steve Stockman (R-Texas)
- Rep. Earl Hilliard (D-Ala.)
- UN-Botschafter Andrew Young
- Verteidigungsminister James Forrestall
- Staatssekretär James Baker

Mindestens drei aktuelle Kongressabgeordnete (seit den Wahlen 2004) sind zu irgendeinem Zeitpunkt Opfer des Vorwurfs des „Antisemitismus" geworden:

- Rep. Fortney „Pete" Stark (D-Calif.)
- Rep. Cynthia McKinney (D-Ga.)
- Senatorin Hillary Rodham Clinton (D-N.Y.)

Ja, sogar Hillary! Und denken Sie daran, dass während des Präsidentschaftswahlkampfs 2004 der ehemalige Gouverneur von Vermont, Howard Dean, dessen Frau Jüdin ist, verdächtigt wurde, nicht sehr loyal gegenüber den Interessen Israels zu sein.

Infolgedessen wurde Deans hartnäckige Präsidentschaftskampagne bei den Iowa Caucuses durch - laut der jüdischen Zeitung *Forward* - eine hohe Beteiligung jüdischer Wähler zugunsten von Senator John Kerry (D-Mass.) sabotiert, dessen eigene Kampagne bis zu diesem Zeitpunkt auf dem absteigenden Ast war.

Die jüdische Elite konnte sich einfach nicht mit dem Gedanken anfreunden, dass ein freimütiger Politiker wie Dean - der sich gegen den Irakkrieg stellte, den die wichtigsten jüdischen Organisationen in den USA (und Israel) unterstützten - in Reichweite sein könnte, um die

Nominierung der Demokratischen Partei für die Präsidentschaftswahlen zu gewinnen.

Daher der Wechsel zu Kerry, der, wie wir heute wissen, selbst jüdischer Abstammung ist.

In der Vergangenheit wurden neben Politikern auch recht bekannte Persönlichkeiten des US-Militärs beschuldigt, „antisemitisch" oder dem Staat Israel gegenüber feindlich eingestellt zu sein. Dabei handelt es sich insbesondere um die folgenden Persönlichkeiten:

- General George Patton

- General George C. Marshall

- General George Stratemeyer

- General Albert Wedemeyer

- General George V. Strong (Leiter des militärischen Nachrichtendienstes - 1942-45)

- Generalmajor George Moseley (Stellvertretender Stabschef der US-Armee)

- Col. Sherman Miles (Leiter des militärischen Nachrichtendienstes)

- General George Brown (Vorsitzender des Joint Staff)

- Adm. Thomas Moorer (Vorsitzender des Joint Staff)

- General Pedro Del Valle (US-Marine)

In den letzten Jahren wurden auch mehrere Künstler, literarische Persönlichkeiten, Kommentatoren und andere - darunter mindestens ein jüdischer Rabbiner und ein jüdischer Journalist - in der einen oder anderen Form des „Antisemitismus" oder der Israelfeindlichkeit beschuldigt. Dabei handelt es sich unter anderem um:

- Mel Gibson
- Marlon Brando
- Michael Jackson
- Steve Carlton

- Gore Vidal
- Mark Lane
- Rabbiner Elmer Berger
- Mike Wallace („Sixty Minutes")
- Robert Mitchum
- Alfred Lilienthal
- Billy Graham
- Peter Jennings („ABC News")

Auch mehrere schwarze Führer wurden beschuldigt (oder verdächtigt), „antisemitisch" zu sein. Dabei handelt es sich unter anderem um:

- Martin Luther King
- Minister Louis Farrakhan
- Reverend Jesse Jackson
- Malcolm X

Bemerkenswert ist, dass die *San Francisco Weekly* am 28. April 1993 berichtete, dass ein ehemaliger ADL-Beamter, Henry Schwarzschild, enthüllt hatte, dass King zu den Personen gehörte, die regelmäßig von der ADL überwacht wurden, die die Ergebnisse ihrer Arbeit dann dem FBI übergab.

Tatsächlich war es so, dass während das FBI Reverend King ausspionierte, die ADL das Gleiche tat und King laut Schwarzschild als „freies Elektron" betrachtete. So war selbst ein geschätzter afroamerikanischer Bürgerrechtsführer nicht vor dem Verdacht der ADL sicher

Die Wahrheit ist, dass jede Person - ich wiederhole jede Person -, die eine substanzielle Meinung zu irgendeinem Thema hat und sich dafür entscheidet, diese in einem öffentlichen Forum zu äußern, als von der ADL überwacht gilt, die als inoffizielle „Gedankenpolizei" für die zionistische Elite der USA fungiert.

Damit zu beginnen, eine Liste der nicht-amerikanischen Weltpolitiker aufzustellen, die des Antisemitismus (im Sinne der Webster-Definition des Begriffs) beschuldigt wurden, wäre etwas langwierig, auch wenn der weltbekannte ehemalige malaysische Premierminister Dr. Mahathir Muhammed wahrscheinlich einer der bekanntesten unter denen ist, die dieser Hetzkampagne zum Opfer gefallen sind. Und er ist nur einer der angesehenen Namen, die in letzter Zeit Gegenstand dieser Anschuldigung waren.

Die Liste der Persönlichkeiten aus der Vergangenheit, die des „Antisemitismus" beschuldigt werden, ist es wert, zitiert zu werden. Die Liste umfasst Schriftsteller, Philosophen, Künstler, Komponisten und Erfinder wie z. B..:

- Walt Disney
- Charles A. Lindbergh
- H. L. Mencken
- Nathaniel Hawthorne
- Lord Byron
- Henry James
- T. S. Eliot
- Washington Irving
- Carl Jung
- Jack Kerouac
- Rudyard Kipling
- D. H. Lawrence
- James Russell Lowell
- Henry Miller
- C. Northcote Parkinson
- Ezra Pound
- George Bernard Shaw
- Richard Wagner
- Robert Louis Stevenson
- Thomas Edison
- Henry Ford
- Theodore Dreiser
- Ernest Hemingway
- Thomas Carlyle
- Henry Adams
- George Eliot
- Truman Capote
- F. Scott Fitzgerald
- Percy Shelley
- H. G. Wells
- Franz Liszt
- Somerset Maugham
- Eugene O'Neill
- Sir Walter Scott
- George Sand
- Johannes Brahms
- William Faulkner
- George Orwell

Oh, die Liste ist lang...

Wenn Sie also das nächste Mal hören, dass jemand beschuldigt wird, „antisemitisch" (oder etwas Ähnliches) zu sein, befindet sich die beschuldigte Person eigentlich in ziemlich guter Gesellschaft. Nicht nur diesen verrückten „Neonazis" in ihren seltsamen Uniformen wird vorgeworfen, nicht besonders freundlich zu Zionisten zu sein. Sie haben es sogar über Walt Disney gesagt

Und wie wir bereits gesehen haben, hat die jüdische Elite Amerikas in Sachen Sektierertum nicht viel zu bieten, wie die wenig bekannte Geschichte des ersten jüdischen Kongressabgeordneten der USA, Lewis Levin, zeigt, den wir auf den ersten Seiten dieses Bandes kennengelernt haben. In seinem Kampf, irischen Katholiken die Einreise in die USA zu verwehren, war Lewis Levin der eigentliche Pionier des Sektierertums in Amerika.

Wenn sich Ihr jüdischer Nachbar das nächste Mal über „Antisemitismus" beschwert, können Sie ihm von Levin erzählen.

Tatsächlich haben nicht nur „die armen verfolgten Juden" gelitten, auch wenn man manchmal das Gegenteil annehmen könnte, wenn man sich auf die Berichterstattung in den Medien bezieht, die oft verkünden, dass das jüdische Leiden „einzigartig" sei. In Wirklichkeit haben die jüdischen Eliten dazu beigetragen, dass andere leiden mussten. Die Ausübung ihrer Macht und ihres Einflusses war nicht immer von Vorteil.

Wie dem auch sei, nachdem all dies gesagt ist, werfen wir einen Blick auf einige kalte und harte Fakten über diejenigen, die im heutigen Amerika herrschen.

Wie wir sehen werden, besteht kein Zweifel daran, dass es „den armen verfolgten Juden" in Amerika ziemlich gut ging, und deshalb ist es nicht übertrieben, Amerika als... Das neue Jerusalem.

Die „neue Elite" der USA

Ein ehrlicher und sympathischer Überblick über dieses äußerst schwierige Thema

Am 29. August 1897 verabschiedete der erste zionistische Kongress, der in Basel, Schweiz, zusammenkam, eine Resolution, in der es schlicht hieß: Das Ziel des Zionismus ist es, für das jüdische Volk eine Heimstätte in Palästina zu schaffen...

Ein Großteil der Welt sah die Theorie, die dieser Resolution zugrunde lag, mit Wohlwollen, einschließlich (und vielleicht vor allem) der antijüdischen Elemente in Europa und anderswo, die in der Vertreibung des jüdischen Volkes aus den Grenzen ihrer jeweiligen nationalen Grenzen eine Lösung für das jahrhundertealte Problem sahen, das in der Literatur oft freundlich als „die Judenfrage" bezeichnet wird. Lange Zeit wurde vergessen - oder sogar unterdrückt -, dass zu den vehementesten Befürwortern der Gründung eines jüdischen Staates tatsächlich diejenigen gehörten, die man schließlich als „Antisemiten" bezeichnete.

Schließlich entstand 1948 in Palästina ein neuer zionistischer Staat, der als „Israel" bekannt wurde, doch - wie wir heute nur allzu gut wissen - führten die Umstände um die Entstehung dieser Nation zu Generationen von Tragödien und Konflikten in der Region, Probleme, die heute, wo wir diese Zeilen schreiben, die ganze Welt buchstäblich an den Rand eines nuklearen Zusammenbruchs gebracht haben.

Doch trotz der Gründung des zionistischen Staates halten die amerikanischen Zionisten mit ganzem Herzen an Amerika fest, anstatt sich wieder im Staat Israel niederzulassen und den zionistischen Traum zu verwirklichen. Tatsächlich ist Amerika, wie aus den Archiven hervorgeht, und das ist das Thema dieses Bandes, zum neuen Jerusalem geworden, zum Zentrum des zionistischen Reichtums und der zionistischen Macht. Der Staat Israel ist nur eine Ablenkung, eine winzige geografische Einheit, die überleben kann oder auch nicht. Als solches sehen wir nun einen neuen Schwerpunkt in der zionistischen Perspektive. Kurz gesagt: Der Zionismus regiert Amerika, und Amerika strebt unter dem Einfluss des Zionismus (so sieht es zumindest heute aus) danach, die Welt zu regieren.

Es liegt auf der Hand, dass man, wenn man sich mit einer „kontroversen" These wie dieser auseinandersetzt, Quellen zitieren sollte, die als „respektabel" und „verantwortungsvoll" gelten. Wenn man sich also mit dem sehr unbequemen Thema der zionistischen Macht in Amerika und ihren Folgen befasst, scheint es angemessener, direkt zur Quelle zu gehen: zu einer der angesehensten Zeitungen Israels.

Am 20. August 2004 veröffentlichte die israelische Zeitung *Ha'aretz* einen bemerkenswerten Kommentar von Avi Beker mit dem Titel „Das goldene Zeitalter des amerikanischen Judentums". Beker befasste sich mit der viel diskutierten Feier des 350. Jahrestages der Gründung der jüdischen Gemeinde in Amerika im September dieses Jahres. Die israelische Zeitung stellte fest, dass der Historiker Paul Johnson, der als „für seine Sympathie für Israel bekannt" beschrieben wurde, vorgeschlagen hatte, dass „die Geschichte der Expansion und Stärkung des amerikanischen Judentums im 20. Jahrhundert nicht weniger wichtig ist als die Gründung des Staates Israel, sondern sogar noch wichtiger".

Obwohl die Gründung Israels dem jüdischen Volk ein souveränes Heimatland gegeben hat, behauptet *Ha'aretz*, dass Johnson Amerika einen besonderen Platz in der jüdischen Geschichte einräumt: „Die amerikanische Judenheit", so die israelische Zeitung, „hat einen beispiellosen Status in der Macht erreicht, die sie sich erworben hat, um die Politik der führenden Weltmacht zu gestalten".

Ha'aretz schreibt: „Es gibt keinen Präzedenzfall für eine so tiefe Integration in alle Lebensbereiche und einen so großen politischen Einfluss wie den der amerikanischen Juden..... Es ist nun klar, dass die

350 Jahre jüdischen Exils in Amerika ein goldenes Zeitalter markieren, das es in der jüdischen Geschichte noch nie gegeben hat."[1]

Und hier sind sie: die Seiten einer der einflussreichsten Zeitungen Israels. Es handelt sich hier nicht um die „Hirngespinste" eines „verrückten Antisemiten". Es handelt sich um eine jüdische Zeitung, die in Israel herausgegeben wird und den Aufstieg der jüdischen Gemeinschaft in Amerika begrüßt.

Worin besteht also genau dieser außergewöhnliche jüdische Einfluss? Welche Macht hat die jüdische Gemeinschaft im amerikanischen Leben? Wie manche sagen: „Kontrollieren die Juden Amerika"? In diesem Band werden wir eine Vielzahl von Dokumenten - größtenteils aus jüdischen Quellen - vorstellen, die dem Leser die Informationen liefern, die er benötigt, um sich selbst ein Urteil bilden zu können.

1937 sorgte der *Whistleblower* Ferdinand Lundberg mit seinem Buch *America's Sixty Families (Amerikas sechzig Familien)* für Aufsehen. Sein Buch war die erste umfassende Studie über die zunehmende Anhäufung riesiger Reichtümer und den Einfluss einer kleinen Gruppe von Amerikanern - viele von ihnen waren verheiratete oder durch Geschäftsbeziehungen miteinander verbundene Familien -, die dazu gekommen waren, die amerikanische Republik zu beherrschen.

Lundberg eröffnete diesen Band mit einer Behauptung, die zwar völlig wahr ist, aber den amerikanischen Lesern die Augen für eine Realität öffnete, die vielleicht nur wenige von ihnen erkannt hatten:

Heute sind die Vereinigten Staaten im Besitz und werden von einer Hierarchie beherrscht, die aus den sechzig reichsten Familien besteht, die von nicht mehr als neunzig weniger wohlhabenden Familien unterstützt werden.

Außerhalb dieses plutokratischen Kreises gibt es vielleicht dreihundertfünfzig andere Familien, die in Bezug auf Entwicklung und Reichtum weniger definiert sind, aber den Großteil der Einkommen von

---

[1] Zitate aus *Ha'aretz*, 20. August 2004. Artikel von Avi Beker.

100.000 Dollar oder mehr ausmachen, die nicht an die Mitglieder des engen Kreises gehen.

Diese Familien sind das lebende Zentrum der modernen industriellen Oligarchie, die die Vereinigten Staaten beherrscht und diskret unter einer demokratischen Regierungsform de *jure* funktioniert, hinter der sich seit dem Bürgerkrieg allmählich eine de *facto-Regierung* herausgebildet hat, die in ihren Linien absolutistisch und plutokratisch ist.

Diese De-facto-Regierung ist in Wirklichkeit die Regierung der Vereinigten Staaten - informell, unsichtbar, dunkel. Sie ist die Regierung des Geldes in einer Dollar-Demokratie.

Unter ihren gierigen Fingern und in ihrem Besitz halten die sechzig Familien die reichste Nation, die jemals in der Werkstatt der Geschichte geformt wurde...

Die heutigen amerikanischen Großgrundbesitzer übertreffen historisch gesehen die stolze Aristokratie, die Ludwig XIV., Zar Nikolaus, Kaiser Wilhelm und Kaiser Franz Joseph umgab, und üben eine weitaus größere Macht aus.[2]

Zu der Zeit, als Lundberg schrieb, gab es unter den „sechzig Familien", die aufgelistet waren, einen soliden Kern substanziellen jüdischen Reichtums. Unter den 60 Familien, die Lundberg nach ihrem Reichtum einstufte, standen die im Gusseisen- und Kupfergeschäft berühmten Guggenheims auf Platz 13, dicht gefolgt von den folgenden Bankiersfamilien: die Lehmans auf Platz 18, die Warburgs auf Platz 26, Mortimer Schiff auf Platz 44, George Blumenthal von Lazard Freres auf Platz 48, der Kaufhausmagnat Michael Friedsam auf Platz 50, gefolgt von Julius Rosenwald von Sears & Roebuck auf Platz 58. Der Bankier, Kriegsgewinnler und politische „Arrangeur" hinter den Kulissen Bernard M. Baruch landete auf Platz 59 und schaffte es nur

---

[2] Ferdinand Lundberg. *The Sixty Families of America*. (New York: Halcyon House edition, 1939), S. 3-4.

knapp unter die „Sechzig Familien Amerikas", wie Lundberg ihn nannte.³

Die Zeiten haben sich jedoch geändert, und jüdischer Reichtum und Einfluss haben an Bedeutung gewonnen, aber sie blieben ein Thema, über das nicht gesprochen wurde, damals wie heute.

Lundbergs Buch ist auch heute noch ein wertvolles Forschungswerk für Studenten der amerikanischen Geschichte. Aber Vorsicht: Lundberg war ganz natürlich, und wir können verstehen, warum, eher geneigt, die bedeutende Rolle, die jüdische Interessen innerhalb der amerikanischen Plutokratie und ihrer Dominanz über die politischen, wirtschaftlichen und sozialen Angelegenheiten der Vereinigten Staaten spielten, herunterzuspielen. Dennoch hat sein Werk ungeachtet seiner Mängel Geschichte geschrieben.

1968 kehrte Lundberg mit einer Fortsetzung von *America's Sixty Families* zurück. Dieser neue Band mit dem Titel *The Rich and the Super-Rich (Die Reichen und die Superreichen)* gibt einen Überblick über die aktuelle Situation in der geheimen Welt der Superreichen. In *The Rich and the Super-Rich* zieht Lundberg eine recht interessante Bilanz der Situation:

Die meisten Amerikaner - Bürger des reichsten, mächtigsten und von Idealen durchdrungensten Landes der Welt - besitzen zu einem sehr großen Teil nichts weiter als ihren Hausrat, ein paar glänzende Spielereien wie Autos und Fernseher (meist auf Ratenzahlung gekauft, oft gebraucht) und die Kleidung, die sie tragen. Eine Horde oder sogar die Mehrheit der Amerikaner lebt in Hütten, Slums, Mietskasernen, gebrauchten viktorianischen Ruinen, wackeligen Gebäuden und schäbigen Wohnblocks..... Gleichzeitig ist eine Handvoll Amerikaner mit extravaganten Mitteln ausgestattet, wie die Prinzen in den Märchen aus Tausendundeiner Nacht.⁴

---

³ *Ibid*, S. 26-27.

⁴ Ferdinand Lundberg. *Die Reichen und die Superreichen*. (New York: Lyle Stuart, 1968), S. 1.

Obwohl Lundberg mit seiner Gesamteinschätzung richtig lag, irrte er sich in einem entscheidenden Punkt: Die heutige Elite: Sie sind Prinzen, aber sie sind keine Araber.

Die amerikanischen Medien berichten über den Reichtum der arabischen Scheichs und den Ölreichtum des Nahen Ostens, doch der von der jüdischen Gemeinschaft in Amerika angehäufte Reichtum - und der daraus resultierende politische Einfluss in allen großen Städten (und sicherlich auch in den kleinen Städten und Dörfern Amerikas) - stellt den Reichtum dieser arabischen Prinzen in den Schatten.

Die heutige „neue Elite" der USA besteht zweifellos aus den reichen und mächtigen jüdischen Familien, die im Gegensatz zu den Rockefellers, Morgans, Roosevelts, Kennedys, Vanderbilts und anderen „Prinzen" früherer Epochen ein erheblich niedrigeres öffentliches Profil haben als die heidnische Elite der Vergangenheit.

Zwar wird bis zu einem gewissen Grad anerkannt, dass es im offiziellen Washington eine starke „Israel-Lobby" gibt, die von weniger vorsichtigen Personen manchmal sogar als „jüdische Lobby" bezeichnet wird, doch das öffentliche Bild dieser Lobby ist das einer Lobby, die sich ausschließlich den Interessen des Staates Israel verschrieben hat.

Jüdische Zeitungen diskutieren frei über die Frage des Einflusses der jüdischen Gemeinschaft und deren Auswirkungen auf die Außenpolitik der Vereinigten Staaten, aber auch sogenannte „Mainstream"-Zeitungen und -Zeitschriften befassen sich gelegentlich mit diesem Thema.

„Ja", sagen sie, „die israelische Lobby ist mächtig, aber sie ist nur eine von vielen, wie die Waffenlobby oder die American Association of Retired Persons.

Amerikanische Juden haben genauso das Recht, Lobbyarbeit für Israel zu betreiben, wie griechische Amerikaner und arabische Amerikaner das Recht haben, Lobbyarbeit für Anliegen zu betreiben, um die sich ihre eigenen Gemeinschaften scharen". Über die Macht der Israel-Lobby wurden zahlreiche Bücher geschrieben, und den Einfluss dieser Lobby zu leugnen, ist eine zügellose politische Korrektheit.

Was jedoch nur wenigen Amerikanern bewusst ist und was die jüdische Gemeinschaft lieber geheim halten würde, ist das wachsende finanzielle, kulturelle und soziale Gewicht der jüdischen Gemeinschaft in den USA. Obwohl es sicherlich viele arme Juden gibt, ist die Wahrheit, dass die amerikanischen Juden - wenn sie sich den Titel nicht bereits verdient haben - ausnahmslos als Anwärter auf den Titel der „amerikanischen Elite" aufsteigen. Sie sind die „neue amerikanische Elite".

Die amerikanischen Juden sind in der Tat die modernen Entsprechungen der Prinzen aus den Märchen von Tausendundeiner Nacht. Und auch wenn die jüdischen „Prinzen" (und „Prinzessinnen") für *sich* genommen vielleicht nicht die Mehrheit der Milliardäre oder Superreichen im berühmten „*Forbes* 400" ausmachen, so kann es ihr kombinierter Reichtum sicherlich mit dem der nichtjüdischen Elite aufnehmen (und übertrifft ihn höchstwahrscheinlich sogar).

Tatsächlich sind die jüdischen Eliten eher durch ihre Hingabe an jüdische Interessen verbunden, wie die auf diesen Seiten zitierten Quellen oft bestätigen.

Es ist schwierig, Reichtum oder „Einfluss" (welcher Art auch immer) zu bewerten, doch die auf diesen Seiten zusammengetragenen Fakten zeigen zweifelsfrei, dass die amerikanisch-jüdische Elite - die neue amerikanische Elite - in vielerlei Hinsicht über einen Reichtum und Einfluss verfügt, der ihre Zahl bei weitem übersteigt.

Die Anerkennung der jüdischen Macht - oder, wenn man so will, die „Ablehnung" der jüdischen Macht - ist eine überparteiliche Angelegenheit. Eine große Anzahl bekannter amerikanischer Abgeordneter und anderer politischer Entscheidungsträger wurde dabei belauscht, wie sie freimütige Kommentare zur jüdischen Macht abgeben:

James Baker, Außenminister unter Präsident George Bush, soll in einem vertraulichen Gespräch zu einem Kollegen gesagt haben: „Die Juden sind uns egal. Sie stimmen sowieso nicht für uns". Diese Worte wurden auf der Website als Schlagzeile einer israelischen Zeitung veröffentlicht, die ihn erwartungsgemäß als Antisemiten darstellte. Baker machte sich jedoch unfreiwillig zum Echo anderer Personen. Während der AWACS-Debatte wurde Gerald Ford vom Weißen Haus unter Reagan um Hilfe gebeten. In einem Telefongespräch mit einem republikanischen Senator, der aufgespürt worden war (bei einem Abendessen mit jüdischen Führern, was Ford aber nicht wusste), fragte der ehemalige Präsident: „Sollen wir zulassen, dass diese verdammten Juden die amerikanische Außenpolitik bestimmen? Ford wiederum machte sich Präsident Carter zu eigen, der im Frühjahr 1980 gegenüber einigen seiner engsten Mitarbeiter erklärt hatte: „Wenn ich zurückkomme, werde ich die Juden ficken."[5]

Im Lichte von Carters Bemerkung ist es nicht überraschend zu erfahren, dass William Rubenstein, ein rechtsgerichteter pro-zionistischer Soziologe, berichtete, dass „eine sehr gut platzierte Quelle" ihm gesagt habe, dass „75 Prozent" der „Führer der amerikanischen zionistischen Organisationen... Reagan eher als Carter unterstützt haben".[6]

In Anbetracht der Tatsache, dass liberale Demokraten und konservative Republikaner manchmal eine gemeinsame Basis gefunden haben, um Fragen über jüdische Macht aufzuwerfen, könnten wir auch an den Kommentar des berühmten Schriftstellers H. G. erinnern. Wells, der bemerkte: „Es gibt Raum für sehr ernsthafte Forschungen zu der Frage, warum Antisemitismus in jedem Land aufkommt, in dem Juden leben": „Es gibt Raum für sehr ernsthafte Forschungen zu der Frage, warum Antisemitismus in jedem Land aufkommt, in dem Juden leben".[7]

Inzwischen haben sich die großen amerikanischen Medien, die, wie wir sehen werden - laut jüdischen Quellen - weitgehend von Juden dominiert werden, auf „asiatisches Geld" bei den US-Wahlen konzentriert. Dies wurde zu einem regelrechten „Skandal" und zu einem gefundenen Fressen für die Medien. Alte antiasiatische

---

[5] Geoffrey Wheatcroft. *The Zion Controversy: Jewish Nationalism, the Jewish State, and the Unresolved Jewish Dilemma (Die Zionskontroverse: Jüdischer Nationalismus, der jüdische Staat und das ungelöste jüdische Dilemma)*. (Reading, Massachusetts: Addison-Wesley Publishing Company, 1996), S. 299.

[6] *The Left, the Right and the Jews* von Rubenstein, zitiert in Lenni Brenner. *Jews in America Today* (Seacaucus, New Jersey: Lyle Stuart, 1986), S. 128.

[7] Zitiert in Wheatcroft, S. 340-341.

Stereotypen, wie sie während des Krieges der USA gegen Japan populär waren, kommen wieder ungehindert ins Spiel.

Trotzdem hatten selbsternannte „Anti-Hass"-Gruppen wie die Anti-Defamation League (ADL) nicht viel zu diesem Thema zu sagen. Vielleicht liegt es gerade daran, dass es der ADL gefällt, dass der Schwerpunkt auf „asiatischem Geld" liegt.

Und dafür gibt es einen Grund: Asiatischstämmige Amerikaner (sowohl Einheimische als auch Eingebürgerte) sagen ruhig (aber die Medien berichten nicht darüber), dass der eigentliche Skandal des „ausländischen Geldes" nicht das asiatische Geld ist, sondern der schwere Einfluss des Geldes der von Israel besessenen amerikanischen jüdischen Gemeinschaft und der in Israel lebenden amerikanischen Juden (ganz zu schweigen von den Israelis selbst), die die Außenpolitik der Vereinigten Staaten gegenüber Israel beeinflussen wollen.

In der Ausgabe des *New York* Magazine vom 29. Januar 1996 wies der Schriftsteller Philip Weiss - der sein jüdisches Erbe lautstark verkündet - darauf hin, dass die Diskussion über die Rolle des jüdischen Geldes in der Politik als politisch unkorrekt wahrgenommen wird. Weiss brachte es auf den Punkt: „Wenn die NRA politische Macht ausübt, ist das ein heißes Thema. Wenn jüdisches Geld eine Rolle spielt, ist es antisemitisch, darüber zu sprechen".[8]

Es besteht kein Zweifel: Es handelt sich um ein echtes politisches Gewicht. Jüdisches Geld und jüdische Macht üben einen sehr realen Einfluss auf das amerikanische Leben aus.

Doch wie wir sehen werden, geht der jüdische Einfluss in Amerika weit über das hinaus, was allgemein als „Israel-Lobby" oder „jüdische Lobby" bezeichnet wird (wenn es um den Einfluss jüdischen Geldes und jüdischer Lobbyarbeit auf die Gestaltung der US-Außenpolitik geht). Der jüdische Einfluss ist jedoch weitaus größer und das brisanteste politische Geheimnis in den politischen und kulturellen Angelegenheiten der USA heute.

---

[8] *New York* Magazine, 29. Januar 1996.

Die möglichen Folgen dieser immensen jüdischen Macht in Amerika wurden von dem jüdischen Historiker Benjamin Ginsberg in seinem bemerkenswerten Buch *The Fatal Embrace: Jews and the State* frontal angegangen, in dem Ginsberg die Frage behandelt:

„Wie kommt es, dass Juden zu so vielen verschiedenen Zeiten und an so vielen verschiedenen Orten einen beträchtlichen Status, Reichtum und Macht erlangt haben, um dann abgelehnt, vertrieben oder noch schlimmer behandelt zu werden?"[9]

Ginsberg erklärt, dass ihn seine eigenen Recherchen davon überzeugt haben, dass die berühmte jüdische Philosophin und Schriftstellerin Hannah Arendt mit ihrer Behauptung Recht hatte, dass der wiederholte historische Aufstieg und Fall des jüdischen Volkes besser verstanden werden könne, wenn man die traditionelle Beziehung zwischen den Juden und den Nationalstaaten, in denen sie lebten, untersuche. Laut Ginsberg: Juden suchten oft den Schutz des Staates. Für ihre eigenen Zwecke waren die Machthaber oft froh, Juden im Austausch für die Dienste, die sie ihnen leisten konnten, aufzunehmen.

Die Beziehung zwischen Juden und Staaten hatte weitreichende Folgen und hat dazu beigetragen, einige der wichtigsten Staaten der modernen Welt aufzubauen oder zu stärken.

Darüber hinaus hat diese Beziehung den Juden manchmal zu großer Macht verholfen. Allerdings setzte ihre Beziehung zum Staat die Juden auch neuem Hass und neuen Antagonismen aus. Für Juden hat sich die Mitgliedschaft im Staat unter bestimmten Umständen als fatal erwiesen. Diese Überlegungen sind nicht nur von historischem Interesse.

Sie sind auch wesentlich, um die Vergangenheit - und die potenzielle Zukunft - der Juden in Amerika zu verstehen.[10]

---

[9] *Benjamin Ginsberg.* Die verhängnisvolle Umarmung: Juden und der Staat (Chicago: University of Chicago Press, 1993), S. ix.

[10] *Ibid,* S. ix.

Daher der Titel von Ginsbergs Buch und worauf er sich bezieht: die „verhängnisvolle Umarmung" des Staates - der Nation und ihrer politischen Machtmechanismen - durch die Juden im Zuge der Anhäufung gewaltigen Reichtums.

Ginsberg fasste das Dilemma zusammen, in dem sich die amerikanischen Juden und ihre nichtjüdischen Mitbürger aufgrund des wachsenden Einflusses der jüdischen Macht in Amerika befinden. Seine Worte sind wirklich tiefgründig. Ginsberg schreibt Obwohl die Juden gelernt haben, wie andere Amerikaner auszusehen, wie sie zu sprechen und sich wie sie zu kleiden, sind sie nicht vollständig assimiliert, weder in ihrem eigenen Geist noch in den Augen ihrer Nachbarn...... Erschwerend kommt hinzu, dass sich Juden oft - ob heimlich oder nicht - als ihren Nachbarn moralisch und intellektuell überlegen betrachten.

Tatsächlich sind Juden extrem erfolgreiche Außenseiter, die manchmal die Dreistigkeit besitzen, andere zu attackieren.[11]

In diesem Zusammenhang sollten wir untersuchen, wie Ginsberg seinerseits die vielfältigen Aspekte der jüdischen Macht in Amerika zusammengefasst hat. Seine Übersicht gibt uns einen Ausgangspunkt, auf dem wir aufbauen und die spezifische Natur der jüdischen Macht in Amerika im Detail untersuchen können. Ginsberg schreibt:

Seit den 1960er Jahren haben Juden einen erheblichen Einfluss auf das wirtschaftliche, kulturelle, intellektuelle und politische Leben in den Vereinigten Staaten gewonnen. Juden spielten in den 1980er Jahren eine zentrale Rolle im amerikanischen Finanzwesen und gehörten zu den Hauptnutznießern der Unternehmensfusionen und -umstrukturierungen dieses Jahrzehnts.

Heute sind zwar nur knapp 2% der Bevölkerung des Landes jüdisch, aber fast die Hälfte der Milliardäre sind Juden.

Die Geschäftsführer der drei größten Fernsehsender und der vier größten Filmstudios sind jüdisch, ebenso wie die Eigentümer der

---

[11] *Ibid*, S. 8-9.

größten Zeitungskette des Landes und der einflussreichsten Zeitung, der *New York Times*.

Ende der 1960er Jahre stellten Juden bereits 20% der Professorenschaft an Eliteuniversitäten und 40% der Professoren an Elite-Rechtsschulen; heute dürften diese Prozentsätze noch höher liegen.

Die Rolle und der Einfluss der Juden in der amerikanischen Politik sind ebenso ausgeprägt. Juden werden in unverhältnismäßig großer Zahl in öffentliche Ämter gewählt.

1993 waren zehn Mitglieder des US-Senats und zweiunddreißig Mitglieder des Repräsentantenhauses jüdisch, was dem Drei- bis Vierfachen ihres Anteils an der Gesamtbevölkerung entspricht.

In politischen Organisationen und im Finanzbereich sind Juden noch stärker vertreten. Eine kürzlich durchgeführte Studie ergab, dass in siebenundzwanzig der sechsunddreißig Kampagnen für den US-Senat einer oder beide Kandidaten einen jüdischen Kampagnenvorsitzenden oder Finanzmanager einsetzten.

Im Bereich Lobbying und Rechtsstreitigkeiten organisierten Juden das, was viele Jahre lang eine der erfolgreichsten Organisationen für politische Aktionen in Washington war, das American Israel Public Affairs Committee (AIPAC), und sie spielen eine führende Rolle in so wichtigen öffentlichen Interessengruppen wie der American Civil Liberties Union (ACLU) und Common Cause. Mehrere Juden spielten auch eine sehr wichtige Rolle im Präsidentschaftswahlkampf der Demokraten im Jahr 1992.

Nach dem Sieg der Demokraten ernannte Präsident Clinton eine Reihe von Juden zu wichtigen Posten in seiner Regierung.

Ihre Rolle in den wirtschaftlichen, sozialen und politischen Institutionen der USA hat es den Juden ermöglicht, einen erheblichen Einfluss auf das öffentliche Leben des Landes auszuüben. Der deutlichste Indikator für diesen Einfluss ist die direkte Militär- und Wirtschaftshilfe in Höhe von 3 Milliarden US-Dollar, die Israel jedes Jahr von den USA erhält, und übrigens auch der gleiche Betrag, der Ägypten gewährt wird, seit es sich bereit erklärt hat, friedliche Beziehungen zu Israel zu unterhalten.

Die Tatsache, dass drei Viertel des US-Auslandshilfebudgets den Sicherheitsinteressen Israels gewidmet sind, ist eine beachtliche Anerkennung für die Lobbying-Fähigkeiten von AIPAC und die Bedeutung der jüdischen Gemeinschaft in der US-Politik...

Generell spiegelt das, was in der Öffentlichkeit gesagt werden darf und was nicht, die Verteilung der politischen Macht in der Gesellschaft wider. In dem Maße, wie die Juden an politischer Macht gewannen, wurden Politiker, die antisemitische Taktiken verfolgten, als Extremisten bezeichnet und an den Rand der amerikanischen Politik verbannt.

Ebenso wurden religiöse Symbole und Ausdrucksformen, die von Juden als bedrohlich empfunden werden, fast vollständig aus Schulen und anderen öffentlichen Einrichtungen entfernt.

Die Klagen der ACLU, einer Organisation mit überwiegend jüdischer Führung und Mitgliedern, führten zu Entscheidungen von Bundesgerichten, die offizielle Gebete in öffentlichen Schulen, Kindergärten und andere religiöse Veranstaltungen in Parks und öffentlichen Gebäuden verbieten.[12]

An diesem Punkt - unter Berücksichtigung all dessen, was wir bisher erfahren haben - scheint es angebracht, die sehr reale Frage zu diskutieren: „Warum ist das wirtschaftliche, politische und kulturelle Gewicht, das das jüdische Volk in Amerika angehäuft hatvon Bedeutung

Tatsache ist, dass es Menschen geben wird - sowohl „Country-Club-Republikaner", die den Altar des Mammons anbeten, als auch selbsternannte „Liberale", die sich am „Erfolg von Minderheiten" ergötzen, z. B. -, die dieses schmale Bändchen lesen und darauf antworten werden: „Nun, wir leben in einem freien Land. Dies ist eine Hommage an das jüdische Volk, das dank seiner harten Arbeit und seiner Intelligenz diesen Erfolg erreicht hat".

---

[12] *Ibid*, S. 1 und 2.

In mancher Hinsicht ist es schwierig, diesen Vorschlag zu bestreiten. Es sollte jedoch betont werden, dass die Anhäufung von Reichtum und politischer Macht nicht bedeutet, dass ein solches Konglomerat einer ethnischen Gruppe das Recht gibt, das politische System einer Nation zu dominieren, nur weil sie die Mittel dazu hat. Und Tatsache ist, dass die amerikanisch-jüdische Elite heute die Mittel dazu hat und auch nicht zögert, sie zu nutzen.

Das aktuelle und tragische Debakel Amerikas im Irak ist ein anschauliches Beispiel dafür, wie diese Macht ausgeübt wurde.

Wir behaupten hier nicht, dass „alle Juden in Amerika" wollten, dass die USA im Frühjahr 2002 in den Irak einmarschierten. Ganz im Gegenteil: Einige der schärfsten und wortgewaltigsten Kritiker der US-Intervention im Irak waren amerikanische Juden. Dennoch bleibt festzuhalten, dass insgesamt gesehen die einflussreichsten und bestplatzierten Organisationen und Personen, die den Irakkrieg durch Öffentlichkeitsarbeit, Druck in den Medien und direkten politischen Druck vorantrieben, amerikanische Juden und amerikanisch-jüdische Organisationen waren, die speziell im Namen der Interessen Israels handelten.

Dieses Thema geht weit über den Rahmen dieses Buches hinaus, wurde aber in dem früheren Werk des Autors, *The High Priests of War*, ausführlich behandelt. Es sei nur so viel gesagt: Als der US-Abgeordnete Jim Moran (D-Virginia) offen erklärte, dass die jüdische Gemeinschaft in den USA seiner Meinung nach einflussreich genug sei, um das Abdriften in den Krieg zu stoppen, hatte er trotz des empörten Medienrummels, der auf seine Bemerkungen folgte, völlig Recht.

Es besteht kein Zweifel daran, dass die jüdische Wirtschaftsmacht kein Thema ist, das auf die Betrachtung dessen beschränkt ist, was man grob als „Antisemiten" bezeichnen könnte.

Die Wahrheit ist, dass selbst die oberflächlichste Untersuchung der jüdischen Geschichte sich weitgehend auf den jüdischen Reichtum und Einfluss konzentriert. So stellte beispielsweise der New Yorker Verlag Schocken Books, der Bücher von jüdischem Interesse herausgibt, seine 1975 erschienene Publikation *Economic History of the Jews (Wirtschaftsgeschichte der Juden)* vor.

In dem umfangreichen Band betonte der Herausgeber, Nahum Gross, in aller Offenheit, dass beispielsweise „der Kolonialhandel in der frühen Neuzeit und das Makler- und Bankwesen, insbesondere das Investmentbanking, in jüngerer Zeit hochgradig oligopolistische Industrien sind, und ihre Geschichte ist eigentlich die Geschichte einer eher kleinen Anzahl von führenden Unternehmen. Die Abgrenzung von Familienbanden und Allianzen zwischen diesen Unternehmen ist daher durchaus relevant, und der jüdische Historiker wird zumindest neugierig darauf sein, wer von diesen Firmenchefs Jude war.[13]

Es ist also keineswegs unangebracht, zu untersuchen, welche Juden, jüdischen Familien und finanziellen Interessen in einem bestimmten Bereich vorherrschend waren (oder sind), ungeachtet der Vorwürfe des „Antisemitismus".

Im Hinblick auf den Vorwurf des „Antisemitismus", der häufig die Untersuchung des jüdischen Reichtums umgibt, scheint es angebracht, auf die klassische Studie des jüdischen Historikers Bernard Lazare zu diesem Thema zu verweisen, insbesondere auf seine Untersuchung des „Antisemitismus", der durch das, was er „wirtschaftliche Ursachen" nennt, angeregt wurde. Lazare weist zu Recht darauf hin, dass aufgrund einer Reihe von Faktoren, die den Antisemitismus über viele Jahrhunderte hinweg beeinflussten, die Juden - eben wegen des Antisemitismus - gezwungen waren, sich zusammenzuschließen: Der Jude [...] vergrößert seinen Vorteil, indem er sich mit seinen Glaubensgenossen, die mit ähnlichen Tugenden ausgestattet sind, zusammenschließt, und erhöht so seine Kräfte, indem er gemeinsam mit seinen Brüdern handelt; das unvermeidliche Ergebnis ist, dass sie ihre Rivalen bei der Verfolgung eines gemeinsamen Ziels distanzieren [...]. Die Juden sind wie ein Mann vereint.

Das ist das Geheimnis ihres Erfolgs. Ihre Solidarität ist umso stärker, als sie schon sehr lange besteht. Ihre Existenz wird verleugnet, und doch ist sie unbestreitbar. Die Glieder der Kette wurden im Laufe der

---

[13] Nachum Gross, Ed. *Economic History of the Jews* (New York: Schocken Books, 1975). [Taschenbuchausgabe von 1976], S. xi.

Zeitalter geschmiedet, bis die Flucht der Jahrhunderte den Menschen ihre Existenz unbewusst gemacht hat.[14]

So verstehen wir vielleicht besser und mit mehr Sympathie den Ursprung des jüdischen Clan-Geistes - nennen wir ihn „Korpsgeist" -, der es einer relativ kleinen, belagerten Gruppe von Menschen ermöglicht hat, durch Zusammenarbeit eine mächtige Wirtschaftsklasse zu entwickeln, die durch ihr religiöses und kulturelles Erbe miteinander verbunden ist. Vielleicht war der Antisemitismus tatsächlich eine der Triebfedern für die Entstehung einer einzigartig einflussreichen Gruppe von Menschen in den USA (und der ganzen Welt).

Es besteht kein Zweifel daran, dass bei einer Untersuchung dessen, was man als „antisemitische" Literatur bezeichnen könnte, die jüdische Wirtschaftsmacht im Mittelpunkt steht. *Die* mittlerweile berühmte Serie des amerikanischen Industriellen Henry Ford, *The International Jew*, kommt einem dabei sofort in den Sinn. Fords Werk konzentrierte sich auf die Tentakel der jüdischen Macht in einem breiten Spektrum wirtschaftlicher und kultureller Arenen und löste in der jüdischen Gemeinschaft große Bestürzung aus. Doch während Ford für seine Bemühungen verurteilt wurde, gab es nur wenige Versuche, die spezifischen Fakten, die in seinem Werk dargelegt wurden, zu widerlegen.

Jüngere sogenannte „antisemitische" Bücher wie *Jewish Supremacism* von David Duke, einer umstrittenen politischen Persönlichkeit aus Louisiana, haben sich weniger auf die jüdische Macht an sich als vielmehr auf die jüdische Ideologie und die religiösen Lehren konzentriert. Dukes Buch stützt sich fast ausschließlich auf jüdische Quellen, um die Rolle zu beschreiben, die jüdische Interessen bei der Gestaltung der modernen Weltangelegenheiten aus geopolitischer und strategischer Sicht gespielt haben. Er beleuchtete die herausragende Rolle der Juden in der bolschewistischen Bewegung in Russland sowie die feine Blüte des jüdischen Einflusses hinter der sozialen und

---

[14] Bernard Lazarus. *Anti-Semitism*. (London: Britons Publishing Company, 1967), S. 168-169.

kulturellen Revolution in den USA und im Westen, die oft auf Kosten traditioneller Werte und Vorstellungen ging.

Darüber hinaus ging Duke so weit, seine Studie zu erweitern, indem er die jüdischen religiösen Lehren genau untersuchte, die das jüdische Volk tatsächlich enger an sich gebunden und gleichzeitig Gräben zwischen ihm und anderen aufgerissen haben. Letztendlich ist Duke der Ansicht, dass das jüdische Volk nach dem gestrebt hat, was er als „jüdischen Suprematismus" bezeichnet. Obwohl das jüdische Volk seinen eigenen Staat in Israel gegründet hat, stellt Duke fest, scheint es entschlossen zu sein, seinen Einfluss in der ganzen Welt spürbar zu machen, da es selbst der Meinung ist - und dies auch in seinen eigenen Schriften zum Ausdruck bringt -, dass es überragend ist.

Man kann Dukes Buch - das sorgfältig recherchiert ist - nicht lesen, ohne zu dem Schluss zu kommen, dass dies genau die Ideologie ist, die den Führern der jüdischen Gemeinschaft in Amerika (und der Welt) heute zugrunde liegt.

Was auch immer die Ursache war, der Antisemitismus spielte tatsächlich eine große Rolle bei der Herausbildung der Mentalität des jüdischen Volkes. Sie waren tatsächlich gezwungen, die Position (oder den Status) eines „Außenseiters" einzunehmen, und haben sich weitgehend dafür entschieden, dies trotz ihres Elite-Status innerhalb der amerikanischen Gesellschaft zu bleiben. Als „Außenseiter" hat das jüdische Volk einen Überblick über die „fremde" Gesellschaft, in der es sich bewegt, und war aus dieser Perspektive in der Lage, Chancen zu erkennen, die ansonsten für diejenigen unsichtbar sind, die im klassischen Sinne des Wortes „den Wald vor lauter Bäumen nicht sehen" können.

All dies hat es jüdischen Einzelpersonen - die innerhalb eines jüdischen Netzwerks arbeiteten - im Laufe der Jahrhunderte ermöglicht, an der Spitze der wirtschaftlichen und politischen Revolution zu stehen und als direkte Folge davon eine wichtige Rolle zu spielen, indem sie den Lauf der Gesellschaft beeinflussten.

Ein weiterer Faktor, den man im Hinterkopf behalten sollte, ist, dass die Juden im Allgemeinen, fast ausnahmslos (mit wenigen Ausnahmen), ein städtisches Volk waren, das sich weit vom Land und der Landwirtschaft entfernt hatte. Im Gegensatz dazu sind alle europäischen Gesellschaften und Völker kaum mehr als eine, zwei oder drei Generationen vom Bauernhof und seiner ländlichen Ethik des Aufbaus und der Schöpfung, des Aufbaus der Zivilisation aus der Wildnis, entfernt.

Dieser Erbkontrast führte unweigerlich zu einem Konflikt zwischen dem jüdischen Volk und den anderen, gerade weil sich die Juden aufgrund ihrer städtischen Neigungen in die Finanzarena zurückzogen - Geldverleih, Wucher, Bankwesen, nennen Sie es, wie Sie wollen - und so, wenig überraschend, zu Schiedsrichtern über die Zukunft der ländlichen Gebiete wurden.

Der historische Konflikt zwischen Landwirtschaft und Finanzwesen war schon immer ein zugrunde liegender Faktor des Antisemitismus, egal in welchem Land: sei es in Deutschland oder in den USA, wo die populistische Bewegung des späten 19. Jahrhunderts durch eine recht weit verbreitete antisemitische Rhetorik gekennzeichnet war.

Wieder einmal ist der Antisemitismus die direkte Folge des Widerstands von Nichtjuden gegen den jüdischen Einfluss, der seinerseits neue Höhen erreicht hat, gerade weil das jüdische Volk eine einzigartige „Gruppendynamik" gebildet hat, die in keiner anderen ethnischen Formation auf dem Planeten in so blühender Weise zu finden ist. Der Antisemitismus, so könnte man sagen, hat auf seine Weise jüdischen Erfolg und jüdische Macht hervorgebracht, die wiederum noch mehr Antisemitismus hervorgebracht haben, eben weil die Juden - als Gruppe - sich in die Lage versetzt haben, die Nichtjuden zu formen (oder sogar zu zerstören), deren Zukunft buchstäblich in den Händen der jüdischen Machtmakler liegt.

In diesem Zusammenhang müssen wir das Thema „Holocaust" ansprechen, d. h. die Ereignisse des Zweiten Weltkriegs, derer kontinuierlich und endlos in Tausenden von Büchern, Filmen, Liedern, Gedichten, Fernsehsendungen und Artikeln in Zeitungen und Zeitschriften gedacht wurde, in dem halben Jahrhundert nach dem Ende des Weltbrandes, der den Tod von unzähligen Millionen Menschen zur Folge hatte - weit mehr als die sechs Millionen Juden, von denen uns gesagt wurde, dass sie durch die Hände eines völkermörderischen Nazi-Regimes umgekommen waren.

Obwohl eine engagierte und schnell wachsende „Holocaust-Revisionisten"-Bewegung große Fortschritte dabei gemacht hat, ernsthafte Fragen zu bestimmten Fakten und Details der Ereignisse in dieser als „Holocaust" bekannten Periode aufzuwerfen - größtenteils dank der Bemühungen von Willis A. Carto und dem einst sehr dynamischen Institute for Historical Review (das später von innen heraus von Agenten zerstört wurde, die für jüdische Interessen arbeiteten und entschlossen waren, das Institut zum Schweigen zu bringen), bleiben die meisten Menschen davon überzeugt, dass die Juden die einzigen Opfer dessen waren, was praktisch als „die größte Tragödie der Geschichte" gefeiert wird, eben weil es eine Tragödie war, die sich gegen das „auserwählte Volk Gottes" gerichtet haben soll. Als solches ist die verbleibende Sympathie für das jüdische Volk groß, doch sie beginnt zu schwinden, da immer mehr Menschen, offen gesagt, „es leid sind, vom Holocaust zu hören" und auf die aktuellen Bemühungen revisionistischer Geschichtsmagazine wie *The Barnes Review* aufmerksam werden, die sich nicht scheuen, das Thema aufzugreifen.

Die ständige - fast kultische - Wiederholung der Geschichte des Holocaust wird (und einige jüdische Führer haben sich nicht gescheut, dies zu sagen) zu einem fast integralen Bestandteil des jüdischen „Gruppendenkens" und ist als direkte Folge davon in vielerlei Hinsicht in die jüdische Religion selbst eingebaut.

Dies ist ein weiterer Aspekt der jüdischen Mentalität, der das jüdische Volk einzigartig macht. Obwohl Dutzende - vielleicht Hunderte - anderer ethnischer Gruppen, Sekten und Völker im Laufe der Geschichte ihren eigenen „Holocausts" unterworfen waren, hat sich nur das jüdische Volk so sehr dem Gedenken an seine eigenen Katastrophen gewidmet. Gleichzeitig hat das jüdische Volk (in organisierter Form) den „Holocaust" (und andere Tragödien, ob real oder eingebildet) weiterhin als Mechanismus benutzt, um Forderungen an die Welt als Ganzes zu stellen. Ist das nicht schließlich der Grund, warum der Staat Israel gegründet wurde - als Mittel, um für die jüdischen Verluste während des Zweiten Weltkriegs zu büßen

Sicherlich hat die Debatte über die Ursachen und Auswirkungen der Frage des Antisemitismus - oder des „jüdischen Problems", wie es im Laufe der Geschichte bekannt geworden ist - letztlich viele Aspekte, die weit über den Rahmen dieses Buches hinausgehen. Einige „Antisemiten" könnten sogar behaupten, dass wir dem jüdischen Volk gegenüber viel zu viel Mitgefühl gezeigt haben und uns der jüdischen Aktivitäten und Einstellungen, die das Phänomen des Antisemitismus hervorgebracht haben, nicht ausreichend bewusst waren. Dies ist jedoch eine Debatte für einen anderen Ort und eine andere Zeit.

So reicht es, für das, was uns hier betrifft, zu sagen, dass, was auch immer der letztendliche Ursprung der jüdischen Vorherrschaft (zumindest in den wirtschaftlichen, kulturellen und politischen Einflusssphären in den Vereinigten Staaten) sein mag, sie eine Tatsache ist, die nicht geleugnet werden kann. Die Wahrheit über die jüdische Vorherrschaft in Amerika findet sich in unzähligen Bänden und in einem Großteil der Literatur jüdischer Schriftsteller, die kaum als „antisemitisch" eingestuft werden können.

Mit diesem Gedanken im Hinterkopf wollen wir einen Schritt weitergehen und untersuchen, was jüdische Wissenschaftler und Autoritäten über die jüdische Macht in Amerika sagen. Als Vorwort fügen wir jedoch die folgenden für unsere Studie relevanten Dokumente bei:

- Einblicke in den mittlerweile berühmten „Enron"-Skandal. Während die Medien das Debakel groß herausstellten, enthüllt selbst die oberflächlichste Betrachtung von Enron verborgene Aspekte der zionistischen Macht in Amerika, nicht zuletzt, weil die „jüdische Verbindung" zu Enron eines der größten Geheimnisse unserer Zeit bleibt;

- Eine Untersuchung des bemerkenswerten INSLAW-Falls - ein Skandal, der die brutale Macht der zionistischen Lobby bei der Manipulation des US-Justizministeriums und des Bundesjustizsystems demonstriert hat.

- Profil der amerikanischen „Königsfamilie", der Bronfmans, die zweifellos die mächtigste und etablierteste der jüdischen Familien sind, die das heutige Amerika beherrschen. Als frühe „koloniale" Satelliten des seit langem in Europa etablierten Rothschild-Imperiums bilden die Bronfmans die oft hässliche Seite der zionistischen Macht in Amerika.

- Anschließend werden wir ähnlich schmutzige Details über zwei große amerikanische Medienimperien erforschen, deren beträchtlicher Einfluss die große Reichweite der zionistischen Elite personifiziert, die das Medienmonopol beherrscht.

- Als interessantes Intermezzo beschäftigen wir uns mit der unbekannten Geschichte von Donald Trump, dem schillernden Immobilien- und Kasinomagnaten.

Obwohl er kein Jude ist, zeigt die Geschichte, dass Trump seinen Ruhm und sein Vermögen der Schirmherrschaft einiger mächtiger zionistischer Vermögender verdankt.

- Es folgt ein umfassender Überblick über die Namen, Gesichter und finanziellen Interessen bekannter (und weniger bekannter) jüdischer Familien, deren Anhäufung von Reichtum und Macht atemberaubend ist. Es ist das erste Mal (außerhalb eines kleinen Magazins, das nur in den höchsten Kreisen gelesen wird), dass diese Namen an einem Ort veröffentlicht werden - und es handelt sich in der Tat um eine aufschlussreiche Zusammenfassung.

Abschließend kommen wir endlich zum Kern dieses Bandes, seiner eigentlichen Grundlage - kalten, harten Fakten und Zahlen über die Realität der zionistischen Macht in Amerika. Die dargestellten Details sprechen für sich selbst. Es ist nicht „antisemitisch" oder „antijüdisch", diese Fakten zu präsentieren, zumal die Informationsquellen (bis auf eine Ausnahme) ausschließlich jüdisch sind. Und - vielleicht mit Ausnahme von Lenni Brenner - ist keine der zitierten durchaus respektablen Quellen das, was zionistische Kritiker als „selbsthassende" Juden bezeichnet haben, ein Begriff, der unklugerweise auf jüdische Amerikaner angewandt wurde, die es gewagt haben, Fragen zu den Missetaten des zionistischen Israel aufzuwerfen, wie Brenner es tat.

Natürlich werden sich viele Menschen bei der Lektüre dieses Buches sehr unwohl fühlen, aber nur, weil sie Opfer der so genannten „politischen Korrektheit" geworden sind.

Die Wahrheit ist, dass jüdische Zeitungen und Zeitschriften frei und offen über die jüdische Macht in Amerika diskutieren - und sogar damit prahlen. Nicht-Juden haben nun die Gelegenheit, genau zu sehen, womit diese jüdischen Quellen geprahlt haben.

Sind all diese materiellen Reichtümer - wie von jüdischen Philosophen behauptet - wirklich eine Bestätigung des Segens Gottes für das jüdische Volk

Ist die zionistische Elite - wie die in diesem Band zusammengetragenen Beweise nahelegen - als „die Herrschenden" hervorgegangen? Haben sie schließlich Amerika zum neuen Jerusalem gemacht

Ist das gut für Amerika? Ist es gut für die Welt? Können Nichtjuden an diesem Reichtum teilhaben

Gibt es eine Alternative

Der Leser kann - und wird - ein abschließendes Urteil fällen.

Korruption auf amerikanische Art

ENRON - Die wenig beachtete (aber sehr wichtige) zionistische Verbindung

Obwohl der Zusammenbruch des Ölriesen Enron als der erste große finanzielle und politische Skandal des 21. Jahrhunderts erschien - mit zahlreichen Verbindungen zur demokratischen und republikanischen Partei -, blieb die sehr zentrale (und wesentliche) jüdische Verbindung zum Enron-Fall weitgehend unbemerkt. Wie wir sehen werden, wurden einige sehr interessante Aspekte des Skandals von der öffentlichen Bühne ferngehalten.

In dieser Hinsicht ist der Enron-Skandal eine sehr geeignete Einleitung zu unserer allgemeinen Untersuchung der zionistischen Macht in Amerika.

Obwohl die Tatsache, dass der Enron-Manager Andrew Fastow (der zusammen mit seiner Frau für seine Vergehen verurteilt wurde) Jude war, in einigen Medien erwähnt wurde - Fastows Rabbi verteidigte ihn öffentlich -, wurden die viel wichtigeren und explosiveren jüdischen Verbindungen rund um Enron fast einheitlich verschwiegen.

Die Rolle der Juden im Fall Enron ist wahrscheinlich ein Beispiel dafür, wie die Mainstream-Medien die „jüdische Verbindung" in großen Fällen dieser Art unterdrücken, und verdient es, im Rahmen unserer Studie über die jüdische Macht in Amerika untersucht zu werden.

Die Tatsache, dass mehr als nur namhafte Politiker „schmutziges Geld" von großen Namen erhalten haben, die mit dem Zusammenbruch des Unternehmens Enron in Verbindung stehen, ist in der Masse untergegangen.

Dies ist eine Geschichte, die Sie nirgendwo sonst lesen werden.

Während „jeder weiß", dass das inzwischen berüchtigte Unternehmen Enron die Wahlkampfkassen demokratischer und republikanischer Politiker füllte, wurde in den Mainstream-Medien nicht darüber berichtet, dass dieses von Korruption durchzogene Unternehmen und diejenigen, die es unterstützen, auch die größten Geldgeber der florierenden Holocaust-Industrie (und der Israel-Lobby) in den USA und Israel waren.

Denn während Kenneth Lay, der nichtjüdische Präsident von Enron, versuchte, seine Angestellten (und Investoren) davon abzuhalten, den erbärmlichen Zustand des Riesenunternehmens zu entdecken, finanzierten Lay und seine Frau Linda (sowie Enron selbst) ein so genanntes „Holocaust-Museum" in Houston, Texas.

Tatsächlich haben die Lays und Enron laut der Ausgabe vom 18. Januar 2002 von *Forward*, einer der angesehensten und maßgeblichen jüdischen Zeitungen in Amerika, „dem Holocaustmuseum in Houston Hunderttausende Dollar gespendet, was etwa 10% des 3-Millionen-Dollar-Budgets der Institution entspricht".

Die Wahrheit ist, dass Kenneth und Linda Lay so eng mit dem Museum verbunden waren, dass sie beim jährlichen Abendessen des Museums im März 2002 den Ehrenvorsitz übernehmen sollten. Frau Lay war in Wirklichkeit Mitglied des Kuratoriums des Museums.

Die im Museum anwesende Menge protestierte ihrerseits, sie wisse nichts von Enrons Geschäftsvorgängen, was wahrscheinlich stimmt, aber die Frage bleibt, ob wütende Enron-Investoren und -Beschäftigte anfangen werden, vom Museum die Herausgabe des durch Enrons Beiträge abgeschöpften „schmutzigen Geldes" zu verlangen. Aber die Verbindung zwischen Enron und der Holocaust-Industrie ist noch größer und wichtiger als das.

Während die Medien Enron immer noch als eine Art Unternehmen von „texanischen Cowboys" darstellen, ist die Wahrheit, dass eine wenig bekannte, aber außerordentlich reiche jüdische Milliardärsfamilie mit Sitz in New York eine wichtige Rolle bei der Gründung von Enron spielte und auch der größte Geldgeber für die Aktivitäten des amerikanischen Holocaust-Mahnmal-Museums in Washington war.

Obwohl der Vorsitzende von Enron, Kenneth Lay, im Mittelpunkt des Medieninteresses stand, ist es erwiesen, dass Enron größtenteils das

Lehen der Erben des verstorbenen Arthur Belfer ist, eines Einwanderers polnischer Herkunft, der oft als „Holocaust-Überlebender" bezeichnet wird, obwohl Belfer Polen 1939 verlassen hatte. Belfer begann als Importeur von Kopfkissen und schloss dann lukrative Verträge für die Lieferung von Schlafsäcken an die US-Streitkräfte ab. Später stieg er in den Ölhandel ein und machte Belco Petroleum zu einem der größten Industrieunternehmen des Landes.

Kritiker der Enron-Berichterstattung stellten fest, dass, obwohl in den Wirtschaftsteilen des *Wall Street Journal* und der *New York Times* vom 5. Dezember 2001 vergrabene Artikel die Verbindung zwischen Belfer und Enron betonten, der Name Belfer später in den Hintergrund trat und der Beamte Kenneth Lay - im Wesentlichen ein „Auftragskiller" der Belfer-Familie - zum Sündenbock für das Enron-Desaster wurde.

Während Belfers Name in einem großen *Newsweek-Artikel*, der die gesamte tragische Geschichte von Enron erzählen sollte, nicht ein einziges Mal erwähnt wurde, stellte sich heraus, dass Belfers Erben (zur Zeit der Aufdeckung des Skandals) wichtige Akteure bei Enron waren, seit Arthur Belfer 1983 seine Firma Belco Petroleum Corp. an den Vorgänger von Enron verkauft hatte.

Obwohl Belfer 1993 verstarb, finanzierte die Stiftung der Belfer-Familie (die durch das inzwischen umstrittene Vermögen der Firma Enron reich geworden war) eine „Arthur und Rochelle Belfer National Conference for Educators", die regelmäßig und mit großem Pomp im American Holocaust Memorial Museum in Washington abgehalten wird.

Für 2002 waren zwei derartige Konferenzen geplant. Mittel- und Oberstufenlehrer aus dem ganzen Land, die sich auf „Holocaust-Unterricht" spezialisiert haben, werden von der Belfer-Stiftung in das Washingtoner Museum eingeladen, wo sie im Prozess der Indoktrinierung von Schülern in die Tradition und Legende des „Holocaust" geschult werden.

Was sich nicht leugnen lässt - trotz der Entscheidung der Medien, den Namen Belfer unter den Teppich zu kehren - ist, dass die Namen „Enron" und „Belfer" praktisch nicht voneinander zu unterscheiden sind.

Arthur Belfers Sohn Robert Belfer ist keineswegs eine „uneigennützige Partei": Er sitzt nicht nur im Vorstand von Enron, sondern neben Lay auch und vor allem in dessen dreiköpfigem Führungsgremium. Während die Medien Robert Belfer ins Abseits gestellt haben, ist es nicht angemessen zu suggerieren, dass er nichts von der desaströsen Lage des Unternehmens wusste.

Aus öffentlichen Aufzeichnungen geht hervor, dass Belfers Geld auch in großem Umfang an jüdische Zwecke in den USA und Israel verteilt wurde. Robert Belfer wurde kürzlich zum Vorsitzenden des Kuratoriums des Albert Einstein College of Medicine der Yeshiva University in New York gewählt, dessen finanzielle Gönner er und seine Frau Renee seit langem sind. Herr Belfer sitzt auch im Vorstand des in Israel ansässigen Weizmann Science Institute (einer der Motoren des geheimen israelischen Programms zur Entwicklung von Atomwaffen) und des American Jewish Committee, einem der einflussreichsten Blöcke der Israel-Lobby in Amerika.

Frau Belfer ist außerdem Mitglied des Vorstands der American Friends of the Israel Museum. Die Spenden des Ehepaars Belfer gehen weit darüber hinaus: Sie tragen auch zu Thanks to Scandinavia bei, einer Initiative, die die Skandinavier ehrt, die während des Zweiten Weltkriegs gegen die Achsenmächte gekämpft haben.

Einige vermuteten, dass die Mainstream-Medien aufgrund der engen Verbindungen zwischen dem Belfer/Enron-Imperium und der Holocaust-Industrie sowie der Israel-Lobby die bewusste Entscheidung trafen, den Namen Belfer vom Enron-Skandal „abzukoppeln", um der Holocaust-Industrie und der Israel-Lobby, die sich durch ihre Bekanntheit auszeichneten, jede Blamage zu ersparen.

Obwohl es scheint, dass Belfer und seine Familie beim Enron-Debakel große Verluste erlitten haben, versicherte *das Wall Street Journal* seinen Lesern, dass die Familie „finanziell nicht ausgelöscht wurde". Selma Ruben, Belfers Schwester, ist mit Lawrence Ruben, einem unermesslich reichen New Yorker Immobilienentwickler, verheiratet. Eine weitere Schwester, Anita, ist vor kurzem verstorben. Ihre Erben sollen bei der Enron-Affäre enorme Geldsummen verloren haben.

Während sich die Mainstream-Medien also mit der völlig irrelevanten Frage beschäftigen, ob republikanische oder demokratische Politiker (oder beide) irgendwie für den Zusammenbruch von Enron verantwortlich sind, entzieht sich die Familie Belfer (und diejenigen, die in der Holocaust-Industrie und in israelbezogenen Anliegen durch Enrons Großzügigkeit gediehen sind) der öffentlichen Aufmerksamkeit.

Angesichts der Verbindungen von Enron ist es vielleicht kein Zufall, dass zwei der wichtigsten Kongressabgeordneten, die von den Medien als „Ermittler" in Sachen Enron vorgestellt werden, der Abgeordnete Henry Waxman (D-Calif.) und der Senator Joseph Lieberman (D-Conn.) sind, zwei Gesetzgeber, die als starke Unterstützer Israels bekannt sind.

So zeigt dieser kurze Einblick in den mittlerweile berühmten Enron-Skandal, über den die Medien massiv berichteten, dass es tatsächlich eine verborgene „jüdische Verbindung" gab, die ansonsten in den wichtigsten audiovisuellen und publizistischen Medien dieses Landes ignoriert wurde.

Die endgültigen Ergebnisse der Enron-Affäre bleiben natürlich abzuwarten, aber allein die Tatsache, dass es diese wenig bekannte jüdische Verbindung gab, die ignoriert oder absichtlich unterdrückt wurde, ist ein sehr aufschlussreicher Indikator dafür, dass die zionistische Macht in Amerika so immens ist, dass eine solche jüdische Verbindung unter den Teppich gekehrt wird.

In seinem bereits erwähnten Buch *The Fatal Embrace* schrieb der jüdisch-amerikanische Professor Benjamin Ginsberg offen und unverblümt darüber, wie häufig eine „jüdische Verbindung" in einer Reihe großer politischer Skandale in den USA gefunden wurde, von der legendären Credit Mobilier Affäre im 19. Jahrhundert bis hin zu den geopolitischen und finanziellen Intrigen rund um den Bau des Panamakanals - ganz zu schweigen von einer Vielzahl ähnlicher Ereignisse, die inzwischen Teil der amerikanischen Geschichte geworden sind.

Und das alles ohne die ganz klare Rolle zu vergessen, die jüdische Familien aus den USA und der ganzen Welt beim massiven transatlantischen Handel mit afrikanischen Sklaven gespielt haben - ein Punkt, der von jüdischen Organisationen und den Medien weitgehend bestritten wird, aber in dem Standardwerk *The Secret Relationship Between Blacks and Jews,* das von der Nation of Islam des Ministers

Louis Farrakhan herausgegeben wurde, ausführlich und unbestreitbar dokumentiert ist.

Auch wenn das Wort „Skandal" nicht allgemein verwendet wird, obwohl es verwendet werden sollte, besteht natürlich kein Zweifel daran, dass der zionistische Einfluss eine wesentliche Rolle bei der Förderung der skandalösen Lügen gespielt hat, die von der Regierung von George W. Bush zur Förderung der US-Invasion im Irak im Frühjahr 2003 verbreitet wurden, und zwar genau am Vorabend des jüdischen Purimfestes, an dem die Juden die Vernichtung ihrer Feinde feiern, eine nach den üblichen Maßstäben höchst unangenehme Art von Feiern.

Dennoch waren die offensichtlich falschen Behauptungen über völlig nichtexistente Massenvernichtungswaffen, die der junge Bush und seine jüdischen Berater wie Paul Wolfowitz, Douglas Feith und Richard Perle aufstellten und die von kompromisslosen Zionisten wie William Kristol in den Medien gefördert wurden, ein eklatanter Betrug am amerikanischen Volk (und der ganzen Welt).

Dennoch ist es sehr unwahrscheinlich, dass diese Schuldigen - alle Zionisten, jüdische und nichtjüdische - jemals vor ein Gericht gestellt und für diese sehr realen Kriegsverbrechen verfolgt werden.

Und das ist die traurige Realität dessen, was passiert, wenn die zionistische Macht so immens geworden ist, dass die Interessen der zionistischen Bewegung vollständig in die Angelegenheiten einer Nation verwickelt sind, was zu einer eklatanten institutionellen Korruption und einem Mangel an moralischen Prinzipien führt, die heute an höchster Stelle herrschen. Tatsache ist, dass es für die zionistische Macht in Amerika einfach nur wenige - wenn überhaupt - Grenzen gibt.

Wenn es kein Gesetz gibt, das die Verfolgung und Bestrafung von Beamten verlangt, die lügen, wenn sie *nicht* unter Eid stehen (was leider meistens der Fall ist), sollte es vielleicht ein solches Gesetz geben.

Letztendlich hat der Zionismus eine wichtige Rolle bei einigen der skandalösesten und lukrativsten Geschäftemachereien unserer Zeit gespielt.

Ein weiterer Skandal in der jüngeren amerikanischen Geschichte, der sicherlich eine Untersuchung verdient, liefert jedoch eine im spezifischsten Sinne düstere Demonstration, wie die zionistische Macht die höchsten Ränge der Strafverfolgungsbehörden unseres Landes infiltriert und manipuliert hat: das Justizministerium der Vereinigten Staaten und das Bundesjustizsystem.

Es handelt sich um den Fall INSLAW, das nächste Thema, das wir in unserem Überblick über die zionistische Macht in Amerika untersuchen werden.

Der INSLAW-Fall

Die zionistische Kontrolle der Gerichte und des Justizministeriums der USA

Die feine Hand des israelischen Geheimdienstes und sein Einfluss auf höchster Ebene des Justizministeriums bilden den roten Faden der Verschwörung im Fall INSLAW.

Obwohl die INSLAW-Affäre in den Hintergrund gerückt ist, ist eine Untersuchung dieses Skandals durchaus angebracht, wenn man die zionistische Macht in Amerika betrachtet. Hier ist die Geschichte.

Im März 1982 erhielt die in Washington, D.C. ansässige Firma INSLAW, die Bill und Nancy Hamilton gehörte, den Zuschlag für einen Dreijahresvertrag über 10 Millionen Dollar mit dem Justizministerium, der vorsah, die bemerkenswerte, von Bill Hamilton entwickelte Software PROMIS in den 22 größten Staatsanwaltschaften der USA und eine Textverarbeitungsversion in 72 weiteren zu installieren. PROMIS war eine hochentwickelte Tracking-Software, die perfekt auf den Einsatz von Geheimdiensten zugeschnitten war und dazu dienen sollte, gezielt Einzelpersonen aufzuspüren.

In der Zwischenzeit begann jedoch Dr. Earl Brian, ein langjähriger Freund des damaligen Generalstaatsanwalts Edwin Meese, seinen politischen Einfluss zu nutzen, um sich in den Vertrag der Hamiltons einzumischen, um den Vertrag für eine Firma zu erhalten, die ihm gehörte. Dies geschah, nachdem die Hamiltons Brians Angebot, INSLAW zu kaufen, abgelehnt hatten. Brian, der über zahlreiche internationale Kontakte verfügte, wurde weithin als langjähriger Aktivposten der CIA angesehen.

Anfang 1983 vereinbarte das Justizministerium mit den Hamiltons, dass sie einem Israeli, der sich „Dr. Ben Orr" nannte und behauptete, das israelische Justizministerium zu vertreten, das PROMIS vorführen würden. „Ben Orr" zeigte sich sehr beeindruckt von dem PROMIS, kaufte das Produkt aber zur Überraschung der Hamiltons nie.

Erst später erfuhren die Hamiltons den Grund: Durch seine Kontakte im Justizministerium war es Earl Brian gelungen, die Software zu stehlen und sie anschließend an LEKEM, eine ultrageheime Einheit für elektromagnetische Aufklärung der israelischen Verteidigungsarmee, weiterzugeben. Der Leiter von LEKEM war ein langjähriger Mossad-Agent namens Rafael „Dirty Rafi" Eitan. Tatsächlich war Eitan der „Dr. Ben Orr", der die Hamiltons besucht hatte.

Zu diesem Zeitpunkt war bereits bekannt geworden, dass Eitan der Mossad-Agent war, der die amerikanischen Spionageoperationen des israelischen Spions Jonathan Pollard leitete. Eitans LEKEM-Operationen waren heimlich finanziert worden durch eine Reihe von Offshore-Firmen auf den Bahamas, die einige Jahre zuvor von der Anwaltskanzlei Burns and Summit eingerichtet worden waren. Zufälligerweise gehörte diese Kanzlei dem stellvertretenden Generalstaatsanwalt Arnold Burns, einer Schlüsselfigur in der vom Justizministerium geführten Kampagne zur Liquidierung von INSLAW.

Ari Ben-Menashe, ein ehemaliger israelischer Geheimdienstmitarbeiter, sagte, PROMIS sei die ideale Software für den israelischen Geheimdienst, um Palästinenser und politische Dissidenten, die Israel kritisch gegenüberstehen, aufzuspüren. Er erklärte

„PROMIS war eine sehr große Sache für uns, eine sehr, sehr große Sache. Es war wahrscheinlich das wichtigste Thema der 1980er Jahre, weil es die gesamte nachrichtendienstliche Perspektive verändert hat. Die gesamte Form der Informationsbeschaffung hat sich verändert". Brian hat seinen israelischen Freunden also einen großen Gefallen getan.

Brian verkaufte PROMIS unter anderem auch an die Royal Canadian Mounted Police, den Canadian Security and Intelligence Service und den jordanischen Militärgeheimdienst. In Wahrheit ist das ganze Ausmaß von Brians Intrige beim Verkauf von PROMIS in alle Welt noch nicht enthüllt worden.

Natürlich geschah dies alles hinter den Kulissen und ohne das Wissen der Hamiltons zu dieser Zeit. Doch 1985, als ihre Software vollständig geplündert und international vertrieben worden war, entdeckten die Hamiltons, dass das Justizministerium über 7 Millionen Dollar an fälligen Zahlungen aus dem Vertrag zurückhielt, was INSLAW dazu zwang, Insolvenz anzumelden. Im Jahr 1984 kündigte das Justizministerium den Vertrag dann abrupt.

Während sie mit Konkurs und Liquidation konfrontiert waren, kämpften die Eigentümer von INSLAW auch gegen die feindlichen Übernahmeversuche von Earl Brian, einem CIA-Aktivisten, und mehreren seiner Verbündeten, darunter die Wall-Street-Firma Charles Allen and Company.

Im Februar 1985 stellten sich die Hamiltons vor dem Bundesgericht in Washington unter den Schutz von Kapitel 11 des Konkursgesetzes und verklagten auch das Justizministerium für die Schäden und Verluste, die sie erlitten hatten. Sie beauftragten Leigh Ratiner, einen Anwalt der Kanzlei Dickstein, Shapiro und Morin, mit ihrer Vertretung.

In der Zwischenzeit tauchte der Washingtoner Anwalt Leonard Garment - der den Erzfeind der Hamiltons, „Dirty Rafi" Eitan, und die Interessen Israels im Pollard-Spionageskandal vertrat - in der INSLAW-Affäre auf. Als Freund von Eitans heimlichem finanziellen Wohltäter, dem stellvertretenden Generalstaatsanwalt Burns, war Garment ein Hauptpartner von Dickstein, Shapiro und Morin, die Ratiner, den Anwalt, der die Hamiltons vertrat, abrupt entließen.

Die Hamiltons stellten später fest, dass es sehr wahrscheinlich war, dass die Mossad-Figur Eitan etwa 600.000 Dollar aus einer israelischen schwarzen Kasse an Garments Anwaltskanzlei überwiesen hatte, um die Trennungsvereinbarung der Kanzlei mit Ratiner, dem Anwalt der Hamiltons, zu finanzieren.

(Zur selben Zeit spielte Garment selbst bekanntlich eine Rolle bei der „Einigung" in einem Fall gegen Liberty Lobby, den Herausgeber von *The Spotlight*, nachdem die populistische Institution das *Wall Street Journal* verklagt hatte, weil es Verleumdungen über Liberty Lobby veröffentlicht hatte, darunter eine, die von Garments Frau verfasst worden war. *The Spotlight - und das ist kein* Zufall - berichtete auch ausführlich über den sich ausweitenden INSLAW-Skandal (dazu später mehr).

Trotz ihrer Schwierigkeiten errangen die Hamiltons einen wohlverdienten Sieg.

Die Verschwörung des Justizministeriums gegen INSLAW war so offensichtlich und skandalös, dass im Januar 1988 der Richter George Bason Jr. des Bundeskonkursgerichts eine Entscheidung zugunsten der Hamiltons und gegen das Justizministerium fällte. Bason kam zu dem Schluss, dass das Justizministerium absichtlich versucht hatte, INSLAW in Konkurs gehen zu lassen, um die Kontrolle über die Software zu erlangen und den Hamiltons das ihnen zustehende Geld nicht zahlen zu müssen.

Basons Entscheidung wurde später bestätigt, doch zu diesem Zeitpunkt war ihm bereits die Verlängerung seines Mandats verweigert worden und er war seines Amtes enthoben und durch S. Martin Teel ersetzt worden, der niemand anderes war als der ehemalige Anwalt des Justizministeriums, der die Justiz gegen die Hamiltons verteidigte.

Erst nachdem Bason gegen das Justizministerium und zugunsten der Hamiltons entschieden und behauptet hatte, dass Teels Kunden/Kollegen die PROMIS-Software durch „List, Betrug und Täuschung" gestohlen hätten, wurde Bason die Verlängerung seines Mandats verweigert und Teel an seiner Stelle ernannt. Bason beschuldigte später in einer Zeugenaussage vor dem Kongress das Justizministerium, sich verschworen zu haben, um ihn als Vergeltung für seine Entscheidung gegen das Ministerium zur Aufgabe seines Amtes zu zwingen.

Einer der Hauptakteure bei den Bemühungen, Bason zugunsten von Teel aus dem Amt zu entfernen, war der damalige stellvertretende Generalstaatsanwalt Arnold Burns, ein mächtiger Anwalt mit langjährigen Verbindungen zur Anti-Defamation League (ADL) der B'nai B'rith.

Burns ist auch einer der Gründer von „Nesher", einer diskret einflussreichen Gruppe von etwa 300 hochrangigen Bundesbeamten und Bürokraten, die sich informell treffen und durch den Wunsch verbunden sind, die zionistische Sache voranzutreiben.

Und, was kein Zufall ist, wie wir bereits festgestellt haben, war Burns einer der Beamten des Justizministeriums, die fleißig daran arbeiteten, die INSLAW zuerst zu liquidieren.

Der ehemalige Richter Bason warf auch die Frage auf, ob Teel angesichts seiner äußerst geringen Erfahrung mit Konkursstreitigkeiten tatsächlich für die Beförderung qualifiziert war.

Wie dem auch sei, Teel wurde zum Richter von Bason ernannt, als Belohnung für seinen Beitrag zur Vertuschung einer korrupten Verschwörung, an der Agenten der CIA und des israelischen Mossad beteiligt waren.

Laut den investigativen Journalisten Mark Fricker und Stephen Pizzo war „der INSLAW-Fall zum gerichtlichen Todeskuss in Washington geworden, da sich kein Richter in die Sache einmischen wollte. Die INSLAW-Behauptungen warfen ernsthafte Fragen über Korruption und Anarchie im Justizministerium auf, und das Verbot des US-Insolvenzrichters Bason hatte der Justiz eine erschreckende Botschaft übermittelt". Der Chief U.S. District Judge Aubrey Robinson in Washington, D.C., sagte über andere Richter in Bezug auf den INSLAW-Fall: „Sie würden es nicht mit einer 10-Fuß-Stange anfassen".

Zu diesem Zeitpunkt hatten die Hamiltons begonnen, die Aufmerksamkeit der Medien auf sich zu ziehen, teilweise dank der innovativen Bemühungen unabhängiger Journalisten wie Harry Martin vom *Napa* (Kalifornien) *Sentinel* und von *The Spotlight* und dessen Diskussionsforum *Radio Free America* (RFA), das von Tom Valentine moderiert wurde.

Neben dem ehemaligen Richter Bason und dem Informatiker Michael Riconosciuto (der in der INSLAW-Intrige mit Earl Brian in Verbindung gebracht wurde) gehörten auch Bill und Nancy Hamilton von der INSLAW zu den Gästen, die nach RFA kamen, um den Skandal zu besprechen.

Die Hamiltons wurden damals geschickt vom ehemaligen Generalstaatsanwalt Elliot Richardson (inzwischen verstorben) vertreten, der große Abscheu und Ekel vor den Aktivitäten der Beamten der Abteilung empfand, die er während der Nixon-Ära für eine kurze Zeit geleitet hatte.

Alarmiert durch die zunehmende Sensibilisierung der Öffentlichkeit für den Fall, leitete der Abgeordnete Jack Brooks (D-Texas), Vorsitzender des Justizausschusses des Repräsentantenhauses, eine

Sonderuntersuchung des INSLAW-Falls ein. Brooks stellte fest, dass das Justizministerium unter der Leitung des neuen Generalstaatsanwalts Dick Thornburgh immer wieder Obstruktionsmaßnahmen ergriffen hatte, um den Fall geheim zu halten.

In der Zwischenzeit legte das Justizministerium gegen die Entscheidung, die das Urteil des ehemaligen Richters Bason zugunsten der INSLAW bestätigte, Berufung beim US-Berufungsgericht ein, das die Sache im Mai 1990 für das Ministerium klärte. Das Berufungsgericht entschied, dass der Fall der Hamiltons niemals vor das Insolvenzgericht hätte gebracht werden dürfen, und wies ihre Klage ab. Es sagte im Wesentlichen, dass die Hamiltons, wenn sie das Justizministerium verklagen wollten, alles von vorne beginnen müssten. Das Gericht prüfte nicht, ob die Klage begründet war, sondern erklärte lediglich, dass das Konkursgericht nie der Ort gewesen sei, an dem der Fall verhandelt werden sollte.

Unter dem wachsenden Druck des Kongresses ernannte Thornburghs Nachfolger als Generalstaatsanwalt, der ehemalige CIA-Beamte William Barr, 1991 den pensionierten Bundesrichter Nicholas Bua aus Chicago zum internen Sonderberater des Justizministeriums für die Untersuchung der INSLAW, obwohl niemand wirklich daran geglaubt hatte, dass sich das Justizministerium jemals etwas zuschulden kommen lassen würde.

Nachdem die Hamiltons 1992 beim Obersten Gerichtshof Berufung eingelegt hatten, bestätigte dieser (erwartungsgemäß) die Entscheidung des erstinstanzlichen Gerichts zugunsten des Justizministeriums. Im März 1993 legte der ehemalige Bundesrichter Nicholas Bua zur Überraschung aller einen Bericht vor, in dem das Justizministerium entlastet wurde.

Schließlich entschied im August 1997 das Bundesbeschwerdegericht in Washington, D.C., gegen die Hamiltons und kam - wieder einmal nicht überraschend - zu dem Schluss, dass sich das Justizministerium trotz aller Beweise keiner strafbaren Handlung im Fall INSLAW schuldig gemacht hatte.

Es ist anzumerken, dass während des gesamten Zeitraums, in dem die INSLAW-Affäre stattfand, eine Reihe von Personen, die mit der INSLAW und der Untersuchung des Skandals in Verbindung standen, begannen, tot aufgefunden zu werden.

- Im August 1991 wurde das bekannteste Opfer der INSLAW - der unabhängige Journalist Danny Casolaro-, der mit Bill und Nancy Hamilton von der INSLAW zusammenarbeitete und auch eng mit Michael Riconoscuito, einem CIA-Agenten und Whistleblower der INSLAW-Verschwörung, zusammenarbeitete, tot in einem Motelzimmer in Martinsburg, West Virginia, aufgefunden. Obwohl sein Tod offiziell als „Selbstmord" deklariert wurde, deutet das Gewicht der Beweise auf das Gegenteil hin.

- 1992 wurden die Frau und die drei Kinder von Ian Stuart Spiro, einem Geschäftsmann aus San Diego und unabhängigen Geheimdienstmitarbeiter, ermordet aufgefunden. Später wurde Spiro an einem anderen Ort tot aufgefunden. Obwohl die Behörden bekannt gaben, dass Spiro (der für den britischen und israelischen Geheimdienst arbeitete) erst seine Familie und dann sich selbst getötet hatte, glaubten nur wenige daran.

Interessant ist - im Lichte der vielfältigen israelischen Verbindungen im Fall INSLAW -, dass der pensionierte Deputy Sheriff von San Diego County, Tim Carroll, der als Sonder-"Ermittler" im Fall Spiro eingesetzt wurde, lange Zeit als Verbindungsmann zwischen dem Büro des Sheriffs und der Anti-Defamation League (ADL) der B'nai B'rith fungierte, die ein Vermittler des Mossad ist.

Es ist kein Zufall, dass Carroll auch bei der Orchestrierung (und Beteiligung) der massiven (und völlig ungerechtfertigten) Razzia im Jahr 1995 im Haus von Willis A. Carto, dem Herausgeber von *The Spotlight*, als Teil der laufenden Verschwörung, die es schließlich schaffte, die populistische Wochenzeitung zu zerstören, die damals die einzige größere unabhängige nationale Publikation war, die den Fall INSLAW aufdeckte.

Ein mexikanischer Gärtner, der scheinbar Zeuge der Spiro-Morde war, wurde später ebenfalls ermordet.

- Der Journalist Anson Ng von der Londoner *Financial Times* arbeitete mit Casolaro zusammen, um die Verbindungen zwischen dem INSLAW und der Geldwäsche im Zusammenhang mit dem von Israel initiierten Iran-Contra-Geschäft zu untersuchen. Als Ng im Juli 1991 in Guatemala tot aufgefunden wurde, hatte er eine einzelne Kugel in der Brust. Die Behörden gingen von einem Selbstmord aus.

- Dennis Eisman, der Anwalt des INSLAW-Whistleblowers Michael Riconosciuto, wurde ebenfalls mit einer Schusswunde in der Brust aufgefunden. Auch hier handelte es sich um Selbstmord.

- Im März 1990 wurde der britische Journalist Jonathan Moyle, der über eine Figur der INSLAW in Chile recherchiert hatte, erhängt im Kleiderschrank seines Hotels in Santiago aufgefunden.

- Alan D. Standorf, Verteidigungsanalyst. Seine Leiche wurde am nationalen Flughafen von Washington auf dem Boden eines Autos unter Gepäckstücken gefunden. Er arbeitete in einem geheimen militärischen Abhörposten in einem Vorort von Virginia.

- Michael Allen May, ein ehemaliger Mitarbeiter Nixons, starb vier Tage, nachdem *der Napa Sentinel* seine Verbindungen zu dem sogenannten Skandal der „Oktoberüberraschung" aufgedeckt hatte, in den auch der INSLAW-Verschwörer Earl Brian verwickelt war.

Die Autopsie ergab, dass May pharmazeutische Produkte eingenommen hatte.

- Der Ingenieur Barry Kumnick verschwand, nachdem er ein neues Computerprogramm erfunden hatte, das die Gedanken und Eigenschaften von kriminellen oder militärischen Personen projizieren und ihr Verhalten oder ihre Bewegungen vorhersagen konnte. Kumnicks System war so konzipiert, dass es mit der von INSLAW entwickelten Software PROMIS zusammenarbeiten konnte.

Die vom INSLAW-Anwalt Elliot Richardson ans Licht gebrachten Beweise weisen als den wahrscheinlichsten Verantwortlichen für diese Mordserie aus, und dieses Geheimnis liegt den zionistischen Verbindungen des INSLAW-Falls zugrunde.

Tatsache ist, dass Richardson und die Hamiltons herausgefunden haben, dass das Office of Special Investigations (OSI) des Justizministeriums, das für die „Nazi-Jagd" zuständig war, als Basis für eine ultrageheime Einheit für verdeckte Operationen des Justizministeriums diente, und dass das OSI in Wirklichkeit für den Diebstahl der PROMIS-Software der INSLAW verantwortlich war. In einem Schriftsatz vom 14. Februar 1994 erhob der Anwalt der INSLAW, der ehemalige US-Generalstaatsanwalt Richardson, die folgenden schockierenden Vorwürfe: Das Programm über Nazi-

Kriegsverbrecher ist... eine Fassade für den eigenen geheimen Nachrichtendienst des Justizministeriums, wie mehrere hochrangige Beamte des Justizministeriums der INSLAW kürzlich enthüllt haben.

Eine der nicht erklärten Aufgaben dieses geheimen Geheimdienstes war die illegale Verbreitung der proprietären Version von PROMIS, wie aus zuverlässigen Quellen mit Verbindungen zur US-Geheimdienstgemeinde zu erfahren war.

INSLAW erhielt außerdem eine Kopie eines 27-seitigen Computerausdrucks des Justizministeriums mit dem Titel „Criminal Division Vendor List" (Liste der Lieferanten der Kriminalabteilung). Diese Liste ist eigentlich eine Auflistung von Wirtschaftsorganisationen und Einzelpersonen, die als „Cutter" für diesen geheimen Geheimdienst des Justizministeriums dienen....

Der Geheimdienst des Justizministeriums hat auch eine eigene „Eigentümer"-Firma, die Dutzende von Agenten verschiedener Nationalitäten beschäftigt, sowie Personen, die offenbar reguläre Mitarbeiter verschiedener Abteilungen und Behörden der US-Regierung oder Angehörige der US-Streitkräfte sind, wie verschiedene Quellen berichten.

Richardsons Schriftsatz enthält auch eine erstaunliche Andeutung, nämlich dass die Beweise darauf hindeuten, dass der INSLAW-Ermittler Danny Casolaro von dieser geheimen Einheit des Justizministeriums innerhalb der OSI ermordet wurde.

Da es kein Geheimnis ist, dass das OSI seit Jahren eng mit dem israelischen Geheimdienst zusammenarbeitet, kann man logischerweise daraus schließen, dass das OSI und die geheime Einheit des Justizministeriums innerhalb des OSI tatsächlich wie Agenten des Mossad agieren.

Die Verzweigungen sind immens, zumal es das Justizministerium selbst und Schlüsselagenten des Justizministeriums - von denen einer später zum Bundeskonkursrichter befördert wurde - waren, die diese zionistische (und es gibt kein anderes Wort dafür) Verschwörung ermöglichten.

Tatsächlich war der betreffende Konkursrichter, S. Martin Teel - von dem nicht bekannt ist, ob er selbst jüdisch ist -, allein verantwortlich für die Schließung von *The Spotlight*, der einzigen unabhängigen nationalen Wochenzeitung, die den INSLAW-Fall praktisch von Anfang an aufgedeckt hatte.

Am 27. Juni 2001 machte Mr. Teel, der damals den Vorsitz in einem vom Herausgeber von *The Spotlight*, Liberty Lobby, angestrengten Insolvenzverfahren führte, von seiner Willkür Gebrauch und ordnete an, dass die populistische Wochenzeitung weiter erscheinen sollte, und zerstörte damit die einst sehr dynamische Wochenzeitung.

Obwohl Teel der einzige Konkursrichter war, der im Zuständigkeitsbereich von Washington, D.C. saß, hätte er nie die Erlaubnis erhalten dürfen, den Bundeskonkurs von Liberty Lobby zu untersuchen. Er hatte offensichtlich einen eklatanten Interessenkonflikt und einen echten Groll gegen die populistische Institution und ihre Wochenzeitung. So wurde nicht nur die INSLAW in die Knie gezwungen, sondern auch *The Spotlight*, das wie die INSLAW den verderblichen Intrigen des israelischen Mossad und seiner Verbündeten in Washington zum Opfer gefallen war.

All das bedeutet natürlich nicht, dass alle Korruption ausschließlich auf jüdische Quellen zurückgeführt werden kann - weit gefehlt! Aber Tatsache ist, dass es jüdische Korruption (an höchster Stelle und den politischen Prozess in den USA beeinträchtigend) in unserer Geschichte gegeben hat, aber die Medien und Geschichtsbücher haben eine große Rolle dabei gespielt, das öffentliche Bewusstsein für dieses Thema zu unterdrücken.

Die Wurzeln des INSLAW-Falls weisen in der Tat auf die immense Macht der zionistischen Bewegung hin und zeigen, dass selbst die Gerichte und das System der sogenannten „Justiz" in den Vereinigten Staaten vollständig in den Händen derer sind, die in Amerika, dem neuen Jerusalem, herrschen.

In diesem Zusammenhang sollen einige der prominentesten und mächtigsten jüdischen Familien Amerikas betrachtet werden, insbesondere diejenigen, die einen erheblichen Einfluss auf die amerikanischen Medien ausüben und somit die Macht haben, die öffentliche Wahrnehmung von Geschichte und Zeitgeschehen zu prägen und damit den Verlauf des politischen Prozesses in den USA zu steuern. Fahren wir also fort.

Die Bronfman-Bande

Die königliche Familie der Juden in Amerika Sam und Edgar Bronfman: „Paten" von Al Capone und John McCain

Einst als „die Rothschilds der Neuen Welt" beschrieben, ist die Familie Bronfman - obwohl offiziell in Kanada ansässig - sicherlich die sprichwörtliche „Königsfamilie" des amerikanisch-jüdischen Establishments, da der Einfluss der Familie fest in den USA verankert ist und sich von New York bis Hollywood und alles dazwischen erstreckt.

Die Bronfman-Familie zählte viele mächtige und berühmte Persönlichkeiten, von Al Capone bis zum US-Senator John McCain (R-Ariz.), zu ihren direkten und indirekten Beschützern.

Obwohl sie vor allem für ihre Kontrolle über das Seagram-Alkoholimperium bekannt ist, kontrolliert die Familie viel, viel mehr. In mancher Hinsicht verkörpert sie „den ultimativen jüdischen Erfolg". Sie repräsentiert praktisch alles, was an jüdischer Macht und jüdischem Einfluss in Amerika wirklich schlecht ist - im klassischen Sinne des Wortes. Und obwohl sie technisch gesehen nicht die reichste jüdische Familie in Amerika sind - es gibt andere, die viel, viel reicher sind -, haben die Bronfmans ein gewisses Maß an Einfluss und Prominenz, das nur wenige andere Familien für sich beanspruchen können. Immerhin steht Edgar Bronfman, der amtierende Patriarch der Familie, seit langem an der Spitze des Jüdischen Weltkongresses.

Und das ist ein Titel mit Gewicht.

Bereits 1978 schätzte Peter Newman, der Biograf der Bronfman-Familie, in *The Bronfman Dynasty*, dass sich das Gesamtvermögen der verschiedenen Zweige der Familie auf etwa 7 Milliarden US-Dollar beläuft. Er zitierte das Magazin *Fortune*, das damals erklärte: „Das

Vermögen der Bronfmans konkurriert mit dem aller nordamerikanischen Familien, mit Ausnahme einiger weniger, von denen einige ihre Macht im 19. Jahrhundert erworben haben, zu einer Zeit, als Steuern ebenso wenig Einfluss auf den Reichtum hatten wie arme Schachteln". Seitdem haben die Bronfmans natürlich ihr Vermögen vergrößert und ihr Einfluss ist proportional dazu gewachsen.

Ursprünglich, so wird uns gesagt, ist der Bronfman-Clan unter der Schirmherrschaft - wie viele andere auch - verschiedener jüdischer Wohltätigkeitsorganisationen nach Kanada eingewandert, die unter dem Einfluss der europäischen Rothschild-Familie stehen, dem großen Finanzhaus, das seit Generationen hinter den Kulissen regiert.

Das Bronfman-Imperium, so wie wir es heute kennen, wurde jedoch von Sam Bronfman gegründet, einem kernigen, flibustierhaften Geschäftsmann, der zusammen mit seinen Brüdern Millionen im Alkoholhandel und viele weitere Millionen mit dem Versand ihres Alkohols in die USA verdiente, wo er während der Prohibition illegal konsumiert wurde. So knüpfte die Familie frühzeitig Verbindungen zum amerikanischen Verbrechersyndikat, das gemeinsam von Meyer Lansky, einem in New York ansässigen russischstämmigen Juden, und seinen italienischen Partnern Charles „Lucky" Luciano und Frank Costello geführt wurde.

Tatsächlich - und das ist wahrscheinlich ein schmutziges kleines Geheimnis, das man besser verschweigt - gibt es kaum eine Grenzstadt in den nördlichen Regionen der USA - von Maine bis Washington State -, in der man nicht kleine Familienvermögen findet, die von Einwohnern angehäuft wurden, die Teil des Bronfman-Lansky-Alkoholschmuggelrings waren.

Und in den Großstädten war eine „Verbindung" mit dem Lansky-Bronfman-Netzwerk ein „Muss" für jeden, der Erfolg haben wollte. Die Wahrheit ist, dass selbst der italienisch-amerikanische Verbrecherprinz von Chicago, Al Capone, seinen Aufstieg an die Macht seinen Beziehungen zu Bronfman verdankte - eine weitere wenig bekannte Tatsache, die weitgehend verschwiegen wurde.

Trotz des ganzen Medienrummels um Capones angebliche „Herrschaft" über Chicago kontrollierte dieser nie mehr als ein Viertel der Schutzgelderpressungen in der Windy City. Mehr noch, wie der bekannte unabhängige Krimiautor Hank Messick in seiner klassischen

Studie *Secret File* (G. P. Putnam's Sons, 1969) betonte, hatte Capone - so mächtig und reich er auch war - in den Reihen des offiziell organisierten kriminellen Netzwerks der italo-amerikanischen „Mafia" Chicagos nie einen höheren Titel als den eines „Capo" (oder „Captain") - des Leiters eines Teams von zehn Männern.

Ein weiterer Punkt, der in der „Mafia"-Legende oft vergessen wird, ist, dass Capone tatsächlich erst ein offizielles Mitglied der Mafia werden durfte, nachdem die italo-amerikanischen Verbrecherbosse in Chicago die Regeln für die Mitgliedschaft in der Mafia gelockert hatten, um ausgewählten Nicht-Sizilianern wie Capone (der in Neapel auf dem italienischen Festland geboren war) die Mitgliedschaft zu ermöglichen.

In Wirklichkeit reagierte Capone hinter den Kulissen auf weitaus größere und geheimere Chefs, die „im Osten" ansässig waren und zu der „Elite"-Gruppe um den in Russland geborenen und in New York ansässigen jüdischen Verbrecherboss Meyer Lansky gehörten (der seine Operationen schließlich nach Miami und für kurze Zeit, viele Jahre später, nach Israel verlegte).

Es war die Lansky-Gruppe, zu der sein jüdischer Partner Benjamin „Bugsy" Siegel und seine italienischstämmigen Partner Costello und der legendäre Luciano gehörten, die Capone (einen entfernten Cousin Lucianos) überhaupt erst nach Chicago schickte.

In ihrer bemerkenswerten Lansky-Biografie *Meyer Lansky: Mogul des Mobs* (Paddington Press, 1979), die sie in Zusammenarbeit mit Lansky geschrieben haben, ergänzen die israelischen Schriftsteller Dennis Eisenberg, Uri Dan und Eli Landau einige der fehlenden Elemente, die von den Capone-Biografen weggelassen wurden.

Lansky selbst sagte seinen israelischen Biografen, dass „es Bugsy Siegel war, der ihn gut kannte, als Capone in der Lower East Side lebte und arbeitete...". [Er war ein Freund, der eng genug mit Capone befreundet war, um ihn bei einer seiner Tanten zu verstecken]", als Capone wegen Mordes in Schwierigkeiten geriet.

Um ihn aus der Schusslinie der Strafverfolgungsbehörden zu bringen, schicken Lansky und Co. den jungen Capone nach Chicago, wo er in der Bande von Johnny Torrio, einem anderen ehemaligen New Yorker, der „in den Westen gegangen" war und seinen eigenen Onkel, den alten

Gangster „Big Jim" Colosimo, als Chef der italo-amerikanischen Mafia von Chicago entthronen wollte, den harten Mann spielen sollte.

Torrio war im Wesentlichen Lanskys Handlanger in Chicago und Capone stieg schnell auf, um Torrios rechte Hand zu werden.

Hank Messick schreibt, dass Capones Positionierung die Leute von Lansky „entzückte", „weil Capone wirklich ihr Mann war". Obwohl Capone schließlich sein eigener Herr in Chicago wurde und Dutzende von Schutzgelderpressungen und kriminellen Operationen leitete, war seine Loyalität gegenüber seinen New Yorker Freunden so fest, dass Lansky und [Luciano] wussten, dass sie sich immer auf ihn verlassen konnten".

Es sollte auch betont werden, dass Torrio, Capones unmittelbarer „Boss" in Chicago, auch der Ansprechpartner in Chicago für die Interessen des in Kanada ansässigen Bronfman-Imperiums war, das seine legalen Produkte über die Grenze verschickte, damit sie von den amerikanischen Trinkern der Prohibitionszeit illegal konsumiert werden konnten. Sam Bronfman und seine Familie arbeiteten von Anfang an eng mit dem Lansky-Syndikat zusammen. Die Torrio-Capone-Verbindung schloss somit den Kreis.

Unterdessen unternimmt Chicagos Boss Colosimo nichts, um sich bei Bronfman, Lansky und Siegel beliebt zu machen, die er als „dreckige Juden" bezeichnet.

Colosimo erklärte, er verstehe nicht, warum Luciano so eng mit Lansky und Siegel verhandelte, und sagte: „Ich habe manchmal den Verdacht, dass er jüdisches Blut in den Adern haben muss", ein Verdacht, der im Lichte von Lucianos späterem Schicksal, wie wir sehen werden, höchst unwahrscheinlich ist.

Außerdem behauptete Colosimo, dass es „keine Zukunft im Schmuggel" gebe, und zeigte wenig Interesse daran, das Alkohollager der Bronfmans aufzusuchen.

Colosimo wollte sich auf Drogen, Prostitution und Wucherkredite konzentrieren. Sein Boykott von Bronfman schmälerte die Gewinne des Lansky-Syndikats.

Es versteht sich von selbst, dass Lansky (über Torrio und Capone), als die Zeit reif war, Colosimo angriff, der von einem jüdischen Gangster aus New York erschossen wurde, der geschickt worden war, um die Arbeit zu erledigen. Bei Colosimos prunkvoller Beerdigung trug der größte Kranz Blumen eine Karte mit der Aufschrift „Von den trauernden jüdischen Jugendlichen": „Von den trauernden jüdischen Jugendlichen in New York". Schon bald floss der Alkohol der Bronfmans nach Chicago, dank Lanskys Handlanger Torrio und dessen rechter Hand Capone, der bald zur beliebtesten „Mafia"-Figur der Medien werden sollte.

Wenn wir also die Kräfte hinter dem berühmtesten italo-amerikanischen Gangster des 20. Jahrhunderts untersuchen, stellen wir fest, dass seine Wurzeln tief im Bronfman- (und zionistischen) Lager vergraben sind. Und das ist an sich schon eine Neuigkeit.

Das derzeitige Oberhaupt der Bronfman-Familie ist Edgar Bronfman, der neben seinen zahlreichen internationalen Geschäften auch langjähriger Präsident des Jüdischen Weltkongresses ist, eine Position, von der aus er erheblichen politischen Einfluss ausübt.

Bronfman war natürlich der Hauptakteur bei den jüngsten (und immer noch andauernden) Bemühungen, Milliarden von Dollar von den Schweizer Banken zu erpressen, weil sie angeblich an der Wäsche von „jüdischem Gold" beteiligt waren, das angeblich von den Nazis gestohlen worden war, und weil sie den Reichtum einiger jüdischer Personen in Europa konfisziert hatten, die ihr immenses Vermögen vor dem Zweiten Weltkrieg in Schweizer Banken versteckt hatten.

Die Frage, wie dieser immense Reichtum angehäuft wurde, wurde von den Medien nie erklärt, obwohl die Beteiligung der Familie Bronfman an der Kontroverse einen Teil des Schlüssels liefern könnte.

Es ist bekannt, dass die Bronfmans einen Großteil ihres ursprünglichen Vermögens vor dem Zweiten Weltkrieg im illegalen Alkoholhandel erworben haben, zusammen mit der Figur des amerikanischen Verbrechersyndikats Meyer Lansky, dessen Geschäfte weit über die amerikanische Küste hinausreichten.

Es ist auch bekannt, dass Lansky für das Verbrechersyndikat einer der Hauptverantwortlichen für die Nutzung von Schweizer Bankkonten zur Einzahlung und zum Waschen von Erträgen aus Straftaten war. Es ist daher sehr wahrscheinlich, dass viele der Personen, die festgenommen und deren Bankkonten beschlagnahmt wurden, in Wirklichkeit Agenten des Lansky-Bronfman-Syndikats waren und daher in kriminelle Aktivitäten verwickelt waren.

Bronfmans Sohn Edgar Jr. ist vielleicht genauso mächtig wie sein Vater, wenn auch aus einem anderen Blickwinkel. Der junge Bronfman hat die Kontrolle über die Universal Studios und alle damit verbundenen Unterhaltungstöchter übernommen, die nun unter der Kontrolle des Bronfman-Imperiums stehen. Als wichtiger Schauspieler in Hollywood und in der Musik- und Filmproduktion soll Edgar Jr. eine große Familieninvestition vereitelt haben, als er die Familie mit dem französischen Unternehmen Vivendi verband, aber kein Mitglied der Bronfman-Familie wurde beim Betteln auf den Straßen von New York, Beverly Hills oder Montreal gesehen, als wir diese Zeilen schrieben.

Das Unternehmen Seagrams gehört regelmäßig zu den größten politischen Spendern der beiden großen politischen Parteien in den USA. Das ist an sich schon interessant, denn als Bill Clinton während des Präsidentschaftswahlkampfs 1996 seinen GOP-Gegner Bob Dole wegen der Annahme von Spenden aus der Tabakindustrie angriff, schien die Tatsache, dass die beiden großen Parteien beträchtliche Spenden aus der Alkoholindustrie - insbesondere aus dem Bronfman-Imperium - erhielten, weitgehend unbemerkt geblieben zu sein.

Eine so prominente „amerikanische" Institution wie Du Pont geriet zum Beispiel unter die Kontrolle der Bronfmans. Im Jahr 1981 wurde Du Pont, damals das siebtgrößte Unternehmen der USA, gezielt für die Übernahme durch die Bronfman-Familie vorgesehen. Tatsächlich besaßen die Bronfmans zu diesem Zeitpunkt bereits 20% von Du Pont - eine substanzielle Beteiligung an sich, denn in der Geschäftswelt verleiht selbst ein Anteil von nur 3% an den Aktien eines Unternehmens seinem Besitzer die tatsächliche Kontrolle über dieses Unternehmen. Obwohl der traditionelle amerikanische Name „Du Pont" weiterhin auf Firmendokumenten und auf den Du Pont-Produkten, die an amerikanische Verbraucher verkauft werden, auftaucht, ist die wahre Macht hinter den Kulissen die des Bronfman-Imperiums.

In Wirklichkeit hatte die Familie Du Pont - obwohl sie immer noch sehr reich war und ihre finanziellen Ressourcen über mehrere Generationen hinweg angesammelt hatte - nur wenig Einfluss innerhalb des Unternehmens, das den Namen der Familie trug. Letztendlich verkauften die Bronfmans offiziell ihre Anteile an Du Pont, nutzten ihre Ressourcen jedoch, um ihren Reichtum und ihre Tentakel anderswo auszuweiten.

Heute sind die Bronfmans ein fester Bestandteil des plutokratischen Establishments, nicht nur in den USA, sondern auf der ganzen Welt.

Zu Bronfmans weiteren Beteiligungen im Laufe der Jahre gehörten traditionell „amerikanische" Unternehmen wie: Campbell Soup, Schlitz Brewing, Colgate-Palmolive, Kellog, Nabisco, Norton Simon, Quaker Oats, Paramount Pictures und Warrington Products (das die Kodiak-Stiefel und die Hush Puppies-Schuhe herstellte).

Darüber hinaus besaßen die Bronfmans auch Anteile an der Ernest W. Hahn Company (die damals 27 regionale Einkaufszentren in Kalifornien betrieb und 29 weitere eröffnen wollte) und an der Trizec Corp, einer der größten Immobilienentwicklungsgesellschaften Nordamerikas.

Die Bronfmans besitzen auch beträchtliche Vermögenswerte an „unerwarteten" und „abseitigen" Orten. So entwickelte beispielsweise das von den Bronfmans kontrollierte Unternehmen Cadillac Fairview, das gewerbliche Mietimmobilien entwickelt, ein Einkaufszentrum in Hickory, North Carolina, und war (1978) gerade dabei, zwei weitere zu errichten. Ein weiteres Bronfman-Unternehmen ist die Shannon Mall in Atlanta und die Galleria in Westchester, New York. Darüber hinaus hält eine Bronfman-Tochtergesellschaft Optionen auf die Entwicklung eines Einkaufszentrums in Mississippi und eines weiteren in Connecticut.

Die Bronfman-Unternehmen kontrollierten auch Industrieparks in und um Los Angeles, Bürotürme in Denver und San Francisco sowie Wohnsiedlungen in Nevada, Kalifornien und Florida. Die Bronfmans übernahmen auch die Kontrolle über das Aktienkapital der General Homes Consolidated Cos. Inc. mit Sitz in Houston, die Häuser baut und Grundstücke erschließt und deren Aktivitäten sich bis nach Mississippi und Alabama erstrecken.

Viele Jahre lang besaß die Familie - obwohl dies nicht allgemein bekannt ist - große Ländereien in den Vororten von Virginia rund um Washington, DC, lukrative Ländereien, die die Familie in den letzten Jahren mit großem Gewinn veräußert hat.

Zur Erinnerung: Die verschiedenen hier aufgelisteten US-Besitztümer der Familie Bronfman stellen keineswegs einen Überblick über ihr Portfolio dar. Und nichts davon spiegelt auch nur einen winzigen Teil der Vermögenswerte der Bronfman-Familie in Kanada wider.

Diese gesamte Finanzkraft stellt auch eine wichtige politische Macht in den verschiedenen Staaten und Orten dar, in denen der Einfluss der Bronfmans Fuß gefasst hat.

In dieser Hinsicht ist der verborgene Einfluss der Bronfman-Familie im Bundesstaat Arizona besonders interessant - ein Außenposten, der in den Köpfen der meisten Amerikaner als Paradies der Cowboys, Kakteen und Weite gilt, eine konservative Bastion, die unabhängig von der Korruption und den Intrigen ist, die man in Großstädten wie New York, Miami, Chicago und Los Angeles vorfindet. Tatsächlich steht Arizona in einer Reihe mit den großen Hauptstädten des Verbrechens, und dieser höchst unerfreuliche Status steht in direktem Zusammenhang mit dem Einfluss der Bronfman-Familie in Arizona.

Der Einfluss der Bronfman-Familie in Arizona ist so stark, dass man mit Fug und Recht behaupten kann, dass die Bronfmans nichts weniger als die „Paten" der politischen Karriere des bekanntesten „Reformers" der USA, des Senators von Arizona, John McCain, sind. Die Geschichte sieht wie folgt aus:

1976 wurde Don Bolles, ein engagierter Journalist aus Phoenix, durch eine Autobombe ermordet, nachdem er eine Reihe von Artikeln geschrieben hatte, in denen er die Verbindungen zahlreicher prominenter Personen aus Arizona, darunter Jim Hensley, zum organisierten Verbrechen aufdeckte.

Fünf Jahre später kam der „ehrliche John" McCain als neuer Ehemann von Hensleys Tochter Cindy nach Arizona. „Sobald McCain in Phoenix landete", so Charles Lewis vom Center for Public Integrity, „waren die Hensleys die Hauptsponsoren seiner politischen Karriere". Tatsache ist jedoch, dass die Personen, die hinter dem Vermögen der Hensleys stehen, noch interessanter und umstrittener sind.

Während es allgemein bekannt ist, dass McCains Schwiegervater der Besitzer des größten Anheuser-Busch-Biervertriebs in Arizona ist - einer der größten Biervertriebe des Landes -, haben die Mainstream-Medien nichts über die Ursprünge des Hensley-Vermögens gesagt, das

McCains Aufstieg an die Macht finanziert hat. Das Hensley-Vermögen ist nichts anderes als ein regionaler Ableger des Alkoholhandels- und Erpressungsimperiums der Bronfman-Dynastie.

McCains Schwiegervater begann als Handlanger eines gewissen Kemper Marley, der etwa 40 Jahre lang bis zu seinem Tod 1990 im Alter von 84 Jahren hinter den Kulissen der unbestrittene politische Boss von Arizona war. Doch Marley war weit mehr als eine politische Maschine. Tatsächlich war er auch der starke Mann des Lansky-Verbrechersyndikats in Arizona und ein Schützling von Lanskys Mieter, dem Phoenix-Spieler Gus Greenbaum.

1941 hatte Greenbaum den Transamerica Publishing and News Service gegründet, der eine landesweite Nachrichtenagentur für die Buchmacher betrieb. 1946 übertrug Greenbaum das Tagesgeschäft an Marley, während Greenbaum sich auf den Bau der von Lansky betriebenen Kasinos in Las Vegas konzentrierte und von seinem Wohnsitz in Phoenix dorthin pendelte. Tatsächlich war Greenbaum so sehr Teil des Lansky-Imperiums, dass er 1947 die Leitung von Lanskys Interessen in Las Vegas übernahm, nachdem Lansky die Hinrichtung seines langjährigen Freundes Benjamin „Bugsy" Siegel angeordnet hatte, weil dieser Mafia-Gewinne aus dem neuen Flamingo-Kasino abgezweigt hatte.

Greenbaum und seine Frau wurden 1948 von der Mafia mit durchschnittener Kehle ermordet. Dieser Mord löste eine Reihe von Bandenkriegen in Phoenix aus, doch Marley überlebte und blühte auf.

Während dieser Zeit errichtete Marley in Arizona ein Monopol für den Vertrieb von Alkohol. Laut Al Lizanitz, Marleys PR-Manager, war es die Familie Bronfman, die Marley in das Alkoholgeschäft einführte. Im Jahr 1948 wurden etwa 52 Mitarbeiter von Marley (darunter Jim Hensley) wegen Verstößen gegen das Bundesalkoholgesetz inhaftiert, Marley jedoch nicht.

In Arizona heißt es, Hensley habe sich als Marley ausgegeben und als er aus dem Gefängnis entlassen wurde, habe Marley ihm seine Loyalität erwidert, indem er ihn im Biervertriebsgeschäft unterbrachte. Heute hat diese Biervertriebsfirma, die rund 200 Millionen Dollar wert sein soll, die politische Karriere von John McCain maßgeblich finanziert. Die Unterstützung des Bronfman-Marley-Hensley-Netzwerks spielte eine wesentliche Rolle bei McCains Aufstieg zur Macht.

Aber das war noch nicht alles. McCains Stiefvater hatte ebenfalls mit Hunderennen begonnen und vergrößerte das Vermögen seiner Familie noch weiter, indem er seine Hunderennbahn an eine Person verkaufte, die mit der in Buffalo ansässigen Firma Emprise in Verbindung steht, die von der Familie Jacobs geleitet wird.

Die Familie Jacobs war der Hauptverteiler des Bronfman-Alkohols, der während der Prohibition in die USA geschmuggelt wurde, und kontrollierte den „Hahn" des Bronfman-Alkohols in den Händen der örtlichen Gangs, die zum Lansky-Syndikat gehörten. Da sie im Laufe der Jahre expandierten, Pferderennbahnen und Hunderennbahnen kauften und Konzessionen für Speisen und Getränke in Stadien entwickelten, wurden die Unternehmen der Familie Jacobs als „wahrscheinlich die größte quasi-legitime Deckung für die Geldwäsche des organisierten Verbrechens in den Vereinigten Staaten" beschrieben.

John McCain kann zwar nicht persönlich für die Verfehlungen seines Schwiegervaters verantwortlich gemacht werden, doch Tatsache ist, dass dieser „Reformer" sein politisches und finanzielles Vermögen der Gunst der größten Namen des organisierten Verbrechens verdankt. Es ist daher nicht verwunderlich, dass heute die Glücksspielindustrie in Las Vegas einer der größten finanziellen Nutznießer McCains ist. Dieser kurze Überblick ist nur die Spitze des Eisbergs, aber er sagt viel aus über McCain und das politische Umfeld, das ihn hervorgebracht hat, insbesondere im Lichte von McCains prominenter Position als einer der wichtigsten Wasserträger Israels im Kongress.

Und im Lichte des recht weit verbreiteten Buches dieses Autors über die Ermordung von Präsident John F. Kennedy, dem Buch *Final Judgment*, in dem behauptet wird, dass der israelische Geheimdienst Mossad an der Seite der CIA eine wichtige Rolle bei der Ermordung von Präsident Kennedy gespielt hat, eben weil JFK sich hartnäckig gegen Israels Absicht, nukleare Massenvernichtungswaffen herzustellen, gewehrt hat, sei zur Erinnerung angemerkt, dass die Fingerabdrücke des reichen israelischen Mäzens Sam Bronfman, Mitglied des Lansky-Syndikats, überall in der Verschwörung zur Ermordung von JFK zu finden sind.

Nicht nur, dass Bronfmans langjähriger Handlanger Louis Bloomfield Präsident der vom Mossad gesponserten Firma Permindex war (zu deren Direktoren kein Geringerer als der Geschäftsmann Clay Shaw aus New Orleans gehörte, der vom ehemaligen Staatsanwalt von New

Orleans Jim Garrison wegen seiner Beteiligung am JFK-Mord angeklagt wurde), neue Beweise deuten auch darauf hin, dass Jack Ruby, eine Figur aus der Mafia von Dallas, in Wirklichkeit auf Bronfmans Gehaltsliste stand - ein kleines, aber interessantes Detail an sich

Während ein anderer Partner Bronfmans in Dallas, der Ölmann Jack Crichton, nach der Ermordung von JFK um die Witwe von Lee Harvey Oswald herumscharwenzelte, saß außerdem ein weiterer Bronfman-Beamter - der „Super Anwalt" John McCloy - in der Warren-Kommission. McCloy war Direktor - und Crichton Vizepräsident - des Empire Trust, eines Finanzunternehmens, das teilweise von der Bronfman-Familie kontrolliert wird.

Und obwohl Sam Bronfman vor allem für sein Spirituosenimperium Seagrams bekannt ist, haben viele JFK-Forscher, die mit dem Finger auf die „texanischen Ölbarone" zeigen, übersehen, dass Sam Bronfman selbst ein texanischer Ölbaron war, da er 1963 Texas Pacific Oil gekauft hatte. Ab 1949 fungierte Allen Dulles, der später der von JFK entlassene CIA-Direktor wurde und auch Mitglied der Warren-Kommission war, als Anwalt für die privaten Angelegenheiten von Bronfmans Tochter Phyllis.

Wer sich für die vollständige Geschichte interessiert, sollte auf *Final Judgment* zurückgreifen, das mittlerweile in der sechsten, 768 Seiten starken und vollständig dokumentierten Auflage erschienen ist. Letztendlich ist die Ermordung von JFK zweifellos das zentrale Ereignis, durch das die zionistische Macht im amerikanischen Leben, wie wir es heute kennen, einen nie dagewesenen Höhepunkt erreicht hat.

Kurz gesagt: Die Bronfmans haben nicht nur die Macht, US-Präsidenten zu machen, sondern auch die Macht, sie zu brechen. Und das ist wirklich Macht. Die Bronfmans sind die „erste Familie" - wagen wir es zu sagen „die königliche Familie" - des jüdischen und zionistischen Establishments der USA.

Um die Bronfman-Dynastie kreist wie Satelliten eine breite Palette anderer mächtiger zionistischer Familien, die ihrerseits ihre eigenen Satellitenfamilien und finanziellen Interessen haben.

Der Fall von Mortimer Zuckerman, der ursprünglich ein in Boston ansässiger Immobilienbetreiber war, ist ein gutes Beispiel dafür, wie das alles funktioniert.

Zuckerman hatte seine ersten Erfolge dank seiner Geschäftsbeziehungen zur Bronfman-Familie, die ihn zu einem wichtigen Akteur in der zionistischen Gemeinschaft werden ließen. Später besaß er Publikationen wie den renommierten *Atlantic Monthly* und *den U.S. News and World Report* - zwei wichtige Medien - und später weniger augusteische, aber dennoch einflussreiche Publikationen wie *die New York Daily News*. Schließlich wurde Zuckerman Vorsitzender der Konferenz der Präsidenten der wichtigsten jüdischen Organisationen in den USA - in der Tat eine einflussreiche Position.

Später begann Zuckerman jedoch, die zionistische Gemeinschaft mit seinen eigenen Einkünften zu „salzen" und leistete Hilfe und Unterstützung für einen jungen, vielversprechenden Promoter und Unternehmer aus Washington, D.C., Daniel Snyder, der innerhalb weniger Jahre genug Kapital anhäufen konnte, um das berühmte Footballteam Washington Redskins sogar aus den Händen des Sohnes des langjährigen, legendären Besitzers Jack Kent Cooke zu übernehmen. Letztendlich kann man sagen, dass Snyder ein Satellit von Zuckerman ist, der wiederum ein Satellit von Bronfman ist, dessen Familie ihr Mäzenatentum ursprünglich den Wohltätigkeitsorganisationen der berühmten europäischen Rothschild-Familie verdankte. All dies ist in der Tat sehr kreisförmig.

Die Wahrheit ist, dass die mächtigsten zionistischen Familien Amerikas seit langem eng zusammenarbeiten - in der einen oder anderen Form - und in den folgenden Dokumenten untersuchen wir einige der mächtigsten dieser Familien und die finanziellen Interessen, mit denen sie verbunden sind.

Zwei Mediengiganten

Die Imperien Meyer-Graham und Newhouse

Wenn die Familie Bronfman die „Königsfamilie" innerhalb der zionistischen Gemeinschaft in den USA darstellt, gibt es sicherlich eine Handvoll anderer, die ihr durch ihren Reichtum und ihre Macht nahe kommen.

Angesichts der entscheidenden Rolle, die die Kontrolle über die Medien bei der Stärkung der Macht der zionistischen Elite spielt, scheint es jedoch angebracht, unsere Untersuchung der anderen großen zionistischen Familien in den USA mit der Konzentration auf zwei der prominentesten Familien zu beginnen, deren besonderes Gewicht aus ihrem immensen Einfluss auf ein breites Spektrum von Medien (Printmedien und audiovisuelle Medien) in den gesamten Vereinigten Staaten resultiert.

Wir beziehen uns nicht auf den bekannteren Sulzberger-Clan, der das weltberühmte (manche würden sagen „berüchtigte") Medienimperium *der New York Times* kontrolliert, sondern auf die Familie Meyer-Graham, die für die *Washington Post* bekannt ist, und die Familie Newhouse - die als die 25. reichste Familie der USA gilt (laut *Forbes* 400 aus dem Jahr 2004) -, die einem riesigen Medienimperium vorsteht, das sich über große und kleine Städte und Gemeinden erstreckt.

Als wichtiger Exkurs ist es jedoch wahrscheinlich sinnvoll, genau festzuhalten, welche Medien die Sulzbergers über ihr Imperium der *New York Times* kontrollieren. Tatsächlich ist die Times zwar sicherlich eine der beiden mächtigsten Zeitungen Amerikas, wenn nicht sogar der Welt, doch das Medienimperium der *Times* umfasst weit mehr als nur diese berühmte Tageszeitung.

Hier ein kurzer Überblick über Sulzbergers Medienimperium, wobei zu beachten ist, dass sich die Details wie bei allen hier genannten Fakten und Zahlen ständig ändern, da Medienimperien in der Regel expandieren:

- *Die New York Times*
- *Lexington (N.C.) Dispatch*
- *Lakeland (Fla.) Ledger*
- *Spartanburg Herald-Journal (auf Englisch)*
- *Boston Globe*
- *Gainesville (Fla.) Sun*
- *Santa Barbara News-Press*
- *Ocala (Fla.) Star-Banner*
- *Nachrichten aus Tuscaloosa (Ala.)*

Neben einer 50%igen Beteiligung an der *International Herald-Tribune* kontrolliert die Familie Sulzberger auch den *New York Times* News Service, der 650 Zeitungen und Zeitschriften mit Artikeln beliefert, sowie eine Vielzahl von Rundfunkstationen, darunter:

- KFSM-TV, Fort Smith, Kan.
- WHNT-TV, Huntsville, Ala.
- WNEP-TV, Scranton, Pa.
- WREG-TV, Memphis, Tenn.
- WQEW (AM), N.Y.
- WQXR (FM), N.Y.
- WQAD-TV, Moline, Ill.
- WTKR-TV, Norfolk, Va.

Und diese Liste umfasst nicht die zahlreichen Zeitschriften und anderen Verlagsunternehmen, die sich in den Händen dieses superreichen Medienimperiums befinden.

Während die Sulzbergers also vielleicht die bekanntesten Mitglieder der zionistischen Medienelite sind, ist die Ausstrahlung der Familien Meyer-Graham und Newhouse ebenfalls beträchtlich und es lohnt sich, sie gerade deshalb zu untersuchen, weil sie ein Beispiel für diejenigen sind, die in Amerika - dem neuen Jerusalem - herrschen.

DAS MEYER-GRAHAM-IMPERIUM...

Eine legendäre Figur des weltweiten Medienmonopols ist am 17. Juli 2001 verstorben. Katharine Meyer Graham, langjährige Herausgeberin der *Washington Post* und des Magazins *Newsweek* und Grande Dame eines milliardenschweren Medienimperiums, starb wenige Tage zuvor an den Folgen eines Sturzes in Sun Valley, Idaho. Zum Zeitpunkt ihres

Unfalls nahmen Frau Graham - eine langjährige Figur der mächtigen Bilderberg-Gruppe - und eine Vielzahl anderer Koryphäen der plutokratischen Medienelite an einem hochrangigen Treffen teil, das jedes Jahr in Sun Valley stattfand und das - zumindest bis zu Frau Grahams Unfall - in der Mainstream-Presse, die von den Brokern der Medienelite kontrolliert wird, die an diesem Treffen teilnehmen, nur wenig oder gar keine Werbung erhalten hatte.

Zwar gibt es keine Beweise dafür, dass der Tod der 83-jährigen Frau Graham etwas anderes als ein Unfall war, doch bleiben Fragen über den angeblichen „Selbstmord" ihres Mannes Philip Graham, der vor ihr an der Spitze des *Post-Imperiums* stand, bestehen. Tatsächlich kam Grahams Tod vielen Menschen, darunter auch Frau Graham, gelegen und ersparte vielen Menschen viel Kummer.

Obwohl das Medienmonopol viele Spalten der Lobeshymne auf Frau Graham widmete, wurde die vollständige Geschichte des Todes ihres Mannes weitgehend verschwiegen, wenn sie nicht als einfache Hausfrau dargestellt wurde, die es trotz der Tragödie zu einer Machtposition gebracht hatte. Ein wenig Geschichtsunterricht ist nötig, um zu verstehen, warum es jemand für nötig halten konnte, Philip Grahams „Selbstmord" zu inszenieren.

Katharine Meyer, Tochter des Wall-Street-Händlers und zionistischen Großfinanziers Eugene Meyer, der 1933 - kurz nach seinem Rücktritt als Gouverneur der Federal Reserve Bank - die *Washington Post* kaufte, heiratete 1940 Philip Graham, einen armen Jungen, der in Harvard Anwalt wurde.

Sechs Jahre später, nachdem er den ersten Vorsitz der neuen, von Präsident Harry Truman ernannten Weltbank übernommen hatte, ernannte Meyer seinen Schwiegersohn zum Herausgeber und Chefredakteur der *Post*. 1948 übertrug Meyer die tatsächliche Kontrolle über die Aktien der *Post* an ihre Tochter und ihren Ehemann.

Katharine erhielt jedoch nur 30% der Aktien. Ihr Mann erhielt 70% der Aktien, da sein Kauf von seinem Schwiegervater finanziert wurde, der Graham vertraute und einfach der Meinung war, dass kein Mann die Last haben sollte, für seine eigene Frau zu arbeiten.

Unter der Leitung von Philip Graham blühte die *Post* auf und ihr Imperium wurde erweitert, u. a. durch den Kauf des damals sterbenden *Newsweek-Magazins* und anderer Medienbesitzungen.

Nach der Gründung der CIA im Jahr 1947 baute auch Graham enge Beziehungen zur CIA auf, so dass er von der Autorin Deborah Davis als „einer der Architekten dessen, was zu einer weit verbreiteten Praxis geworden ist: die Nutzung und Manipulation von Journalisten durch die CIA" beschrieben wurde - ein CIA-Projekt, das als Operation Mockingbird bekannt wurde. Laut Deborah Davis war die Verbindung zur CIA ein integraler Bestandteil des Aufstiegs der *Post:* „Tatsächlich wuchs die *Post* durch den Austausch von Informationen mit den Geheimdiensten". Kurz gesagt: Graham machte die *Post* zu einem effektiven und einflussreichen Propagandakanal für die CIA.

Trotzdem vergrößerte sich nach Eugene Meyers Tod 1959 die Kluft zwischen Graham, seiner Frau und seinem Schwiegervater, der zögerte, sein Imperium an Graham abzutreten. Der Herausgeber der *Post* hatte sich eine Geliebte, Robin Webb, zugelegt, die er in einem großen Haus in Washington und auf einem Bauernhof außerhalb der Stadt unterbrachte.

Als starker Trinker soll er manisch-depressive Tendenzen gehabt haben. In mancher Hinsicht war Graham sein eigener schlimmster Feind, der sowohl privat als auch in der Öffentlichkeit gewalttätig gegen seine Frau war.

Evan Thomas (Journalist bei *Newsweek*) führte später als Beweis für Grahams emotionale Instabilität die Tatsache an, dass Graham (der kein Jude war) „antisemitische Bemerkungen über seine Schwiegereltern, seine Frau und sogar seine Kinder machte „. In diesem Zusammenhang blieb die Tatsache nicht unbemerkt, dass Graham einige Jahre lang ein sehr enger Freund von Präsident John F. Kennedy war, der sich zur gleichen Zeit in einem erbitterten Kampf mit den Führern der jüdischen Gemeinschaft in den USA befand, die der Meinung waren, dass der Präsident die Interessen Israels im Nahen Osten nicht ausreichend unterstützte.

Deborah Davis, die Biografin von Katharine Graham, wies in ihrem Buch Katharine *the Great* darauf hin, dass Philip Graham auch begonnen hatte, die CIA zu attackieren: „Er hatte nach seinem zweiten Zusammenbruch begonnen, über die Manipulation von Journalisten durch die CIA zu sprechen. Er sagte, dass es ihn störte. Er sagte es der CIA..... Er wandte sich gegen Journalisten und Politiker, deren Kodex gegenseitiges Vertrauen und seltsamerweise Schweigen war. Es wurde gemunkelt, dass Phil Graham nicht vertrauenswürdig sei".

Tatsächlich wurde Graham von jemandem überwacht: Davis merkte an, dass einer von Grahams Assistenten „sein Gemurmel auf Papierschnipseln aufzeichnete".

Einige haben jedoch angedeutet, dass Grahams legendäre „geistige Depression", die sich in den folgenden Jahren entwickelte, eher eine Folge der psychiatrischen Behandlung war, der er sich unterzog, als dass sie auf irgendeine Krankheit zurückzuführen war. Ein Autor stellte die Hypothese auf, dass Graham in Wirklichkeit das Opfer der mittlerweile berühmten Experimente der CIA mit psychotropen Drogen gewesen sei.

Es besteht kein Zweifel daran, dass die Abspaltung Grahams angesichts der enormen Macht der Elitezeitung und ihrer engen Verbindungen zur CIA eine große soziale und politische Umwälzung in Washington darstellte.

In seiner Biografie über Grahams Freund und Anwalt der *Washington Post* Edward Bennett Williams schrieb der bereits erwähnte Evan Thomas Folgendes

Die Gesellschaft in Georgetown spaltete sich schnell in „Phil People" und „Kay People",„ und wenn „öffentlich Williams eine Phil Person war... wie [Kay] später herausfand, brauchte sie keine Angst zu haben".

Graham überraschte Williams mit der Aussage, dass er nicht nur vorhabe, sich von Katharine scheiden zu lassen, sondern auch sein Testament von 1957 umschreiben und alles, was „Kay" erben sollte, seiner Geliebten Robin Webb geben wolle, wodurch Katharine das, was die meisten Menschen als ihr Erstgeburtsrecht betrachteten, das Katharinas Vater ihr anvertraut hatte, entzogen würde.

Obwohl Williams Grahams Scheidungsantrag weiterhin abwehrte, war das Testament, wie Thomas zugab, „eine heiklere Angelegenheit". Im Frühjahr 1963 schrieb Graham sein Testament von 1957 drei Mal um. Jede von Grahams Überarbeitungen im Jahr 1963 reduzierte den Anteil seiner Frau und erhöhte den Anteil, den er für seine Geliebte bestimmt hatte. Schließlich schloss die letzte Version Katharine Graham vollständig aus.

Ein wichtiger und unangenehmer Kampf zeichnete sich am Horizont ab. Katharine wusste offensichtlich, dass sich etwas zusammenbraute, denn wie Deborah Davis berichtet, sagte Graham „[ihrem eigenen Anwalt] Clark Clifford, dass die Scheidungsvereinbarung ihr ausschließlich die Kontrolle über die *Washington Post* und alle Post-Unternehmen zuweisen sollte".

Die Dinge eskalierten schließlich, als Philip an einer Tagung von Zeitungsverlegern in Arizona teilnahm und eine heftige Rede hielt, in der er die CIA angriff und Insidergeheimnisse über das offizielle Washington enthüllte, bis hin zur Enthüllung der Affäre seines Freundes John Kennedy mit Mary Meyer, der Frau des hochrangigen CIA-Beamten Cord Meyer (nicht verwandt mit Katharine Graham). Katharine flog daraufhin nach Phoenix und holte ihren Mann ab, der sich wehrte und in eine Zwangsjacke gesteckt und mit Beruhigungsmitteln ruhiggestellt wurde. Anschließend wurde er in eine exklusive psychiatrische Klinik in Rockville, Maryland, einem Vorort von Washington geflogen.

Am Morgen des 3. August 1963 soll Katharine Graham ihren Freunden gesagt haben, dass es Philip „besser" gehe und dass er nach Hause komme. Sie fuhr zur Klinik, holte ihren Mann ab und brachte ihn zu ihrem Landhaus in Virginia. Später am Tag, als „Kay" in ihrem Zimmer im zweiten Stock ein Nickerchen machte, starb ihr Mann in einer Badewanne im Erdgeschoss durch einen Gewehrschuss. Obwohl der Polizeibericht nie veröffentlicht wurde, wurde der Tod als Selbstmord angesehen. Deborah Davis beschrieb den weiteren Verlauf der Ereignisse: Während der Gerichtsverhandlung stellte Katharinas Anwalt die Rechtmäßigkeit des letzten Testaments in Frage, und Edward Bennett Williams, der das Konto der *Post* behalten wollte, sagte aus, dass Phil nicht bei klarem Verstand gewesen sei, als er für ihn Phils letztes Testament verfasst habe. Infolgedessen entschied der Richter, dass Phil im Darm gestorben war. Williams half Katharine, die Kontrolle über die *Post* ohne größere rechtliche Probleme zu übernehmen und sorgte dafür, dass das letzte Testament, das die *Washington Post* einer anderen Frau überließ, nie öffentlich bekannt wurde.

In ihrer kritischen Biografie über Frau Graham hat Frau Davis nie angedeutet, dass Philip ermordet wurde, aber sie sagte in Interviews, dass „es Spekulationen gibt, dass entweder [Katharine] dafür gesorgt hat, dass er getötet wird, oder dass jemand zu ihr gesagt hat 'Mach dir keine Sorgen, wir kümmern uns darum'" und dass „es Spekulationen gibt, dass es sogar Edward Bennett Williams gewesen sein könnte".

Unter der Führung von Katharine Graham wurde *die Washington Post* mächtiger als je zuvor und spielte 1974 eine zentrale Rolle bei der Vernichtung von Richard Nixon, der offensichtlich als Gefahr für die CIA und die plutokratische Elite wahrgenommen wurde.

In ihrem Buch *Katharine the Great, das* Frau Graham unbedingt aus dem Weg räumen wollte, lieferte Deborah Davis möglicherweise den wahren Schlüssel zu Watergate, als sie behauptete, dass die berühmte Watergate-Quelle der *Post* - „Deep Throat" - mit ziemlicher Sicherheit Richard Ober war, die rechte Hand von James Angleton, dem Chef der CIA-Gegenspionage und langjährigen Verbindungsmann des israelischen Mossad.

Miss Davis enthüllte, dass Ober für ein von Angleton gegründetes gemeinsames CIA-Israel-Gegenspionagebüro im Weißen Haus verantwortlich war.

Von diesem Abhörposten aus versorgte Ober (auf Anweisung von Angleton) die *Post* mit Insiderinformationen über Watergate, die zum Sturz der Nixon-Regierung beitrugen.

Angesichts der Bilanz von Katharine Graham und ihres Imperiums der *Washington Post* war der Komiker Art Buchwald wahrscheinlich nicht weit von der Wahrheit entfernt, als er der Washingtoner Elite, die sich anlässlich des 70. Geburtstags von Frau Graham versammelt hatte, sagte: „Es gibt ein Wort, das uns alle hier heute Abend zusammenbringt: „Es gibt ein Wort, das uns alle hier heute Abend zusammenbringt. Und dieses Wort ist Angst".

Im Folgenden wird ein Überblick über die massiven Vermögenswerte des Meyer-Graham-Imperiums gegeben, der belegt, dass diese reiche Familie die Medien in diesem Land maßgeblich beherrscht.

- *Die Washington Post*

- *Newsweek*

- 50%ige Beteiligung an *der International Herald Tribune*

- eine 50%ige Beteiligung an dem Nachrichtendienst *Los Angles Times-Washington Post* (der die Zeitungen des Landes mit Informationen versorgt)

- 28%ige Beteiligung an Cowles Media Co, dem Herausgeber *der Minneapolis-St. Paul Star-Tribune*

- The *Gazette* Newspapers (eine Zeitung und 15 wöchentliche Gemeindezeitungen in Maryland)

- *The Washington Post National Weekly Edition*

- LEGI-SLATE Inc (Online-Datenbank und juristisches Verlagswesen)

- Post-Newsweek Cable (Systeme in 15 Staaten)

Darüber hinaus besaß das Meyer-Graham-Imperium mindestens sechs Rundfunkgesellschaften in wichtigen Städten Amerikas:

- KPRC-TV, Houston
- KSAT-TV, San Antonio
- WDIV-TV, Detroit
- WFSB, Hartford, Conn.
- WJXT-TV, Jacksonville, Fla.
- WPLG-TV, Miami

Doch auch ein anderes großes Medienimperium, das der Newhouse-Familie, verdient besondere Aufmerksamkeit, denn ihr Imperium - vielleicht noch mehr als das der Meyer-Graham-Familie oder das erhabenere der Sulzbergers, die für die *New York Times* berühmt sind - erstreckt sich über kleinere Städte in den gesamten Vereinigten Staaten.

DAS NEWHOUSE-IMPERIUM...

Das Zentrum von Pennsylvania, das heute eine virtuelle „Nachrichtenhochburg" des Medienmonopols Newhouse - Advance Publications - mit Sitz in New York ist, das von S. I. „Si" Newhouse und seiner eng verbundenen Familie geleitet wird, die zu den wahren Medienfürsten Amerikas zählen, ist ein hervorragendes Beispiel dafür, wie die Newhouse-Familie ihre Macht gefestigt hat. Der Gründer des

Medienimperiums, der verstorbene Sam Newhouse, prahlte einmal: „Ich habe gerade New Orleans gekauft", als er den Kauf der einflussreichen Zeitung *Times-Picayune* in der Halbmondstadt ankündigte. Es ist offensichtlich, dass diese Haltung seitens der Newhouse-Familie immer noch aktuell ist, während sie ihren Einfluss auf die Medien landesweit immer mehr ausweitet.

Die Newhouse-Familie, die von Stephen Birmingham in seinem Buch *The Rest of Us: The Rise of America's Eastern European Jews* aus dem Jahr 1984 als „die zweitreichste jüdische Familie Amer*ikas*" beschrieben wurde, hat vor kurzem die Kontrolle über vier Wochenzeitungen in zwei Landkreisen Pennsylvanias übernommen und damit ein Quasi-Presse-Monopol in der südlichen Zentralregion Pennsylvanias, die an Harrisburg, die Hauptstadt des Bundesstaates, angrenzt, gefestigt.

Die Newhouse-Familie besitzt nicht nur die einflussreiche *Patriot News*, die einzige Tageszeitung in Harrisburg, die die Berichterstattung im Zentrum von Pennsylvania dominiert, sondern hat auch gerade das lokal ansässige Unternehmen Swank-Fowler gekauft, das *The Perry County Time* s, *The Duncannon Record* und *The News-Sun* in Perry County sowie *The Juniata Sentinel* (im benachbarten Juniata *County*) herausgibt.

Bei der Bekanntgabe des Verkaufs sagte Robert Fowler, der hoch angesehene Direktor von Swank-Fowler, dass er dem Verkauf an Newhouse zugestimmt habe, weil er „entschlossen ist, nur mit Leuten zu verhandeln, die nachweislich Qualitätsjournalismus unter lokaler Kontrolle praktizieren".

(Nebenbei bemerkt ist es wahrscheinlich erwähnenswert, dass die kleine Grafschaft Juniata eine virtuelle zionistische Hochburg ist. Der größte Arbeitgeber in dieser kleinen ländlichen Grafschaft ist ausgerechnet Empire Kosher Poultry, das größte koschere Produktionsunternehmen der Welt.

(Vor einigen Jahren kam es zu einem kleinen Skandal, als bekannt wurde, dass Empire - das jahrelang eine große Zahl im Ausland geborener Mitarbeiter zur Arbeit in seiner Fabrik im County holte - eine große Zahl illegaler Einwanderer beschäftigte, was umso ironischer ist, als der ländliche County in Pennsylvania seit langem eine relativ hohe Arbeitslosenquote hat).

Leider gibt es sehr starke Hinweise darauf, dass das Newhouse-Imperium - das 26 Zeitungen in 22 Städten sowie *Parade*, die wöchentliche Sonntagsbeilage, die in vielen anderen Publikationen im ganzen Land erscheint, kontrolliert - in der Vergangenheit dazu benutzt wurde, die Interessen von privaten Einzelinteressen zu fördern.

1988 schrieb der Journalist Nicholas von Hoffman *Citizen Cohn*, eine Biografie des berühmten „Mafia-Anwalts" und „politischen Arrangeurs" Roy Cohn, der - zumindest bis zu seinem öffentlichkeitswirksamen Tod an den Folgen von Aids - vor allem als zwielichtiger Berater von Senator Joseph R. in Erinnerung geblieben ist. McCarthy.

Jahrelang vermuteten jedoch viele von McCarthys Verbündeten, dass Cohn in McCarthys engstem Kreis platziert worden war, um den turbulenten Senator zu „kontrollieren" und um zu verhindern, dass McCarthys Ermittlungen „zu weit gehen" und die wahren Quellen der kommunistischen Bewegung in Amerika aufdecken. Tatsächlich gelang es Cohn, McCarthy einen Maulkorb zu verpassen, und zwar mehr, als viele glauben.

Jedenfalls enthüllte Von Hoffman in seiner Cohn-Biografie, dass Cohn - ein langjähriger Freund von „Si" Newhouse - dessen Verband oft benutzte, um die Berichterstattung der Newhouse-Presse zu beeinflussen, wobei er einen Mitarbeiter Cohns zitierte, der sagte:

Die Verbindung [von Cohn] zu Si Newhouse war sehr wichtig.... Roy erzählte mir einmal, dass... in Städten, in denen es eine Newhouse-Zeitung gab, diese die einzige Zeitung in der Stadt war, was bedeutet, dass der Chefredakteur dieser Zeitung sehr einflussreich war. Wenn also jemand in einer Stadt, in der es eine Newhouse-Zeitung gab, Probleme hatte, konnte Roy zu Si gehen und Si konnte zum Chefredakteur gehen, und da war ein prominentes Mitglied der Stadt, das einen Gefallen tun konnte.

Laut von Hoffman war das Ergebnis von Cohns Manipulationen Folgendes: „Angesichts der langen öffentlichen Verbindung Roys mit dem Namen Newhouse ging es darum, Roy die politische Macht zu übertragen, die ein solcher Reichtum und der Besitz solcher Medieneigenschaften mit sich bringt.

Von Hoffman enthüllte außerdem: „Als Jesse Helms, ein konservativer republikanischer Senator aus North Carolina, sich in einem engen und kostspieligen Rennen um seine Wiederwahl befand, bat er Roy, den Geldfluss von jüdischen Wahlkampfspenden seines Gegners zu sich selbst umzukehren. Roy antwortete, er werde ein Treffen mit Si Newhouse organisieren".

Dies deutet darauf hin, dass Newhouse ein Schlüsselakteur der mächtigen Israel-Lobby ist, die seit langem versucht, ihren Einfluss in der politischen Arena der USA geltend zu machen, oft zum Nachteil der Interessen Amerikas.

Viele politische Beobachter werden sich daran erinnern, wie Helms seine langjährige „America First"-Politik ins Gegenteil verkehrte und zu einem glühenden Verfechter Israels wurde.

Von Hoffman enthüllte die Hintergründe der Vereinbarung mit der Israel-Lobby.

Cohns Name tauchte auch in einem anderen Zusammenhang auf, der mit der Israel-Lobby und den US-Medien zu tun hatte.

Als der andere enge Freund von Cohn, William F. Buckley Jr., ein ehemaliges CIA-Mitglied, die populistische nationale Wochenzeitung *The Spotlight* wegen Verleumdung verklagte - ein Fall, der mit einer vernichtenden Niederlage Buckleys vor einem Bundesgericht in Washington endete -, wurde während des Prozesses bekannt, dass Cohn in Buckleys Namen ein geheimes Abkommen mit der Anti-Defamation League (ADL), einer Schlüsselkraft der Israel-Lobby, geschlossen hatte, um eine gute Kiosk-Verbreitung von Buckleys damals neuem Magazin *National Review* zu gewährleisten.

Aber das war noch nicht alles. Der New Yorker Anwalt John Klotz schrieb für das inzwischen eingestellte Magazin *Spy* in der Ausgabe März/April 1995 einen faszinierenden Artikel über die Newhouse-Familie.

Der Autor begann seinen Artikel mit einer provokanten Frage, die seither auch von anderen aufgegriffen wurde: „Hat Newhouse schuldhaftes Wissen über den Kennedy-Mord? Über 30 Jahre lang haben Newhouse und sein Medienimperium eine einzigartige Rolle in der Kontroverse um die Ereignisse auf der Dealey Plaza gespielt".

Der Artikel zitierte mehrere Fälle, in denen Newhouse-Veröffentlichungen und Tochterunternehmen wie Random House Publishing (inzwischen von Newhouse verkauft) eine Rolle bei der Unterdrückung von abweichenden Stimmen über die Möglichkeit einer Verschwörung bei der Ermordung von JFK gespielt hatten.

Klotz zitierte unter anderem Gerald Posners viel beachtetes Buch *Case Closed*, das die These der Warren-Kommission aufgreift, wonach JFK von einem Einzeltäter getötet wurde. Der Artikel schloss mit der Frage: „Was motivierte Newhouse zu seiner Hingabe an die Vertuschung in Bezug auf Kennedy? Die Fragen sollten lauten: Was weiß Si Newhouse und wann hat er es erfahren?". Diese Behauptung über Newhouse' Rolle bei der Vertuschung der Wahrheit über die Ermordung von JFK ist aus mindestens zwei Gründen interessant:

- Random House ist dafür bekannt, dass es mehrere Bücher im Auftrag der CIA veröffentlicht hat, die - zu Recht - in die Ermordung Kennedys verwickelt war. In mehreren verantwortlichen „Mainstream"-Büchern wird erwähnt, wie die CIA heimlich mit Journalisten und Verlagen zusammengearbeitet hat.

- Der oben erwähnte Cohn, ein Mitarbeiter des Newhouse-Imperiums, war ein Investor in der dunklen Firma Permindex (eine Fassade für den israelischen Geheimdienst Mossad). Der Staatsanwalt von New Orleans, Jim Garrison, ermittelte gegen ein Vorstandsmitglied von Permindex, Clay Shaw, wegen dessen Beteiligung an der Ermordung von JFK. Im Zuge dieser Ermittlungen wurde Garrison von der Zeitung *The New Orleans Times Picayune*, die vom Newhouse-Imperium herausgegeben wurde, angegriffen.

In Wahrheit sind die Intrigen rund um die Familie Newhouse in vielerlei Hinsicht ein Spiegelbild der Realitäten der dunklen politischen Hintergründe Amerikas. Die „JFK Connection" jedoch ist wirklich faszinierend.

All das ist Teil der Geschichte. Was sich direkt auf das heutige Amerika auswirkt, ist die große Reichweite des Verlagsimperiums Newhouse, dessen Strahlkraft im Herzen Amerikas vielleicht noch größer ist als die jedes anderen Medienimperiums. In den letzten Jahren umfasste das Portfolio von Newhouse Publikationen wie die folgenden:

NEWHOUSE JOURNAL:

Alabama

- *Nachrichten aus Birmingham*
- *Die mobile Presse*
- *Das mobile Presseregister*
- *Das bewegliche Register*

Louisiana

- *Die Times-Picayune aus New Orleans*

Michigan

- *The Ann Arbor News*
- *Die Flint Times*
- *The Grand Rapids Press*
- *Kalamazoo Gazette*
- *The Saginaw News*
- *Times* (Bay City)

Mississippi

- *Mississippi Press* (Pascagoula)
- *Mississippi Press Register* (Pascagoula) New Jersey
- *Jersey Journal* (Jersey City)
- *Star-Ledger* (Newark)
- *Times* (Trenton)

New York (auf Englisch)

- *Herald-American* (Syracuse)

Ohio

- *Plain-Dealer* (Cleveland)

Oregon

- *Der Oregonian*

Pennsylvania

- *The Patriot-News* (Harrisburg)
- *Der Juniata Sentinel*
- *Die Perry County Times*
- *The Duncannon Record*
- *The News-Sun* (Perry County)

NEWHOUSE-ZEITSCHRIFTEN:

- *Geschäftszeitungen aus der amerikanischen Stadt* (28 lokale Wochenzeitungen der Wirtschaftspresse)
- *Parade* Magazine (die berühmte Sonntagsbeilage)
- *Allure*
- *Architektur-Digest*
- *Bon Apetit*
- *Verheiratet*
- *Conde Nast Traveler*
- *Details*
- *Glamour*
- *Gourmet*
- *GQ*
- *Fräulein*
- *Vanity Fair*
- *Vogue*
- *The New Yorker*

Es ist klar, dass der Einfluss der Familie Newhouse sehr groß ist. Sie gehört nämlich zu den reichsten und mächtigsten zionistischen Familien in Amerika und wahrscheinlich auch zu den bekanntesten.

Wie wir sehen werden, gibt es jedoch noch eine beträchtliche Anzahl anderer reicher Familien, deren Namen (außerhalb der jüdischen Gemeinschaft) nicht so bekannt sind, die aber in der Tat eine große Rolle bei der Gestaltung des amerikanischen Lebens spielen - im Guten wie im Schlechten. In dem folgenden langen Abschnitt werden wir diese bemerkenswerten Familien kennenlernen, von denen viele vielleicht zum ersten Mal auf den Seiten eines Buches wie diesem auftauchen.

Die reichsten und mächtigsten jüdischen Familien in Amerika

Diejenigen, die herrschen

Die folgenden Informationen beruhen größtenteils auf den Profilen von etwa 180 namentlich genannten (und oft miteinander verwandten) jüdischen Familien, die in einer „Tribute-Sonderausgabe" (datiert 1997-1998, Bd. 21, Nr. 10) des in New York ansässigen *Avenue Magazine* veröffentlicht wurden - einer „Gesellschaftszeitung", die außerhalb des Kreises derer, die gerne über die Moden und Macken der herrschenden Elite lesen, kaum verbreitet wird. Diese Sonderausgabe mit dem Titel „Portraits of Family in the American Jewish Community" beleuchtete die Namen und Unternehmen amerikanisch-jüdischer Familien und konzentrierte sich dabei auf diejenigen, die in der jüdischen Gemeinschaft und ihren vielfältigen philanthropischen und politischen Unternehmungen aktiv waren.

Es sei darauf hingewiesen, dass es buchstäblich Hunderte, wenn nicht Tausende von Organisationen, Stiftungen und anderen Körperschaften der jüdischen Gemeinschaft gibt, die sowohl auf lokaler als auch auf nationaler Ebene angesiedelt sind. Obwohl eine Handvoll jüdischer Gruppen wie das American-Israel Public Affairs Committee (AIPAC) und die Anti-Defamation League (ADL) of B'nai B'rith häufig in den Mainstream-Medien auftauchen, hauptsächlich im Zusammenhang mit „politischen" Nachrichten, gibt es viele andere derartige Körperschaften, die selten erwähnt werden, außer in den Zeitungen der jüdischen Gemeinschaft, die natürlich für den Durchschnittsamerikaner nicht zur „täglichen" Lektüre gehören.

Was den Begriff „philanthropisch" - wie er hier verwendet wird - angeht, so wird er recht vage verwendet, denn genau genommen sind viele jüdische Familien - wenn nicht sogar die meisten - weitgehend nur in Bezug auf spezifisch jüdische Wohltätigkeitsorganisationen philanthropisch, obwohl es auch Ausnahmen gibt.

Die *Avenue-Liste* - so wie sie hier dargestellt ist - erwähnt nicht die zahlreichen Wohltätigkeitsorganisationen sowohl in den USA (mit jüdischer und nichtjüdischer Ausrichtung) als auch in Israel, die die genannten Familien mit großem Applaus finanziert haben. Wir haben diese Informationen nur dann aufgenommen, wenn eine bestimmte Familie eng mit einem bestimmten „Zweck" verbunden war.

Es sollte auch angemerkt werden, dass die meisten der genannten Familien dem *Avenue-Bericht* zufolge offenbar eine oder mehrere Familienstiftungen mit beschränkter Beteiligung gegründet haben, die sie zur Unterstützung verschiedener Zwecke verwenden. Die meisten dieser Zwecke - aber nicht alle - sind jüdischer Natur und nicht selten mit dem Staat Israel und verschiedenen israelischen Behörden und Institutionen verbunden.

So versteht es sich - mit einigen Ausnahmen - von selbst, dass die hier aufgeführten Namen die „Reichsten der Reichen" (und damit die mächtigsten) unter der jüdischen Elite Amerikas darstellen, doch soll damit nicht suggeriert werden, dass die hier auftauchenden Namen tatsächlich eine offizielle Liste der „reichsten Juden Amerikas" darstellen. Weit gefehlt

Es gibt viele andere sehr wohlhabende, sozusagen jüdischstämmige Unternehmer, die nicht in die Schlagzeilen geraten. Es gibt zum Beispiel viele wohlhabende jüdische Kriminelle, die es vorziehen, sich bedeckt zu halten und nicht versuchen, sich oder ihre Spenden an jüdische philanthropische Organisationen bekannt zu machen. In dieser Hinsicht ist es sehr unwahrscheinlich, dass das *Avenue* Magazine bereit wäre, die „Leistungen" eines jüdischen Kriminellen zu würdigen. Daher ist die von *Avenue* zusammengestellte Liste in dieser Hinsicht sicherlich unvollständig.

Und um den vielen amerikanischen jüdischen Millionären - und vielleicht Milliardären - gegenüber fair zu sein, die nicht von *Avenue's* Liste der „Familienleistungen" geehrt wurden und die nicht unbedingt in kriminelle Handlungen verwickelt sind, sollte man anmerken, dass viele von ihnen viel Reichtum angehäuft haben, aber nicht danach streben, von der Öffentlichkeit bejubelt, von Gesellschaftsmagazinen anerkannt oder von ihrer eigenen jüdischen Gemeinschaft geehrt zu werden.

So gibt es wiederum sicherlich viele, viele andere jüdisch-amerikanische Vermögen, die in der von *Avenue* zusammengestellten Liste nicht erwähnt wurden. Aber die von Avenue zusammengestellte Liste ist in der Tat sehr umfassend, und was die Erfassung der - in finanzieller Hinsicht - wichtigsten Akteure der jüdischen „High Society" angeht, ist die Liste von *Avenue* ein wertvolles Dokument (Offen gesagt, hat der Autor noch nie etwas so Vollständiges gesehen).

Man kann wahrscheinlich sagen, dass jüdische Namen zwar einen beträchtlichen Teil der jährlichen *Forbes* 400-Liste der reichsten Familien Amerikas ausmachen, eine sekundäre Liste dessen, was man „*Forbes* 800" nennen könnte - d. h. eine Liste, die die zweite Gruppe von 400 reichen Familien nach den ursprünglichen 400 reichsten Familien umfasst - zweifellos praktisch alle Namen enthalten würde, die auf der auf diesen Seiten zusammengefassten Liste des *Avenue-Magazins* zu finden sind.

Obwohl also ein Großteil des jüdischen Reichtums an der Spitze der Leiter angehäuft wird, ist er in der viel breiteren „Mitte" der wohlhabenden amerikanischen Familien noch größer.

Was die Liste betrifft, so beachten Sie bitte Folgendes: Sie werden beispielsweise Henry Kissinger nicht darin finden. Sicherlich reich, nach jeder Schätzung, und sicherlich jüdisch, und sicherlich mächtig, waren Kissingers Reichtum und Macht immer das Ergebnis seiner Entwicklung in der Sphäre der reichen und mächtigen Menschen. Kissinger ist eine politische Figur und als solche nichts anderes als ein gut bezahlter Beamter der amerikanisch-jüdischen Elite und anderer Eliten, mit denen sie zum gemeinsamen Vorteil interagiert.

Kissingers Ruhm und seine „Leistungen" sind in vielerlei Hinsicht eine Schöpfung der jüdisch kontrollierten Medien, doch im Gegensatz zu vielen anderen, die auf der *Avenue-Liste* stehen, ist er nicht per se einer der Medienbesitzer.

Und das ist vielleicht eine ausreichende Auszeichnung, um Kissinger nicht zu erwähnen. Obwohl Kissinger in zahlreichen Aufsichtsräten von Unternehmen sitzt - übrigens auch von Medienunternehmen - war er immer mehr eine öffentliche Person (die zufällig jüdisch ist), die als Handlanger und Vermittler für die wahren Mächte hinter den Kulissen fungiert, als ein echter „Umzugshelfer" im Alleingang zu sein. Ohne die Schirmherrschaft mächtiger Sponsoren wäre Kissinger nicht mehr als ein weiterer pittoresker und schillernder jüdischer Akademiker, von denen es viele gibt.

Für den Leser kommt noch ein weiterer Faktor hinzu: Henry Kissingers Aufstieg erfolgte in der Sphäre der Rockefeller-Familie, die (obwohl sie vielleicht jüdischen Ursprungs ist) immer ihre eigenen Agenden in verschiedenen Bereichen hatte, die nicht immer unbedingt mit den jüdischen Interessen als solchen übereinstimmten.

In Bezug auf die Familie Rockefeller ist anzumerken, dass es in der öffentlichen Arena keine *soliden* Informationen gibt, die darauf hindeuten, dass sie jüdischer Abstammung ist, obwohl es seit über einem Jahrhundert viele Spekulationen und Gerüchte gegeben hat. Entgegen einer weit verbreiteten Meinung ist der oft angeführte „Beweis", dass „die Rockefellers jüdisch sind", überhaupt kein Beweis. Das Gerücht, dass die Rockefellers Juden sind, rührt daher, dass der Autor Stephen Birmingham - in seinem 1971 bei Harper & Row erschienenen Buch *The Grandees*, ein Profil der Geschichte der sephardisch-jüdischen Elite Amerikas (Nachkommen spanischer und portugiesischer *jüdischer* Familien) - erwähnte, dass der Name „Rockefeller" in einer seltenen genealogischen Studie von 1960, *American s of Jewish Descent* von Malcolm H. Stern, vorkommt.

Obwohl einige Quellen diese Information aufgriffen und begannen, die Geschichte zu verbreiten, es handele sich um einen „Beweis" für die jüdische Herkunft der Rockefellers, wird eine aufmerksame und sorgfältige Lektüre *des gesamten* Buches zeigen, dass die Rockefellers, die tatsächlich jüdisches Blut in den Adern haben, aus der Linie von Godfrey Rockefeller stammen, der eine gewisse Helen Gratz heiratete, die Jüdin war. Ihre Familienmitglieder und Erben wurden übrigens in der Episkopalkirche erzogen und hatten mit jüdischen oder israelischen Angelegenheiten wenig bis gar nichts zu tun.

Godfrey Rockefeller stammte tatsächlich aus einer eigenen Linie der Rockefeller-Familie. Er war ein Nachkomme eines Bruders von John D. Rockefeller, Sr. und ein Cousin zweiten Grades der berühmten Rockefeller-Brüder - Nelson, David, Laurence und John D. III. Somit kann jede Spur jüdischen Blutes bei Godfreys Erben nicht dem bekanntesten Zweig der Rockefeller-Familie zugeschrieben werden.

Es ist kein großes Vergnügen für diesen Autor, den populären Mythos zu zerstören, dass „die Rockefellers Juden sind", der von vielen wohlmeinenden Menschen weit verbreitet wurde, aber die Fakten über den Ursprung dieses Gerüchts sprechen für sich. Es geht natürlich nicht darum, zu suggerieren, dass in den Adern der „berühmten" Rockefeller-Brüder kein jüdisches Blut fließt, aber jeder diesbezügliche Vorwurf sollte sich auf Fakten stützen und nicht auf die Fehlinterpretation eines flüchtigen Hinweises in einem Buch.

In Bezug auf die Familie Roosevelt legen weithin veröffentlichte Informationen nahe, dass die Familie Roosevelt tatsächlich jüdische Vorfahren hatte, dass der ursprüngliche Familienname „Rossocampo" war, ein Name, der von sephardischen Juden getragen wurde, die zu den Menschen gehörten, die 1620 aus Spanien vertrieben wurden. Der Name, so heißt es, wurde schließlich geändert, als sich die verschiedenen Zweige der Familie in anderen Teilen Europas niederließen. Die Nachkommen der in den Niederlanden ansässigen Familienmitglieder - die natürlich Rosenvelt hießen - wanderten in die Vereinigten Staaten aus und der Name entwickelte sich schließlich zum Namen

„Roosevelt", die wir heute kennen. In der Zwischenzeit hatten mehrere Generationen nichtjüdische Männer geheiratet, und als Franklin und Eleanor Roosevelt - Cousins, die später Ehemann und Ehefrau werden sollten - junge, wohlhabende Mitglieder der amerikanischen Elite wurden, legte die Familie ihre jüdischen religiösen Praktiken ab.

Während der Roosevelt-Ära wurde in einer in Europa und den USA weit verbreiteten Ahnentafel der Familie Roosevelt behauptet, der ursprüngliche Familienname sei „van Rosenvelt" gewesen, der dann in „Rosenvelt" geändert worden sei, und dass ein anderer Stamm der jüdischen Familie - nämlich die Linie der „Samuels" - in die daraus resultierende Roosevelt-Linie eingeführt worden sei. So spannend diese Information damals für viele FDR-Kritiker auch gewesen sein mag, ihre Herkunft ist zumindest unklar, auch wenn viele daran glauben wollten.

Für eine vielleicht unmittelbarere Datenquelle über ein mögliches jüdisches Erbe in der Familie Roosevelt - laut einer jüdischen Quelle - können wir uns jedoch an die Ausgabe des *London Jewish Chronicle* vom 5. Februar 1982 wenden, die einen Artikel mit dem Titel „FDR 'had Jewish great-grandmother'" enthielt. Der Artikel, der von Leon Hadar verfasst wurde, lautet wie folgt: Der verstorbene US-Präsident Franklin Delano Roosevelt hatte eine jüdische Urgroßmutter, sagte Mr. Philip Slomovitz, Chefredakteur der *Detroit Jewish News*, letzte Woche und veröffentlichte einen Brief, der ihm vor 45 Jahren vom verstorbenen Rabbiner Steven Wise, dem ehemaligen Präsidenten des Jüdischen Weltkongresses, geschickt worden war.

In seinem Brief beschreibt Rabbi Wise ein Mittagessen, das seine Frau mit Mrs. Eleanor Roosevelt, der Frau des verstorbenen Präsidenten (und einer ihrer entfernten Cousinen), hatte, die sagte: „Oft sagen Cousine Alice und ich, dass die Gehirne der Familie Roosevelt von unserer jüdischen Urgroßmutter" stammen, deren Name Esther Levy war: „Oft sagen Cousine Alice und ich, dass die Gehirne der Familie Roosevelt von unserer jüdischen Urgroßmutter" stammen, deren Name Esther Levy war.

In dem Brief heißt es weiter, dass Frau Roosevelt [Frau Wise] gesagt habe, dass „jedes Mal, wenn unsere Cousine Alice oder ich unsere jüdische Urgroßmutter erwähnen, Franklins Mutter wütend wird und sagt: „Du weißt doch, dass das nicht der Fall ist. Warum sagst du das?" Laut Rabbi Wise sagte auch Mrs. Roosevelt zu ihrer Frau: „Du solltest das nicht benutzen. Ich denke, es ist besser, wenn wir die Sache jetzt fallen lassen".

In einem separaten Brief an Herrn Slomovitz schrieb Franklin Roosevelt, dessen Geburtstag sich in diesem Jahr zum 100. Mal jährt, dass seine Vorfahren „Juden, Katholiken oder Protestanten sein könnten". Rabbi Wise, der Präsident Roosevelt sehr nahe stand, gab an, dass sein Brief an Herrn Slomovitz „streng privat und vertraulich" sei.

Der Chefredakteur behielt dieses Vertrauen bis letzte Woche, als der Brief in einem Buch mit einer Reihe seiner Artikel veröffentlicht wurde. Eine der Ironien dieser Entdeckung ist, dass die Nazis Roosevelt als Juden darstellten und ihn den „Rosenfeld-Juden" nannten.

Obwohl die Nazis also möglicherweise Recht hatten - aber laut, stützten sie ihre Informationen vielleicht nicht auf Informationen, die nur den Roosevelts selbst bekannt waren -, muss betont werden, dass sowohl Franklin als auch Eleanor Roosevelt für ihre antijüdischen Äußerungen im privaten Kreis bekannt waren, auch wenn sie offensichtlich jüdischer Abstammung waren.

Trotzdem sind beide selbstverständlich zu Ikonen der jüdischen Weltanschauung geworden. Allerdings schien dieses Phänomen in den letzten Jahren des 20. und den ersten Jahren des 21. Jahrhunderts nachzulassen, denn aggressive jüdische Autoren behaupten heute, dass FDR - trotz seines blutigen Weltkriegs gegen Hitler - „nicht genug getan hat, um den Holocaust zu stoppen".

Wie dem auch sei, es sei darauf hingewiesen, dass der Autor sich daran erinnert, vor vielen Jahren in der Zeitschrift *American Heritage* gelesen zu haben, dass ein Forscher Informationen gefunden hatte, die nahelegten, dass FDRs Vorfahren mütterlicherseits in der Familie Delano jüdischer Herkunft waren - ein interessantes Detail, wenn man bedenkt, dass FDRs Mutter selbst dafür bekannt war, antijüdische Bemerkungen zu machen. Der Autor würde sich freuen, wenn ein Forscher diese wertvolle historische Information in den umfangreichen Archiven des *American Heritage* finden könnte, *sofern* sie *nicht* in das Orwellsche Gedächtnisloch verbannt wurde.

Es wird immer Gerüchte geben, dass namhafte Einzelpersonen und Familien „jüdisches Blut" haben, doch die Namen, die in der folgenden Zusammenfassung auftauchen, sind zweifellos jüdisch und stolz darauf, es zu sein.

Sie bilden eine eigene amerikanische Elite und gehören heute sicherlich zu den reichsten und mächtigsten jüdischen Familien in Amerika.

Diese Liste ist natürlich weder vollständig noch erschöpfend, aber wir hoffen, dass sie eine wertvolle Referenz darstellt.

Und bitte beachten Sie: Sofern nicht anders angegeben, ist das beschreibende Material, das in der folgenden Liste *in Anführungszeichen* steht, ein DIREKTES Zitat aus der „Sonderausgabe Hommage - 1997/1998" des *Avenue* Magazine.

Dies sind also die mächtigsten jüdischen Familien Amerikas - einige davon haben Sie schon gehört, andere werden Sie zum ersten Mal treffen. Sie sind wirklich die „neue Elite": Die Herrscher von Amerika - Das neue Jerusalem....

ABESS. Miami, Florida. Kontrolliert die City National Bank of Florida. Zu den Mitgliedern gehören Leonard Abess und Allan Abess, Jr.

ALTHEIM. New York City. Philip und Barbara Altheim kontrollieren Forest Electric, eine Tochtergesellschaft von EMCOR und das größte

Elektrobauunternehmen der Welt. Ihre Söhne und Töchter sind Marc, Jill und Gary.

ANNENBERG. Philadelphia. Lange Zeit vom verstorbenen Walter Annenberg geleitet, der als US-Botschafter in England tätig war und von Richard Nixon ernannt wurde. Triangle Publications Imperium. Veröffentlicht den *TV Guide* und den *Philadelphia Inquirer*.

ARISON. Miami. Der in Israel geborene Theodore „Ted" Arison gründete die Carnival Cruise Lines. Teds Sohn Micky kontrolliert heute das Familienimperium, das die Kreuzfahrtgesellschaft, Hotels, Resorts und das Basketballteam Miami Heat umfasst. Ted Arison ist nach Israel zurückgekehrt.

ARNOW-WEILER. Boston. Der russischstämmige Jack Weiler schloss sich mit Benjamin Swig für die Geschäftsentwicklung zusammen und übernahm über sieben Millionen Quadratmeter. Seine Tochter Joan, ihr Ehemann Robert Arnow und ihr Sohn David leiten heute das Imperium. Sie haben einen Sohn, Noah.

BARNETT. Fort Worth, Texas. Hat die Hilton-Hotels in Israel betrieben. Louis Barnett und seine Frau Madlyn (*geborene* Brachman, siehe BRACHMAN) haben einen Sohn, Eliot, der sich mit der Entwicklung von Einkaufszentren befasst. Die Familie ist außerdem im Immobilien-, Pharma- und Ölgeschäft tätig. Die Familie finanziert das Barnett Institute of Biotechnology an der Northeastern University.

BELFER. New York. Als Flüchtlinge aus Polen gründeten Arthur und Rochelle Belfer die Familie, die heute von Robert Belfer und seinen Töchtern Selma Ruben und Anita Saltz geleitet wird. Arthur Belfer war in die Öl- und Erdgasbranche involviert, aus der später das berüchtigte Unternehmen Enron hervorging. Sein Sohn Robert gehörte dem Exekutivausschuss von Enron an, entging jedoch der Aufmerksamkeit der Medien.

BELZ. Memphis. Belz Enterprises und die Peabody Hotel Group (Memphis) sind Teil des Familienbesitzes, der von Philip Belz gegründet wurde, der in das Immobilien- und Managementgeschäft eingestiegen ist. Sein Sohn Jack Belz und seine Frau Marilyn führen die Geschäfte der Familie. Ihre Tochter Jan, die mit Andrew Groveman verheiratet ist, ist dabei, sich zu behaupten und in der sowjetisch-jüdischen Emigration aktiv zu sein.

BELZBERG. Kanada-New York-Israel. Sam Belzberg leitet die Firma Gibralter Capital. Ehefrau: Frances. Seine Tochter Wendy (Redakteurin bei der einflussreichen jüdischen Zeitung *Forward*) ist mit Strauss Zelnick verheiratet, dem Leiter von BMG Records. Tochter Lisa ist mit Matthew Bronfman verheiratet (siehe BRONFMAN). Die Familie ist einer der ersten Geldgeber des Simon-Wiesenthal-Zentrums. Ihr ehemaliger Rabbiner, Marvin Heir, zog von Kanada nach Los Angeles, wo er das Zentrum aufbaute.

BENARD-CUTLER. Boston. Zusammen mit seinen Partnern -heldon Adelson, Irwin Chafetz und Dr. Jordan Shapiro- leitet Ted Benard-Cutler die Interface-Gruppe, die die Comdex fördert, eine weltweite Fachmesse für Computer- und Kommunikationsindustrie. Die Comdex wurde 1995 an das japanische Unternehmen Softbank verkauft. Benard-Cutler und Chafetz leiten heute GWV International, das organisierte Reisen nach Neuengland veranstaltet. Benard-Cutler und seine Frau Joan haben die Söhne Joel und Robert und eine Tochter, Ellen Colmas.

BERNHEIM. New York. Der Börsenmakler Leonard Bernheim wird sozial von seiner Frau Elinor Kridel Bernheim übertroffen, die in den jüdischen Geschäften New Yorks aktiv ist. Ihre Söhne Charles und Leonard treten in die Fußstapfen ihrer Mutter.

BINSWANGER. Philadelphia. Isidor Binswanger ist der Gründer des Maimonides College, des ersten rabbinischen Colleges an der amerikanischen Küste. Sein Sohn Frank hat eine gigantische internationale Immobilienfirma mit 20 Büros in den USA und Kanada gegründet. Er ist auch in Japan und anderen Ländern in Asien und Europa aktiv. Frank jr. und John Binswanger sind im Familienunternehmen tätig. Sohn Robert leitet die Dartmouth Higher School of Education.

SCHWARZ. New York. Leon Black ist ein ehemaliger Geschäftsführer von Drexel Burnham Lambert und derzeit Vorsitzender von Apollo Advisors LP und dessen Tochtergesellschaft Lion Advisor, LP. Seine Frau Debra spielt eine wichtige Rolle in jüdischen Geschäften.

BLAUSTEIN. Baltimore. Louis Blaustein verkaufte zunächst Kerosin, bevor er die American Oil Company (AMOCO) gründete. Sein Sohn und Erbe Jacob wurde einst als „Titularvorsteher der jüdischen

Gemeinde Amerikas" bezeichnet und spielte eine wichtige Rolle in den frühen Jahren der Vereinten Nationen. Schwestern Fanny Thalheimer und Ruth Rosenberg. Zu den weiteren Familienmitgliedern gehören David Hirschhorn, Barbara Hirschhorn, Mary Jane Blaustein, Arthur Roswell, Elizabeth Roswell, Jeanne Blaustein Borko und Susan Blaustein Berlow.

BLOCK. New York. Alexander Block gründete Block Drugs, das auf der Website, Polident, Nytol und Sensodyne herstellte. Sein Sohn Leonard, sein Enkel Thomas und seine Enkelin Peggy Danziger (Ehefrau von Richard Danziger) sind im Familienunternehmen tätig.

BLOOMBERG. New York. Michael Bloomberg wurde 2001 zum Bürgermeister von New York gewählt. Er begann bei Salomon Brothers, bevor er ein Multimedia-Imperium aufbaute, das Zeitungen mit Artikeln versorgte und ein direktes Satellitenfernsehnetzwerk mit 24-Stunden-Betrieb aufbaute.

BLUMENTHAL. Charlotte, North Carolina. Herman Blumenthal leitet die Radiator Speciality Company, die rund 4000 Autoprodukte herstellt. Mit seiner Frau Anita hat er drei Söhne, Alan, Philip und Samuel, die sich aktiv an den Aktivitäten des Unternehmens und den „philanthropischen" Aktivitäten der Familie beteiligen.

BRACHMAN. Fort Worth. Der Familiengründer Leon Brachman gründete ein Unternehmen zur Herstellung von Chemikalien und diversifizierte sich mit der Gründung von Computerized Business Systems, das Programme für kleine Unternehmen entwickelt. Sein Sohn Marshall ist Partner des Komitees für amerikanisch-israelische öffentliche Angelegenheiten (AIPAC) in Washington. Seine Tochter Wendy lebt in Israel. Das Familienmitglied Madlyn heiratete die Familie Barnett aus Ft. Worth (siehe BARNETT).

BRAMAN. Miami. Norman Braman begann in Philadelphia, wo er die Keystone Discount Stores (38 Geschäfte) gründete. Mit seiner Frau Irma zog er sich nach Miami zurück, wo er eine Kette von Autohändlern betreibt. Ehemaliger Besitzer der Mannschaft Philadelphia Eagles.

BROAD. Los Angeles. Eli Broad gründete das Finanzdienstleistungsunternehmen SunAmerica, Inc. Er ist Miteigentümer der Sacramento Kings und auch als Sammler zeitgenössischer Kunst bekannt.

BUTTENWIESER. New York. Der verstorbene Benjamin Buttenwieser war ein Partner des Kuhn-Loeb-Bankenimperiums und war nach dem Zweiten Weltkrieg stellvertretender Hochkommissar der Vereinigten Staaten in Deutschland. Seine Frau Helen war Mitglied der Bankiersfamilie Lehman Brothers. Ihr Sohn Lawrence ist Partner in der New Yorker Anwaltskanzlei Rosenman & Colin. Sein Sohn Peter war Direktor einer High School in Philadelphia und steht in Verbindung mit den Aktivitäten der (nichtjüdischen) Ford- und Danforth-Stiftungen. Sein Sohn Paul ist Psychiater und Romanautor in Belmont, Massachusetts.

CARDIN. Der Reichtum von Shoshana Cardins verstorbenem Ehemann, dem Immobilienmagnaten Jerome Cardin, verhalf ihr zu großer Bekanntheit in der jüdischen Gemeinschaft der USA als erste Frau Präsidentin der Konferenz der Vorsitzenden der wichtigsten jüdischen Organisationen der USA und als Vorsitzende des United Call for Israel. Ihre Tochter Nina ist eine der ersten Frauen, die als konservative Rabbinerin zugelassen wurden. Ihr Sohn Sandy Cardin leitet die Schusterman-Stiftung in Tulsa, Oklahoma.

CARTER. Victor Carter wird nachgesagt, er habe sich „auf die Sanierung von Unternehmen in Schwierigkeiten spezialisiert", doch ist er vor allem als Leiter von United Way, City of Hope und Israel Bonds bekannt. Seine Frau Andrea engagierte sich in der Country Music Commission.

CHANIN. New York. Die Brüder Irwin und Henry Chanin waren Anfang des 20. Jahrhunderts wichtige Immobilienentwickler in New York. Irwins Sohn Marcy und seine Frau Leona Feifer Chanin (erste Vizepräsidentin des American Jewish Congress) haben Kinder: Zwei von ihnen sind Anwälte, James Chanin aus Oakland, Kalifornien, und Ann Glazer aus Los Angeles. Eine weitere Tochter, Nancy Sneider, wohnt in Boca Raton, Florida. Irwins Sohn, Paul Chanin, ist in Aspen, Colorado, ansässig, wo sich die Familienstiftung befindet. Er betreibt das berühmte Restaurant Pinon's als Nebenerwerb.

COHEN. New Orleans. Rosalie Palter Cohen, Tochter des Gründers von Universal Furniture, Leon Palter, war eine wichtige Akteurin der mächtigen jüdischen Gemeinde in der Halbmondstadt.

CONE. Große jüdische Familie aus den Südstaaten (aus den ersten 13 Kindern von Herman Cone), die durch Cone Mills, den größten Denim-Hersteller der Welt, reich geworden ist.

CORWIN. Los Angeles. Bruce C. Corwin ist Vorsitzender der Metropolitan Theatres Corporation, die Kinos und Popcorn-Konzessionen besitzt. Finanziers der „konservativen" Pepperdine-Universität, die sich im schicken Malibu-Viertel befindet.

CROWN. Chicago. Der inzwischen verstorbene Henry Crown war eng mit dem organisierten Verbrechen in Chicago verbunden und baute ein großes Immobilienimperium auf, das auf dem Baustoffunternehmen Material Service Corp. basierte. Im Jahr 1959 übernahm die Familie die Kontrolle über das Rüstungsunternehmen General Dynamics. Die Crown-Familie spielte eine wichtige Rolle bei der Finanzierung des geheimen israelischen Programms zur Entwicklung von Atomwaffen. Sohn Lester steht heute an der Spitze der Familie. Sein Sohn Dan leitet die Crown Kinos.

CUMMINGS. Chicago. Nathan Cummings gründete das bekannteste Konglomerat der Lebensmittelproduktion für die „Sara Lee"-Produkte. Seine drei Kinder und zehn Enkelkinder halten die Familiengründung aufrecht.

DAVIDSON. Detroit. William Davidson übernahm das Windschutzscheibengeschäft seines Onkels, das zu Guardian Industries wurde, dem fünftgrößten Glashersteller der Welt. Besitzer des Teams Detroit Pistons. Das von Davidson finanzierte William Davidson Institute an der School of Business Administration der University of Michigan drang in die neu entwickelten Volkswirtschaften Osteuropas ein.

DEUTSCH. Santa Monica. Carl Deutsch verwaltet die Immobilien- und Managementdienstleistungen der Familie.

DURST. New York. Joseph Durst und seine drei Söhne Seymour, David und Royal sowie seine Enkel Douglas, Robert, Jonathan und Joshua erschlossen große Teile der Third Avenue und der West Side von New York.

EISNER. Los Angeles. Michael Eisner organisierte die Fusion von Capital Cities, dem Eigentümer von ABC und anderen Immobilien. Er übernahm 1984 die Walt Disney Company. Enkel des Mitbegründers der American Safety Razor Co.

EPPLER. Cleveland-Palm Beach. Der deutschstämmige Heinz Eppler übernahm Miller-Whol und baute das Unternehmen auf 420 Geschäfte für Damenbekleidung aus, die 1984 an die Petrie Stores Corporation verkauft wurden. Sein Sohn David ist in Washington, D.C. ansässig.

EVERETT. Als „erfolgreiche Privatinvestoren" beschrieben, sind Henry und Edith Everett in verschiedenen jüdischen Philanthropien aktiv. Ihr Sohn David ist ebenfalls in jüdischen Geschäften aktiv.

FEINBERG. Chicago. Rueben Feinberg ist Vorsitzender der Jefferson State Bank in Chicago.

FELDBERG. Boston. Die Cousins Sumner und Stanley Feinberg gründeten die T.J. Maxx Stores (mit über 500 Verkaufsstellen), die Hit or Miss Stores (mit 500 Verkaufsstellen) und den Chadwick-Katalog.

FELDMAN. Dallas. Der inzwischen verstorbene Jacob „Jake" Feldman gründete Commercial Metals, ein großes, in New York börsennotiertes Unternehmen. Sein Sohn und Erbe Robert war in der jüdischen Gemeinde von Dallas aktiv.

FEUERSTEIN. Westport, Connecticut-Newport Beach, Kalifornien-Los Angeles-New York City. Erben von Aaron Feurstein, dem Besitzer des Textilimperiums Malden Mills, das Polartec-Stoff aus dem Recycling von Plastikflaschen herstellte. Aarons Bruder Moses war eine führende Persönlichkeit des orthodoxen Judentums in den USA. Moses' Sohn Morty leitet die orthodoxe Gemeinde in Vancouver, Kanada.

FISHER. New York. Gegründet von Zachary und Lawrence Fisher, handelt es sich um eine bedeutende New Yorker Immobilienentwicklerfamilie.

MAX FISHER. Detroit. Als großer Ölindustrieller und wichtiger Akteur in den Angelegenheiten der Republikanischen Partei unterhielt Max Fisher seit langem Geschäftsbeziehungen zu Israel und den israelischen Geheimdiensten. Die *National Police Gazette* (Dezember 1974) beschrieb ihn als einen der mächtigen „mysteriösen Männer", die dem in Michigan ansässigen republikanischen Politiker Gerald Ford (dem späteren US-Präsidenten) sagten, „was zu tun sei und wann es zu tun sei". (In *Final Judgment*, der Studie dieses Autors über die Verschwörung zum JFK-Mord, haben wir die Ford-Fisher-Verbindung - und Fishers Verbindungen zum israelischen Geheimdienst - im Lichte von Fords Rolle in der Warren-Kommission, die den JFK-Mord demonstrativ „untersuchte", und von Fishers Rolle bei der Untersuchung des JFK-Mordes beschrieben die Ermordung von JFK, die aber tatsächlich dazu diente, die lange Zeit geheime Verbindung zwischen Israel und der Ermordung des Präsidenten zu verschleiern).

FRIEDMAN. Mill Valley, Kalifornien. Eleanor Friedman - eine der vielen Erbinnen der Milliarden von Levi Strauss - und ihr Mann Jonathan Cohen sind die Gründer des New Israel Fund, der als eine der „liberalen" Stiftungen gilt, die sich für linke Anliegen in Israel einsetzen, darunter Frauenrechte, religiöser Pluralismus und bessere Beziehungen zu christlichen und muslimischen Palästinensern.

GERBER. Chicago. Max Gerber gründete die Gerber Plumbing Fixtures Company, die heute von seiner Tochter Harriet Gerber Lewis und ihren Kindern Alan und Ila kontrolliert wird.

GIDWITZ. Chicago. Gerald Gidwitz ist Vorsitzender von Helene Curtis, dem Unternehmen für Körperpflegeprodukte. Sein Sohn Ronald ist Präsident des Unternehmens, das 1996 von Unilever aufgekauft wurde. Die Familie besitzt auch Continental Materials Corporation, die Heiz- und Kühlgeräte herstellt.

GODCHAUX. New Orleans. Erben von Godchaux Sugar, einst der größte Zuckerproduzent in Louisiana, und des berühmten Kaufhauses Godchaux in New Orleans. Familienmitglieder sind über die gesamten Vereinigten Staaten verstreut.

OR. Los Angeles. Stanley Gold leitet Shamrock Holdings, eine diversifizierte Investmentfirma, die mit den Disney-Erben verbunden ist. Er ist einer der Hauptinvestoren von Koor Industries, dem größten Industrieunternehmen in Israel. Herr Gold hat einen Sohn, Charles, und eine Tochter, Jennifer.

GOLDSMITH. New York. Mehrere Kinder von Grace, der Ehefrau des Börsenmaklers Horace Goldsmith - James, William und Thomas Slaughter - kontrollieren die Stiftung, die dank Goldsmiths Großzügigkeit gegründet wurde. Richard und Robert Menschel - zwei

Banker von Goldman Sachs, die Cousins sind - sind ebenfalls an den Unternehmen der Familie beteiligt.

GOLDENBERG. Philadelphia. Erben eines Vermögens im Bereich Süßwaren und Schokoriegel, die den Goldenberg Peanut Chew, das einzige Produkt des Unternehmens, herstellen. Zu den Familienmitgliedern gehören Carl, Ed und David.

GOTTSTEIN. Alaska. Barney Gottstein. Leitet das Unternehmen Carr Gottstein Foods mit Sitz in Anchorage, das größte Unternehmen in Alaska, das in Supermärkte, Lebensmittelgroßhandel und Immobilien involviert ist. Er war nationaler Vizepräsident der israelischen Lobbygruppe AIPAC und gehörte dem Nationalkomitee der Demokraten an. Sein Sohn Robert arbeitet eng mit dem pro-israelischen christlichen Evangelisten Pat Robertson zusammen, um jüdische Anliegen zu fördern.

GRASS. Scranton, Pennsylvania. Alex Grass brachte das Thrift Discount Center im kleinen Bundesstaat Keystone City auf die Überholspur und gründete über 2.700 Rite-Aid-Apotheken in 23 Bundesstaaten mit Tochterunternehmen wie Auto Palace (Autoteile), Concord Custom Cleaners, Encore Books und Sera-Tec Biologicals. Er war Präsident der Hebräischen Universität von Israel. Zu seinen Kindern zählen seine Söhne Martin und Roger.

ALAN GREENBERG. New York. Alan „Ace" Greenberg war Vorsitzender von Bear Stearns und engagierte sich für zahlreiche jüdische Anliegen.

MAURICE GREENBERG. New York. Der unter dem Namen „Hank" Greenberg bekannte Versicherungsbaron übernahm die Kontrolle über American International (AIG) und war im Fernen Osten aktiv. Er spielt eine führende Rolle im einflussreichen Council on Foreign Relations (Rat für Auswärtige Beziehungen). Seine Kinder sind Jeffrey, Evan, Lawrence „Scott" und seine Tochter Cathleen.

GRUSS. New York. Joseph Gruss war in der Öl- und Gasexploration in Texas, Oklahoma und Wyoming tätig und gründete die Firma Gruss & Company, die sich mit Fusionen und Übernahmen im Öl- und Gasbereich befasst. Der Ehemann ihrer Tochter Evelyn, Kenneth Lipper, ist Rechtsanwalt, Investmentbanker und ehemaliger stellvertretender Bürgermeister von New York für Finanzen. Ihr Sohn Martin ist an Pferderennen beteiligt.

GUMENICK. Miami. Nathan Gumenick baute und besaß 10.000 Wohnungen und 500 Häuser in Miami und wurde damit zum ersten Bauträger von Wohntürmen im jüdischen Mekka des Ruhestands. Er war einer der Hauptunterstützer des U.S. Holocaust Memorial Museums während seiner Entwicklungsphase. Sein Sohn Jerome ist in der jüdischen Gemeinde in Richmond, Virginia, aktiv.

HAAS. Die Mitglieder dieser unermesslich reichen Familie sind die Erben des Vermögens der Levi-Strauss-Kleidung. Insgesamt macht der kombinierte Reichtum der verschiedenen Familienmitglieder sie zweifellos zur reichsten Familie des Landes.

HALPERN. Sam Halpern und sein Bruder Arie, Einwanderer polnischer Herkunft, die nach Amerika gekommen waren, waren stark am Bau von Ferienhotels in Israel beteiligt. Es ist offensichtlich, dass die Halperns ihr Vermögen auf dem Schwarzmarkt in der Sowjetunion und später in der Baubranche in den USA angehäuft haben.

HASSENFELD. New York-Rhode Island. Erben des Hasbro-Imperiums, Hersteller von Mr. Potato Head und GI Joe, dem größten Spielzeugunternehmen der Welt. Zu den Familienmitgliedern gehören Alan und Harold.

HASTEN. Indianapolis, Indiana. Hart und Mark Hasten haben eine Kette von 1.500 Genesungszentren aufgebaut und waren an dem Bank- und Immobiliengeschäft beteiligt, darunter die Familienholding Hasten Bancshares, Inc. Hart steht dem Likud-Block in Israel nahe.

HECHINGER/ENGLAND. Washington, D.C. Entstanden aus der Kette der Hechinger-Hartwarengeschäfte in der nationalen Hauptstadtregion, John Hechinger und Ross Hechinger. Richard England heiratete ein Mitglied der Hechinger-Familie. Ihr Sohn Richard war Mitglied des Exekutivausschusses des American-Israel Public Affairs Committee (AIPAC).

GOTTESFELD HELLER. Fanya Gottesfeld Heller, die Witwe des Investors Joseph Heller, beansprucht ihre Berühmtheit nicht nur aufgrund der Großzügigkeit ihres Mannes, die sie für jüdische Zwecke verteilt, sondern auch, weil sie weithin gepriesene Memoiren über ihre

Jahre als in der Ukraine geborene „Holocaust-Überlebende" verfasst hat.

HEYMAN. New York-Connecticut. Sam Heyman und seine Frau Ronnie (beide Absolventen von Yale und Harvard) kamen durch Sams Beteiligung an der GAF Corporation, einem großen Hersteller von Baumaterialien und Chemikalien, zu Wohlstand. 1991 trennte sich Sam von der Chemiesparte, die heute ein börsennotiertes Unternehmen ist, das unter dem Namen International Specialty Products bekannt ist. Frau Heyman (*geborene* Feuerstein, siehe FEUERSTEIN) war eine Kommilitonin von Hillary Rodham Clinton an der juristischen Fakultät.

HOCHBERG. New York und Chicago. Erben von Joseph Hochberg, der Children's Bargaintown USA leitete. Sein Sohn Larry ist Vorsitzender von Sportmart, einer Sportartikelkette.

HOFFMAN. Dallas, Texas. Edmund Hoffman hat sein Vermögen als erster Abfüller und Vertreiber von Coca-Cola (mit Sitz in Dallas) im Südwesten von Texas gemacht. Sein Sohn Richard ist ein bekannter Arzt in Colorado. Sein Sohn Robert ist einer der Gründer der humoristischen Zeitschrift *National Lampoon*.

JESSELSON. New York. Michael, Daniel und Benjamin sind die Erben von Ludwig Jesselson, der CEO des Unternehmens Philipp Brothers wurde, einem der weltweit größten Märkte für über 150 Rohstoffe, darunter Stahl, Rohöl, Chemikalien und Zement. Das Unternehmen wurde später von der internationalen Bank Salomon Brothers, Inc. aufgekauft.

KAPLAN. New York. Stanley Kaplan ist der Bildungsmagier, der die SAT-Trainingskurse ins Leben gerufen hat, mit denen sich Highschool-Schüler auf ihre Aufnahmeprüfungen an der Universität vorbereiten. Stanley gibt an, dass er sich besonders für die Ausbildung von „Führern" in der schwarzen und hispanischen Gemeinschaft interessiert, was für die einfachen schwarzen und hispanischen Führer bedeutet, schwarze und hispanische Persönlichkeiten auszubilden, die den Befehlen der jüdisch-amerikanischen Elite gehorchen.

KEKST. New York. Gershon Kekst leitet das Unternehmen für Finanz- und Unternehmenskommunikation Kekst and Company. Er hat einen Sohn, David, und eine Frau, Carol.

KLINGENSTEIN. New York. Zu den Erben von Dr. Percy Klingenstein, dem Leiter der chirurgischen Abteilung des dritten Generalkrankenhauses der US-Armee, gehören der Investmentbanker Frederick Klingenstein und John Klingenstein.

KRAFT. Boston. Als Besitzer der New England Patriots machte Robert Kraft ein Vermögen, indem er International Forest Products gründete, eines der größten privaten Papier- und Verpackungsunternehmen des Landes.

KRAVIS. Tulsa. Das Familienvermögen wurde von Raymond Kravis begründet, einem Öl- und Gasberater, zu dessen Kunden Joseph P. Kennedy und die von den Rockefellers kontrollierte Chase Bank gehörten. Seine Söhne Henry und George taten sich mit ihrem Cousin George Roberts zusammen und verhalfen ihrer Firma Kohlberg Kravis Roberts & Company im Zuge der fremdfinanzierten Firmenübernahmen der 1980er Jahre zu internationalem Ruhm und Vermögen. Sie erwarben etwa 36 Unternehmen, darunter auch RJR Nabisco. Das Kohlberg-Kravis-Team war eng mit der damaligen republikanischen Politik verbunden.

KRIPKE. Omaha. Eine gute Beziehung! Myer Kripke war ein Rabbiner aus Omaha, Nebraska, dessen Frau Dorothy Kinderbücher schrieb. Der Ehefrau des legendären (nichtjüdischen) milliardenschweren Investors Warren Buffet, der in Omaha ansässig war, gefielen die Bücher von Frau Kripke, und die beiden Frauen wurden Freundinnen. Daraufhin wurden die Kripkes eingeladen, „bescheidene Investoren" in Buffets Firma Berkshire Hathaway zu werden, und verdienten einen Haufen Geld. Ihr Sohn Paul ist Professor für Philosophie in Yale.

LAUDER. New York. Leonard und Ronald Lauder sind die Erben des Kosmetikvermögens von Estee Lauder. Ronald war außerdem US-Botschafter in Österreich und Vorsitzender des Jüdischen Nationalfonds. Er kandidierte 1989 für die Republikaner für das Amt des Bürgermeisters von New York.

THOMAS H. LEE. Boston. Thomas H. Lee, ein Betreiber von fremdfinanzierten Aufkäufen, hat viel Geld verdient, als er seine Limonadenfirma Snapple an Quaker Oats verkaufte. Heute ist er, wie alle gut erzogenen jungen Juden, Philanthrop.

LEHMAN. Skokie, Illinois. Nicht zu verwechseln mit der deutschjüdischen internationalen Bankiersfamilie „Our Crowd" aus New York, verdiente die Familie Lehman - angeführt von Kenneth Lehman - ihr Geld mit einem Familienunternehmen, Fel-Pro Incorporated, einem Hersteller von Autoersatzteilen. Zu seiner Verteidigung sei gesagt, dass Lehman kein Sklaventreiber ist. Sein Unternehmen bietet seinen Mitarbeitern zahlreiche Vergünstigungen und alle Arten von Geldgeschenken und Stipendien.

PRIESTER. Connecticut. Marvin und Murray Lender sind Bagel-Magnaten. Sie verkauften ihr Unternehmen für tiefgefrorene Bagels 1984 an Kraft Foods und widmen ihr Vermögen nun jüdischen Zwecken.

LEVENTHAL & SIDMAN. Boston. Als Partner von Beacon Properties, dem größten Immobilieninvestmentfonds der USA, brachten Edwin Sidman und Alan Leventhal ihr Unternehmen 1994 an die Börse und weiteten ihre Interessen landesweit aus. Leventhal war eng mit den politischen Aktivitäten von Bill Clinton verbunden.

LEVIN. New York. Gerald Levin, der CEO des von der Bronfman-Familie kontrollierten Time-Warner-Imperiums wurde, war zunächst Untermieter von Lewis Strauss, dem jüdischen Leiter der Atomenergiekommission. Obwohl nichts in den öffentlichen Archiven darauf hindeutet, ist es sehr wahrscheinlich, dass Levin und Strauss dazu beigetragen haben, Israel bei der Entwicklung von Atomwaffen zu „helfen". Heute ist Levin Mitglied des Rates für Auswärtige Beziehungen, der von Rockefeller und finanziert wird. Eine wichtige Medienfigur, in der Tat.

LEVINSON. New York. Morris Levinsons Witwe Barbara wurde zu einer Führungsfigur der jüdischen Gemeinde, indem sie den Reichtum verteilte, den Morris als Lebensmittel- und Kosmetikkonglomerat, das mit Nabisco fusionierte, angehäuft hatte. Morris ist auch einer der Gründer des Zentrums für Demokratische Studien, das als „die erste Denkfabrik" beschrieben wird. Sein Sohn Adam hat seinen Sitz in Tallahassee, Florida, ist aber auf nationaler Ebene in jüdischen Angelegenheiten aktiv. Sohn Joshua ist Professor an der Hebräischen Universität. Tochter Judy ist mit John Oppenheimer verheiratet.

LEVY. Dallas, Texas. Die Brüder Irving, Milton und Lester Levy kontrollieren die Firma NCH Corp., die Reinigungsprodukte herstellt und an Hotels, Regierungsbehörden und Industrieunternehmen vertreibt. Ihre vier Söhne arbeiten ebenfalls im Familienunternehmen.

LEON LEVY. New York. Als führendes Mitglied der sephardisch-jüdischen Elite Amerikas (die Stephen Birmingham in seinem Buch *The Grandees* würdigte) machte Leon Levy sein Vermögen als Geschäftsführer von Urban Substructures, Inc., die am Bau und an der Planung zahlreicher prominenter Immobilien in New York City beteiligt war. Levy war außerdem Vorsitzender der Konferenz der Präsidenten der wichtigsten jüdischen Organisationen in den USA. Seine Kinder sind Mark, Mimi, Judy und Janet. Seine Frau Elsi ist Berufsmusikerin.

LIPPERT. New York. Albert und Felice Lippert verdienten Millionen, indem sie Millionen von Menschen beim Abnehmen halfen. Gemeinsam mit Jean Nidetch, einer korpulenten jüdischen Hausfrau, die Selbsthilfegruppen für Diäten ins Leben gerufen hatte, gründeten sie Weight Watchers International und verkauften das florierende Unternehmen 1978 an Heinz Foods. Söhne Keith und Randy.

LISTE. New York. Albert List vertrieb erfolgreich Apps, dann diversifizierte er und übernahm die Kontrolle über die Hudson Coal Company und setzte ein Konglomerat zusammen, zu dem auch die Kinokette RKO gehörte.

LOEB. New York. Der inzwischen verstorbene Carl Morris Loeb verdiente Millionen mit der American Metal Co. und gründete später Loeb Rhoades (heute Shearon Lehman/American Express). Carls Sohn John heiratete die Tochter von Arthur Lehman von der Lehman Brothers Bank. John Loeb hatte zwei Söhne, Arthur und John Jr (der als US-Botschafter in Dänemark tätig war), und seine Tochter Ann heiratete Edgar Bronfman und hatte als Sohn Edgar Bronfman Jr. Diese Ehe zwischen jüdischen Familien ist ein Beispiel dafür, wie die jüdische Elite ihren Reichtum sozusagen „im Stamm" behielt. Diese Familie Loeb ist übrigens nicht zu verwechseln mit der Familie Loeb des Bankimperiums Kuhn Loeb, einem weiteren jüdischen Vermögen.

LOWENBERG. San Francisco. Der Holocaust-Überlebende William Lowenberg, der die Lowenberg Corporation leitet, ist ein wichtiger Immobilienentwickler in San Francisco. Sein Sohn David führt den Namen der Familie und ihr Engagement für jüdische Geschäfte fort.

MACK. New York. H. Bert Mack begann mit Abrissarbeiten und war für große Einsätze an den Standorten verantwortlich, an denen die Vereinten Nationen, die New Yorker Weltausstellung und die Triboro Bridge errichtet wurden. Die Mack Company ist heute ein bedeutender Immobilienentwickler. Seine Söhne sind Earl, Bill, David und Fred.

MANDEL. Cleveland. Morton, Jack und Joseph Mandel gründeten die Premier Industrial Corporation, die heute ein wichtiger Akteur bei der Herstellung seltener elektronischer Produkte ist. Sie fusionierten Premier mit Farnell Electronics, einem britischen Unternehmen, zu Premier Farnell PLC.

MARCUS. Dallas. Es handelt sich um die Familie des berühmten Kaufhauses Nieman-Marcus. Obwohl das Unternehmen 1969 verkauft wurde, blieb Stanley Marcus mehrere Jahre lang im Vorstand. Er war auch Präsident der American Retail Federation.

BERNARD MARCUS. Atlanta. Das Home Depot-Imperium, das größte des Landes, ist das Werk von Bernard Marcus, dessen Kinder Fred, Morris und Suzanne die Erben des Vermögens sind.

MERKIN. New York. Hermann Merkin gründete die Investmentbank Merkin & Co. zu der auch sein Sohn Sol und sein Schwiegersohn Andrew Mendes gehören. Seine Tochter Daphne war Kolumnistin der *New York Times* und Romanautorin.

MEYERHOFF. Baltimore. Harvey Meyerhoff, ein Bau- und Einkaufszentrumsmagnat, war der erste Präsident des U.S. Holocaust Memorial Museum in Washington, D.C. und auch Präsident von United Way. Sein Sohn Joseph Meyerhoff II ist eine wichtige Persönlichkeit in Baltimore, ebenso wie seine Tochter Terry Rubenstein und Zoh Hieronimus, ein bekannter Radiomoderator.

MEYERSON. Dallas. Mort Meyersons Ruhmtitel ist seine Verbindung ation mit Ross Perot, von dem gesagt wird, dass er als Präsident von Electronic Data Systems und später als CEO der Perot Systems Corporation seine „rechte Hand" ist.

MILKEN. New York-Los Angeles. Die berüchtigten Milken-Brüder - Michael und Lowell - wurden durch die Finanzskandale der 1980er Jahre bekannt. Dennoch sind sie wichtige Figuren in der jüdischen Gemeinschaft weltweit und werden besonders von den

„Konservativen" respektiert, die die Piraterie und den Hyperkapitalismus à la Milken bewundern.

MILLSTEIN. New York. Ira Millstein ist Partner der einflussreichen New Yorker Anwaltskanzlei Weil Gotshal & Menges und hat an der Yale School of Management und der New York University School of Law gelehrt. Er war Mitglied in zahlreichen Regierungskommissionen und in der National Association of Corporate Directors.

MILSTEIN. New York City. Die von Morris Milstein gegründete Circle Floor Company verlegte die Böden des Rockefeller Centers und der Vereinten Nationen, doch Morris' Söhne Seymour und Paul bauten das Familienunternehmen, Milstein Properties, zu einer großen Immobiliengesellschaft aus, der Hotels, Büros und Wohnungen gehörten. Eine Zeit lang kontrollierten sie auch das internationale Imperium United Brands und 1986 kauften sie die Emigrant Savings Bank. Die Familienmitglieder Howard und Edward kontrollieren Douglas Elliman, ein Unternehmen, das Immobilien verwaltet und vermittelt, sowie die Liberty Cable Television Company.

MUSHER. New York. Sidney Musher war eine Führungskraft in der Pharmaindustrie, die eine wichtige Rolle bei der Öffnung des US-Marktes für israelische Produkte spielte. Seine Söhne David und Daniel sind Ärzte.

NAGEL. Los Angeles. Die Nagel Construction Company finanziert das Geschäft von Jack und Gitta Nagal, die beide den Holocaust überlebt haben. Ihre Kinder sind Ronnie, David und Careena, die in Los Angeles ansässig sind. Ihre Tochter Esther lebt in Englewood, New Jersey.

NASH. New York. Zusammen mit seinem Partner Leon Levy (siehe LEON LEVY) war Jack Nash einer der Gründer des erfolgreichen privaten Investmentfonds Odyssey Partners. Sein Schwiegersohn ist der Investor George Rohr. Jacks Frau Helen ist die anspruchsvolle Autorin von koscheren Kochbüchern.

NASHER. Dallas. Als weiteres Mitglied der jüdischen Elite von Texas war Raymond Nasher ein wichtiger Entwickler von Einkaufszentren, zu dessen Erfolgen auch der berühmte NorthPark zählt.

OFFIT. New York. Der ehemalige Direktor von Saloman Brothers, Morris Offit, gründete später seine eigene Investmentbank, die Offitbank, und seine eigene Investmentberatungsfirma, Offit Associates.

PERLE. Dallas. Der Optometrist Dr. Stanley Pearle hat ein Vermögen mit den berühmten Pearle Vision Centers gemacht, den größten Brillenhändlern der Welt.

PECK. New York. Stephen und Judith Stern Peck sind erstklassige jüdische Society-Mitglieder. Stephen war Vorstandsvorsitzender des berühmten Krankenhauses Mt. Sinai und Judith war Vorstandsvorsitzende der United Jewish Appeal-Federation. Ihre Schwiegertochter, Stephanie Rein, und ihr Sohn, Emmanuel, sind ebenfalls bekannte Namen in der jüdischen Geschäftswelt New Yorks.

PERELMAN. Geboren in Philadelphia, ist er Erbe von Belmont Industries. Der in Philadelphia geborene Ronald Perelman ist Erbe von Belmont Industries, einem Metallunternehmen, das zur Holdinggesellschaft für mehrere andere Unternehmen in der Region wurde, und kontrolliert heute über das MacAndrew & Forbes-Imperium hinweg mehr als 44 Unternehmen. Zu den bekanntesten Unternehmen, die er besitzt, gehören der Kosmetikriese Revlon, Coleman Co (stellt Campingausrüstung her), die California Federal Bank und Consolidated Cigar (stellt zahlreiche Zigarrenmarken her). Sein Sohn Steven ist in die Geschäfte der Familie involviert.

POLK. Chicago. Sam und Sol Polk gründeten die Kaufhäuser Polk Brothers, die bis zu ihrer Schließung im Jahr 1992 eine wichtige Rolle in der Metropolregion Chicago spielten, doch die Familie bleibt reich. Zu den Familienmitgliedern gehören Howard Polk, ein Börsenmakler, Roberta Lewis und Bruce Bachmann, ein leitender Angestellter im Immobiliengeschäft.

PRITZKER. Chicago. Hyatt Hotels, Royal Caribbean Cruise Lines, Continental und Braniff Airlines, das *McCall's* Magazine und die Unterhaltungskrake Ticketmaster - sie alle waren Teil des gigantischen Vermögens der Familie Pritzker. Der Familiengründer Nicholas war ein Einwanderer aus Kiew, der eine Anwaltskanzlei gründete, die er für seinen Aufstieg zu Reichtum und Macht nutzte. Seine Söhne Harry, Jack und Abraham sowie dessen Söhne Jay, Robert und Donald waren die „Großen" der Familie. Ihre Marmon-Gruppe ist auf den Kauf und die Umstrukturierung von Unternehmen in Schwierigkeiten spezialisiert.

RATNER. Cleveland-New York. Aus der Buckeye Material Company der Familie Ratner mit Sitz in Cleveland wurde Forest City Enterprises (heute Forest City Ratner Companies), die in ihrer Heimatstadt und in New York ein wichtiger Immobilienentwickler ist. Sie waren an der Neugestaltung der 42nd Street beteiligt. Zu den Familienmitgliedern gehören Charles, James, Ronald, Albert, Leonard und Max, der der Gründer der israelisch-amerikanischen Handelskammer war. Mark Ratner ist Professor für Chemie an der Northwestern University.

REDSTONE. Als „Rothstein" geboren, übernimmt Sumner Redstone die Kinokette seines Vaters. Der als „Rothstein" geborene Sumner Redstone übernahm die Kinokette seines Vaters und erweiterte sie auf fast 900 Filialen. Im Jahr 1987 orchestrierte er die fremdfinanzierte Übernahme von Viacom, Inc. Das Unternehmen ist eines der größten globalen Medienunternehmen und kontrolliert die Studios Paramount, Blockbuster Video, Simon & Schuster, Nickelodean und MTV. Seine Tochter Shari Redstone ist zunehmend in das Imperium ihres Vaters involviert.

RESNICK. New York. Jack und Pearl Resnick und ihr Sohn Burton haben ein Vermögen mit Immobilien in New York gemacht, indem sie Büros gekauft und renoviert haben. Ihre Tochter Marilyn ist mit Stanley Katz verheiratet und kümmert sich aktiv um jüdische Angelegenheiten in den USA und in Israel.

RIFKIND. New York. Simon Rifkind ist ein angesehener Rechtsanwalt und Partner der berühmten Elitekanzlei Paul, Weiss, Rifkind Wharton & Garrison. Er war „Berater" von General Dwight Eisenhower in Fragen wie dem Schicksal entwurzelter Holocaust-Überlebender und spielte eine führende Rolle bei der Lobbyarbeit für die Gründung Israels. Sein Sohn Robert, Partner der ebenso elitären Anwaltskanzlei Cravath, Swaine & Moore, war Präsident des American Jewish Committee.

ROSE. David Rose wurde in Jerusalem geboren, zog nach New York und gründete eine große und mächtige Immobilienfirma, Rose Associates. David Rose wurde in Jerusalem geboren, zog nach New York und gründete eine große und mächtige Immobilienfirma, Rose Associates, die Immobilien in New York sowie in Washington, D.C.,

Boston, Florida und Connecticut baute, besaß und/oder verwaltete. Seine Söhne Frederick, Daniel und Elihu sowie seine Enkel Adam und Jonathan sind heute für die Geschäfte des Rose-Imperiums verantwortlich.

ROSENWALD. Chicago-New Orleans. Julius Rosenwald machte ein Vermögen, indem er die Kontrolle über den Katalogriesen Sears & Roebuck übernahm. Sein Sohn Lessing verärgerte jedoch viele Mitglieder der amerikanisch-jüdischen Gemeinschaft, da er sich stark für antizionistische Anliegen einsetzte. Seine Tochter Edith, eine große Befürworterin der „Bürgerrechte" im Süden, die ihre Geschäfte in einer fabelhaften Villa in New Orleans betrieb, die von „Tara" in *„Vom Winde verweht"* inspiriert war, heiratete ein Mitglied der Stern-Familie. Seine Familie leitete das Medienimperium WDSU in New Orleans und war ein persönlicher Freund von Clay Shaw, der vom Staatsanwalt von New Orleans Jim Garrison wegen seiner Beteiligung am Mord an John F. Kennedy verfolgt wurde (siehe *Final Judgment* von diesem Autor, Michael Collins Piper, für weitere Einzelheiten über die seltsame Rolle der Stern-Familie in den Fällen um Shaw und den mutmaßlichen Attentäter Lee Harvey Oswald). Die Familie ist recht groß und bleibt im Immobiliengeschäft und im Kabelfernsehen aktiv.

RUDIN. New York. Jack und Lewis Rudin und ihre Kinder, darunter die Söhne William und Eric, leiten das Unternehmen Rudin Management, das Büro- und Wohngebäude in New York verwaltet.

SAFRA. New York-Monte Carlo. Obwohl der aus Syrien stammende Jude Edmond Safra vor mehreren Jahren in Monte Carlo bei einem mysteriösen Brand ums Leben kam (mit Behauptungen, dass das russisch-jüdische organisierte Verbrechen an seinem Tod beteiligt war), gibt es kein Geheimnis darüber, dass sein globales Bankenimperium, das auf der Republic New York Corp. und der in der Schweiz ansässigen Trade Development (die mit American Express fusionierte) beruhte, in der dunklen Welt der internationalen Finanzwelt sehr mächtig war. Das Familienimperium wird heute von seinen Brüdern Joseph und Moise und deren Erben kontrolliert.

SAUL. New York. Joseph Saul gründete die Modekette Brooks Fashion, die er 1984 mit großem Gewinn verkaufte. Heute setzt er seine Gewinne für zahlreiche jüdische Zwecke ein, insbesondere für israelische Interessen.

SAUNDERS. Boston. Donald Saunders' Firma Saunders Real Estate Corp. gehört das Park Plaza Hotel in Boston sowie eine Vielzahl weiterer Gewerbeimmobilien im Bay State. Seine Töchter Lisa und Pamela werden als Erben des Vermögens angesehen. Saunders ist mit der Schauspielerin Liv Ullman verheiratet.

SCHEUER. New York. Ein Gas- und Kohleunternehmen sowie Immobilien in New York begründen den Reichtum dieser Familie. Ein Mitglied der Familie, James, saß im Kongress. Walter ist Investmentmanager und Produzent von Dokumentarfilmen. Steven ist Medienkritiker. Amy ist Psychotherapeutin. Richard war Vorsitzender des Kuratoriums des Hebrew Union College und finanziert archäologische Ausgrabungen in Palästina.

SCHOTTENSTEIN. Columbus, Ohio. Dieses Einzelhandels- und Immobilienimperium ist bekannt für die Schottenstein Stores Corporation, Value City Department Stores, Value City Furniture und American Eagle Outfitters. Jay Schottenstein steht heute an der Spitze des Familienimperiums.

SCHUSTERMAN. Tulsa, Oklahoma. Charles Schusterman leitet Samson Investment Company, den größten unabhängigen Gasproduzenten mit Sitz in Oklahoma. Seine Tochter Stacy ist in das Familienunternehmen involviert. Sein Sohn Jay lebt in Colorado. Sein Sohn Hal lebt in Israel.

SELIG. Atlanta. Als Erbe des Immobilienentwicklers Ben Massell ist S. Stephen Selig über Selig Enterprises selbst ein wichtiger Bauunternehmer in Atlanta. Seine Tochter, Mindy Selig Shoulberg, ist eine wichtige Akteurin in der jüdischen Gemeinde der Stadt.

SILVERSTEIN. New York. Larry Silverstein, Sohn eines Immobilienmaklers, der zu einem großen Bauträger von Bürotürmen wurde, ist heute wahrscheinlich besser bekannt als der jüdische Betreiber, der kurz vor der Tragödie des 11. September die Kontrolle über die Pachtverträge des World Trade Center übernahm - ein Thema, das der Journalist Christopher Bollyn in *American Free Press*, der populistischen nationalen Zeitung mit Sitz in Washington, D.C., ausführlich behandelte. Gerüchte, die Silverstein mit der CIA und dem organisierten Verbrechen in Verbindung brachten, kursierten schon seit einiger Zeit.

SIMON. Indianapolis. Eines der fünf größten Einkaufszentrumsimperien des Landes - genau genommen das zweitgrößte - bildet die Grundlage für das Vermögen der Brüder Melvin und Howard Simon, die 62 Einkaufszentren und 55 Einkaufspassagen entwickelt haben. 1996 wuchs ihr Vermögen weiter an, als sie mit der (nichtjüdischen) DeBartolo Realty Corp. fusionierten. Mel ist Miteigentümer des Basketballteams der Pacers und hat „Trash"-Filme wie *Porky*'s produziert. Sein Sohn David, der als Investmentbanker bei CS First Boston und Wasserstein, Perella, tätig war, spielt nun eine Rolle im Familienunternehmen, zu dem auch die berühmte Mall of America in Minneapolis gehört, die zeitweise sicherlich das größte Einkaufszentrum Amerikas war.

SKIRBALL. Los Angeles. Jack Skirball war Rabbiner, Immobilienentwickler und Filmproduzent - drei Berufe, die anscheinend für alle guten jüdischen Jungs interessant sind. Seine reiche Familie ist nach wie vor in jüdischen Geschäften in Kalifornien aktiv.

SLIFKA. New York City. Die Halcyon/Alan B. Slifka Management Company versorgt die Familie mit dem Geld, das sie braucht, um in jüdischen Geschäften in New York aktiv zu bleiben.

CHARLES E. SMITH. Washington, D.C. Lassen Sie sich nicht von ihrem Namen täuschen. Robert Smith und sein Schwager Robert Kogod leiten heute ein Imperium, zu dem der Apartmentkomplex Crystal City in Arlington, Virginia, und Skyline City in Virginia gehören.

RICHARD SMITH. Boston. Die in Neuengland ansässige Kinokette General Cinema expandierte und übernahm die Kontrolle über Neiman-Marcus (das in Dallas ansässige Kaufhaus) sowie Harcourt Brace Publishing (heute Harcourt General). General Cinema ist heute unter dem Namen GC Cos bekannt. Robert Smith, Richards Sohn, übernahm die Geschäfte der Familie. Die Familie wird als „sehr diskret" beschrieben.

SONNABEND. Boston. Robert, Paul und Stephanie Sonnabend sind die Geschäftsführer der Sonesta International Hotels Corporation. Sie besitzen etwa 19 Hotels, darunter auch das in Kairo, Ägypten.

SPERTUS. Chicago. Die Herstellung von Bilderrahmen - über die Metalcraft Corporation (später Intercraft Industries Corporation) - brachte der Familie ein Vermögen ein.

SPIELBERG. Los Angeles. Jeder kennt den Namen Stephen Spielberg, die Filmlegende, die für eine Vielzahl von populären Filmen verantwortlich ist, nicht zu vergessen *Schindlers Liste*. Sein wichtigstes Unternehmen ist Dreamworks SKG. Amblin Entertainment ist ein weiterer Teil des Spielberg-Imperiums.

MARY ANN STEIN. Indianapolis. Mary Ann Stein, Erbin von Bankiers und Geschäftsleuten, ist so aktiv in liberalen Anliegen, dass sie Präsidentin des New Israel Fund wurde, einer Organisation, die sich der Förderung des „Liberalismus" in der israelischen Gesellschaft widmet - ein Anliegen, das zionistische Hardliner in gewissem Maße entflammt, wenn man die freundlichen Gesten des New Israel Fund gegenüber ethnischen Palästinensern bedenkt (siehe auch FRIEDMAN.) SAM STEIN. Jacksonville, Florida. Sam Stein gründete das Geschäft Steinmart in Mississippi und sein Sohn Jay baute eine Kette von 150 Geschäften in 21 Staaten auf, die sich auf „hochpreisige, überteuerte Waren" spezialisiert haben. Jays Frau Cynthia ist Kunstlehrerin und beteiligt sich aktiv an den jüdischen Angelegenheiten in Jacksonville.

STEINBERG. New York. Saul Steinberg machte sein Vermögen mit Leasco, einer Firma für Computervermietung, und später mit Reliance Insurance, die er 1968 kaufte. Sein Bruder Robert und sein Schwager Bruce Sokoloff haben sich stark in die Familiengeschäfte eingemischt. Seine Tochter Laura ist mit Jonathan Tisch vom mächtigen Medienimperium Tisch (siehe TISCH) verheiratet. Sein Sohn Jonathan ist Eigentümer von Financial Data, das die Zeitschrift *Individual Investor* herausgibt.

STEINHARDT. New York. Der Hedgefonds-Manager und Magnat Michael Steinhardt hat eine „Leidenschaft", heißt es: die „jüdische Kontinuität". Selbst, obwohl er laut dem Magazin *Avenue* „ein bekennender Atheist" ist, bleibt Steinhardt „einer der größten amerikanischen Verfechter der jüdischen und israelischen Anliegen". Er ist einer der Finanziers von *Forward*, der einflussreichen jüdischen Wochenzeitung mit Sitz in New York.

STERN & LINDENBAUM. New York. Leonard Stern ist Erbe des Hartz Mountain-Vermögens (Produkte für Haustiere), besitzt die „liberale" Zeitung *Village Voice* und ist in verschiedenen Immobilienunternehmen engagiert. Sein Sohn Emanuel leitet das SoHo Grand Hotel und ist mit der einflussreichen Familie Peck (siehe PECK) verheiratet. Der Reichtum von Leonards Schwiegermutter Ghity Amiel Lindenbaum trägt ebenfalls zum Familienvermögen bei.

STONE. Cleveland. Irving, Morris und Harry Stone waren die Erben der American Greetings (card) Corporation. Die Cartoon-Figur „Ziggy" ist einer ihrer Beiträge zur Populärkultur.

STONEMAN. Boston. Samuel Stoneman war stellvertretender Vorstandsvorsitzender der General Cinema Corporation. Seine Töchter sind Jane Stein und Elizabeth Deknatel. Sie leiten die Familienstiftung.

AARON STRAUS. Baltimore. Das Vermögen der Familie beruht auf der staatlichen Reliable Stores Corporation. Sie leisten einen großen Beitrag zu „guten" Zwecken in der Region Baltimore.

NATHAN & OSCAR STRAUS. New York City. Erben des Vermögens der Kaufhäuser R. H. Macy und Abraham & Straus. Oscar Straus II und Oscar Straus III sind heute Schlüsselfiguren der Familie.

STRAUSS. Dallas. Der ehemalige nationale Vorsitzende der Demokratischen Partei und US-Botschafter in Russland, Robert Strauss, ist ein sehr einflussreicher Anwalt der Kanzlei Akin, Gump, Strauss, Hauer & Feld. Als Sohn des Kaufmanns Charles spielte Robert Strauss eine Schlüsselrolle dabei, Lyndon Johnson zum Präsidenten zu machen. Die Ehefrau seines Bruders Ted, Annette, war Bürgermeisterin von Dallas.

STRELITZ. Norfolk, Virginia. Die in Virginia ansässige Möbelkette Haynes ist der Grund für den Reichtum dieser Familie. E. J. Strelitz ist der Geschäftsführer des Unternehmens.

SWIG. San Francisco. Dieser Familie gehören das Fairmont Hotel in San Francisco und weitere Fairmonts im ganzen Land. Das Plaza Hotel ist eines der Kronjuwelen der Familie. Benjamin Swig und sein Sohn Melvin eröffneten das erste Einkaufszentrum der USA. Ben war im Bereich der Gewerbeimmobilien mit Jack Weiler (siehe ARNOW-WEILER) verbandelt. Bens Bruder Richard und Bens Söhne Kent,

Robert und Steven sind in die Aktivitäten der Familienstiftung involviert, ebenso wie ein Schwager, Richard Dinner.

SYMS. New York. Syms, der die Syms Corp. leitet, die eine Kette von 40 Geschäften besitzt, in denen Designermarken zu reduzierten Preisen verkauft werden, hat seinen Sohn Robert und seine Tochter Marcy in das Familienunternehmen einsteigen lassen. Marcy war früher Vizepräsidentin des American Jewish Congress. Die Familie stieg auch in das Immobiliengeschäft ein.

TAUBER. Detroit. Joel Tauber hat in der Fertigungsindustrie ein Vermögen gemacht: Key Fasteners, Key Plastics (Autoteile), Keywell Corporation (Schrott) und Complex Tooling & Molding (Teile Computer). Sein Sohn Brian ist am Familienunternehmen beteiligt. Seine Tochter Ellen Horing ist Fondsmanagerin in New York. Eine weitere Tochter, Julie McMahon, arbeitet mit benachteiligten Kindern.

TAUBMAN. New York. Als Entwickler großer Einkaufszentren im ganzen Land hatte Taubman frühe Geschäftsbeziehungen mit Max Fisher aus Detroit (siehe MAX FISHER) und war eng mit Leslie Wexner (siehe WEXNER) von The Limited Stores verbunden. Taubman war am Kauf und Verkauf der Irvine-Ranch in Südkalifornien beteiligt. Taubman kaufte das Auktionshaus Sotheby's und wurde wegen Preisabsprachen zu einem Jahr Gefängnis verurteilt. *Vanity Fair* berichtete Ende 2002, dass Taubman unter seinen Mithäftlingen eine beliebte Figur war. Seine Söhne William und Robert sind wichtige Akteure im Familienimperium.

TISCH. New York. Als wichtigste Unterstützer Israels, die heute vor allem für ihre Kontrolle über das audiovisuelle Imperium CBS bekannt sind, zählten Lawrence und Preston Tisch zu den mächtigsten Juden Amerikas, obwohl Lawrence vor kurzem verstorben ist. Loews, CAN Financial, Lorillard und Bulova sind alle Teil des Tisch-Imperiums. Lawrence hatte die Söhne James, Daniel, Tom und Andrew, wobei letzterer im Exekutivausschuss des American Israel Public Affairs Committee sitzt. Preston, dem die Mannschaft der Giants gehört, war früher Postminister der Vereinigten Staaten. Sein Sohn Steve ist Filmemacher und sein Sohn Jonathan ist Präsident der Loew's Hotels.

TISHMAN. New York City. Zu dieser Bauherrenfamilie gehören David, Norman, Paul, Louis und Alex. Viele Familienmitglieder sind in jüdischen Geschäften sehr aktiv. Nina Tishman Alexander und ihr

Ehemann Richard Alexander sowie Bruce Diker, ein weiterer Erbe der Familie, gehören zu den Familienmitgliedern, die sich für verschiedene Zwecke engagieren.

WASSERMAN. Los Angeles. Der verstorbene Lou Wasserman, langjähriger Chef des Unterhaltungskonglomerats MCA, war zusammen mit seinem Partner Jules Stein einer der Paten des (filmischen und politischen) Aufstiegs von Ronald Reagan. Er wurde als „König" von Hollywood bezeichnet.

WEILL. New York. Als Vorstandsvorsitzender und Geschäftsführer der Travelers Group ist Sanford Weill einer der reichsten jüdischen Magnaten Amerikas. Sein Sohn Marc steht an der Spitze von Travelers. Seine Tochter Jessica Bibliowicz leitet Smith Barney Mutual Funds.

WEINBERG. Baltimore-Hawaii. Harry Weinberg begann im öffentlichen Nahverkehr in Baltimore und expandierte dann nach Hawaii, wo er in den 1950er Jahren, als der Flugtourismus zu den Inseln boomte, zu einem wichtigen Akteur im Immobiliengeschäft wurde.

WEINER. New York. Walter Weiner, Präsident und geschäftsführender Direktor der Republic National Bank of New York und der Republic New York Corporation - gegründet von Edmond Safra (siehe SAFRA) - war einer der Gründungspartner von Kronish, Lieb, Weiner & Hellman. Seine Söhne sind John und Tom.

WEXNER. New York-Columbus, Ohio. Leslie Wexner besitzt alles: The Limited, Express, Lerners, Victoria's Secret, Henry Bendel, Abercrombie & Fitch, Bath and Body Works und Lane Bryant. Er kümmert sich besonders um die Ausbildung der zukünftigen jüdischen Führungskräfte.

WINIK. New York. Elaine Winik war die erste weibliche Präsidentin der Federation of the United Jewish Call und Präsidentin des United Jewish Call.

Seine Tochter Penny Goldsmith ist eine wichtige Figur in der AIPAC und der ADL. Das Vermögen der Winiks wurde mit der Produktion von Handtaschen gemacht.

WINTER. Milwaukee. Elmer Winter gründete Manpower, die Zeitarbeitsfirma mit 1.000 Büros in 32 Ländern. Er spielte auch eine aktive Rolle bei der Entwicklung der Handelsbeziehungen zwischen den USA und Israel und war nationaler Direktor des American Jewish Committee.

WOLFENSOHN. New York. James Wolfensohn wurde in Australien geboren und in London zum Investmentbanker ausgebildet. Er wurde geschäftsführender Teilhaber bei Salomon Brothers in New York. Im Jahr 1995 wurde er zum Leiter der Weltbank ernannt, einer wahrhaft jüdischen Zentrale im Alleingang.

WOLFSON. Miami. Die Wolfson-Meyer Theater Company wurde zu Wometco und 1984 von Kohlberg, Kravis, Roberts & Company aufgekauft, nachdem sie sich in den 1920er Jahren als Pionier des Kinos und der Fernsehübertragung etabliert hatte. Die Investmentgesellschaften Wolfson Initiative Corporation und Novecentro Corporation sind Teil des Familienimperiums. Zu den Familienmitgliedern gehören Louis III. und Mitchell. Der bekannteste Wolfson ist der berüchtigte Louis, der in einen unangenehmen Skandal verwickelt war, in den der ehemalige Richter am Obersten Gerichtshof der Vereinigten Staaten, William O. Douglas, der Geld von der Stiftung der Wolfson-Familie erhielt.

ZABAN. Atlanta. Mandle Zaban, sein Bruder Sam und sein Sohn Erwin gründeten aus einem Wartungsunternehmen die Firma Zep Manufacturing, aus der später die National Service Industries hervorgingen, die heute von Erwin geleitet wird, der früher Direktor der Anti-Defamation League war.

ZALE. Texas. Morris Zale schuf eine der größten Juwelierketten der Welt, doch das Unternehmen wurde 1987 verkauft. Die Erben David, Marjory, Stanley und Janet sind in jüdischen Geschäften aktiv. Die beiden Söhne sind immer noch in der Schmuckbranche tätig.

ZARROW. Tulsa, Oklahoma. Henry und Jack Zarrow stellen über die Sooner Pipe and Supply Corporation Teile und Zubehör für Ölanlagen her.

ZILKHA. Als echte „globale" jüdische Familie sind die Zilkhas die Erben der Internationalen Zilkha-Bank, die die größte private Handelsbank der arabischen Welt war. Nach der Gründung Israels zog die in Bagdad ansässige französischsprachige Familie in den Westen. Das Familienoberhaupt Ezra hat einen Sohn, Elias, und die Töchter

Donna Zilkha Krisel und Bettina-Louise. Als wichtige Akteure der kleinen sephardisch-jüdischen Elite in Amerika und aktiv in Israel, stiegen sie auch in die Rüstungsindustrie ein. Auch sie stiegen in die Waffenherstellung ein.

ZIMMERMAN. Boston-Atlanta-Palm Beach. Harriet Morse Zimmerman, Tochter eines Schuhfabrikanten aus Boston, war Vizepräsidentin der AIPAC und prahlte einmal arrogant, dass „der größte Spender Israels in der Welt der US-Kongress ist". Ihr Sohn Robert ist in Westport, Connecticut, tätig. Seine Tochter Claire Marx und sein Schwiegersohn Mark O'Leary sind ebenfalls stark in jüdischen Angelegenheiten engagiert.

Dies ist also ein Überblick über die mächtigsten jüdischen Familien in Amerika. Wie bereits erwähnt, ist diese Liste keineswegs vollständig. Es könnten noch viele weitere Namen in die Liste aufgenommen werden, in der Regel (sozusagen) weniger bekannte Namen aus einigen kleineren Städten und Orten des Landes.

Darüber hinaus lassen sich immer mehr mächtige und reiche jüdische Familien aus dem Ausland - aus Israel, dem Iran, Russland und anderen Ländern - an den Küsten der USA nieder.

Es wäre zwar bequem, aus literarischen Gründen sagen zu können, dass es „200" oder „300" oder „400" besondere Familien gibt - wie in manchen fantasievollen und verschwörungstheoretischen Büchern oder sogar wie in den Magazinen *Forbes* und *Fortune* -, aber das würde die Realität verraten.

Was wir hier in einem leicht lesbaren Format auf der Grundlage einer durchaus „respektablen" und sympathischen Quelle zusammengestellt haben, ist eine völlig akzeptable Darstellung des riesigen Spektrums an Reichtum und Macht, das in einer relativ kleinen Anzahl von Händen versammelt ist, einigen Familien, deren Gesichter und Namen der amerikanischen (oder weltweiten) Öffentlichkeit insgesamt größtenteils unbekannt sind.

Aber seien Sie versichert, dass sie mächtig sind und dass die Menschen hinter den Kulissen (und diejenigen, die politische Ämter innehaben) sehr genau wissen, wer diese Elite-Broker sind. Sie sind, wie bereits erwähnt, in der Lage, amerikanische Präsidenten und Politiker zu machen, und sie sind in der Lage, sie zu brechen. Sie sind wirklich diejenigen, die über Amerika, das neue Jerusalem, herrschen.

Und nun, bevor wir eine gründliche Untersuchung ganz spezifischer Fakten und Zahlen über den riesigen Reichtum und die Macht der zionistischen Elite vornehmen, machen wir noch einen kurzen Exkurs und betrachten einen besonders bekannten amerikanischen Unternehmer, der - obwohl er (soweit bekannt) kein Jude ist - seinen Aufstieg zu Ruhm und Reichtum tatsächlich der Unterstützung hinter den Kulissen durch einige der heute mächtigsten zionistischen Familien in den USA verdankt. Dabei handelt es sich um den einzigartigen Donald Trump.

Wer verbirgt sich hinter Trump

Die seltsame Geschichte des „Donald"

Nein, Donald Trump ist kein Jude, aber eine Untersuchung der Vorgeschichte dieses flamboyanten amerikanischen Unternehmers gibt überraschende Einblicke in Trumps Weg zu Macht und Einfluss, denn Tatsache ist, dass Trumps Aufstieg zum Star eine direkte Folge der Tatsache ist, dass er kaum mehr als ein bunter Strohmann für sehr reiche Sponsoren hinter den Kulissen war. Die Geschichte des farbenfrohen Geschäftsmanns (und nunmehrigen Fernsehstars) namens „The Donald" zeigt, wie nichtjüdische Einzelpersonen und Finanzinteressen durch das Sponsoring jüdischer Interessen zu Höchstleistungen aufsteigen können.

Jeder kennt natürlich Trumps Glücksspielgeschäfte und die weitreichenden Verbindungen der Glücksspielindustrie mit dem organisierten Verbrechen.

Die Geschichte geht jedoch noch viel weiter. In seinen eigenen Memoiren, *The Art of the Deal*, beschreibt Trump stolz, wie er 1987 seine ersten Anteile an Kasinos erwarb, indem er 93 Prozent der stimmberechtigten Aktien des Glücksspielunternehmens Resorts International kaufte.

Was Trump seinen Lesern nicht sagt, ist das, was der verstorbene Andrew St. George in *The Spotlight* am 30. Oktober 1978 (und in der vorherigen Ausgabe vom 25. September 1978) berichtete: dass Resorts International von Strohmännern der Familien Rockefeller und Rothschild und ihren „Handlangern" von der CIA und ihrem verbündeten Geheimdienst, dem israelischen Mossad, gegründet und kontrolliert wurde.

Der *Spotlight-Bericht* konzentrierte sich auf die Aktivitäten von Resorts International und vermittelte den Lesern einen Überblick über die

Erpressung von „festen" Spielen, die von Elementen der Unterwelt durchgeführt werden.

Was den Bericht so brisant machte, war, dass diese Zeitung darauf hinwies, dass die illegal manipulierten Kasinos unter Absprache mit „angesehenen" Politikern, Vertretern der Strafverfolgungsbehörden, Wall-Street-Finanziers, die Kredite zur Finanzierung der Spielbanken gewährten, und den prominenten Betreibern der Spielbanken selbst betrieben wurden.

Wie St. George betonte, gingen viele dieser Kasinos, die von der Mafia über verschiedene Strohmänner betrieben wurden, in Wirklichkeit eine *De-facto-Partnerschaft* mit Mafiosi hinter den Kulissen ein, die der CIA und dem Mossad dabei halfen, massiv Drogen- und Glücksspielgewinne zu waschen, die in geheime Operationen der beiden verbündeten Geheimdienste geleitet wurden. Im Gegenzug sorgten die CIA und der Mossad, indem sie ihren eigenen Einfluss geltend machten, für den „Schutz" der illegalen Glücksspieloperationen, die auf der Website fixiert waren, und hinderten so die Strafverfolgungsbehörden daran, gegen diese Korruption vorzugehen.

Wie passt der zukünftige Präsident Donald Trump in dieses Bild? Um die Antwort zu finden, müssen wir einen Blick auf die dunklen Ursprünge von Resorts International werfen.

Tatsächlich ging Resorts aus einer CIA-Tarnfirma hervor, die Anfang der 1950er Jahre vom damaligen CIA-Direktor Allen Dulles und seinem engen Partner Thomas E. Dewey gegründet wurde. Thomas E. Dewey war drei Amtszeiten lang Gouverneur des Bundesstaates New York und politischer Funktionär des sogenannten „Rockefeller-Republikanischen Flügels" der GOP.

Bei der fraglichen Scheinfirma handelte es sich um die Mary Carter Paint Company mit dem harmlosen Namen, die eigentlich eine landesweite Kette von Farbengeschäften betrieb, aber als geheime Geldwäscheoperation der CIA eingerichtet worden war.

1958-59 verwendeten Dewey und eine Reihe von Geschäftspartnern 2 Millionen Dollar aus CIA-Mitteln, um eine Mehrheitsbeteiligung an der Crosby-Miller Corporation (die von James Crosby, einem Freund

Deweys, geleitet wurde) zu erwerben, die später mit Mary Carter fusionierte.

Die neue Firma wusch unter anderem CIA-Gelder, um antikastristische Exilkubaner zu bewaffnen. Die Firma stieg auch in lukrative Casinogeschäfte in der Karibik ein, wo die CIA damals sehr aktiv war und das Verbrechersyndikat Lansky in Verschwörungen verwickelt hatte, die heute weitgehend dokumentiert und allen bekannt sind und sich gegen Premierminister Fidel Castro richteten, der die Mafia verärgert hatte, indem er ihre kubanischen Glücksspielunternehmen schloss.

Es ist daher nicht überraschend, dass 1963 Alvin Malnik, einer der wichtigsten Handlanger von Meyer Lansky, dem Boss des Verbrechersyndikats, eng mit den Aktivitäten von Mary Carter Paint verbunden war.

Stellen Sie sich vor, wie viele gesetzestreue Amerikaner Mary Carters Malprodukte kauften und überrascht gewesen wären, als sie erfuhren, dass sie zur Finanzierung einer gemeinsamen Operation der CIA und der Mafia beitrugen, die sich hinter dem lächelnden Gesicht einer „typischen amerikanischen Hausfrau" verbarg, der fiktiven „Mary Carter", deren Gesicht ihre Produkte zierte.

1963 trennte sich Mary Carter Paint von seiner Malereiabteilung und begann in den folgenden Jahren mit dem Ausbau des Casinogeschäfts, vor allem auf den Bahamas.

1967-68 änderte Mary Carter Paint offiziell ihren Namen in Resorts International und begann mit einer massiven internationalen Expansion. Das Spotlight stellte fest, dass mehrere Hauptinvestoren die nötigen Mittel und Vermögenswerte für das Unternehmen bereitstellten:

- Meyer Lansky, bekannt als „Vorstandsvorsitzender" und Hauptfinanzier des Unterwelt-Spielsyndikats, der nicht nur langjährige Verbindungen zu Israel und dem Mossad, sondern auch zur CIA und der US-Geheimdienstgemeinschaft unterhielt;

- David Rockefeller, Chef des Rockefeller-Finanzimperiums, der den Einfluss seiner Familie und seine Beziehungen zur CIA und zu den globalen Banken zur Verfügung stellte, um zu der Operation beizutragen;

- Der Investors Overseas Service (IOS), damals das größte Luftkapitalkonglomerat der Welt, kontrollierte Vermögenswerte im Wert von 2,5 Milliarden US-Dollar. Nomineller Chef des IOS war der farbenfrohe Bernard Cornfeld. Cornfeld selbst war jedoch nur der Strohmann von zwei Direktoren hinter den Kulissen:

- Tibor Rosenbaum, der nicht nur der wichtigste Finanzier des in der Schweiz ansässigen Mossad war und für geheime Waffenverkäufe zuständig war, sondern auch der Chef der Internationalen Kreditbank in Genf, der wichtigsten europäischen Geldwäscherei des Lansky-Syndikats, war; und

- Baron Edmond de Rothschild aus der europäischen Bankenfamilie und persönlicher Geschäftspartner Rosenbaums in Rosenbaums mit dem Mossad verbundenen Unternehmen, die sehr weit gehen; und schließlich,

- William Mellon Hitchcock, einer der Erben des Vermögens der Mellon-Familie (eines der größten privaten Familienvermögen in Amerika, das viele Jahre lang auch enge Verbindungen zur CIA unterhielt).

Es war diese Gruppe, die Resorts International kapitalisierte, die mithilfe eines umfangreichen PR-Programms, unterstützt und gefördert von den US-Medien, den Mythos förderte, dass das „neue" Unternehmen das Glücksspiel „säubere". Um dieses Märchen zu verbreiten, stellte das neue Unternehmen (zu exorbitanten Gehältern) eine Reihe ehemaliger FBI- und CIA-Agenten sowie Juristen des Justizministeriums ein, die der Welt versicherten, dass die von Resorts International betriebenen Glücksspiele „syndikatsfrei" und „familienfreundlich" seien, auch wenn die Fakten nicht stimmten.

Resorts International wuchs mit Riesenschritten und wurde schnell zu einem der profitabelsten Glücksspielunternehmen. 1970 begannen die Unterweltfiguren, die die Kasinos betrieben (zusammen mit ihren Partnern hinter den Kulissen), Maßnahmen zu ergreifen, um das Kasinospiel in den USA auszuweiten.

Mafiaboss Meyer Lansky berief ein hochrangiges Treffen der Mitglieder des Glücksspielsyndikats in Acapulco, New Mexico, ein, und dort bezeichneten die versammelten Mafiosi den im Niedergang befindlichen Badeort Atlantic City als ihr erstes neues Ziel. (Zuvor hatte die Mafia natürlich schon Nevada zum einzigen Vorposten für legales Glücksspiel auf amerikanischem Boden gemacht). Im Anschluss an dieses Treffen wurden die Ressourcen von Resorts International (öffentlich und privat) genutzt, um die Lobbykampagne zu starten, die schließlich zur Legalisierung des Glücksspiels in Atlantic City führte, und nachdem die Legislative von New Jersey den Gartenstaat geöffnet hatte, ließ sich Resorts dort nieder.

Als 1987 der CIA-Strohmann James Crosby, der nominell Resorts International leitete, starb, trat der junge New Yorker Immobilienmagnat Donald Trump auf den Plan und kaufte Crosbys Anteile an dem Glücksspielimperium auf.

Trump wurde schnell zu einem vertrauten Namen, mit seiner schillernden Persönlichkeit und seinem Beharren darauf, einer ganzen Reihe von Luxushotels, Wohnhäusern und anderen kommerziellen Unternehmen seinen Namen zu geben. Doch während der Name „Trump" die Schlagzeilen beherrschte, blieben die Namen der eigentlichen Macher von Resorts International der Öffentlichkeit verborgen. Angesichts der Ursprünge von Resorts International besteht kein Zweifel daran, dass Trump die Leitung des Unternehmens nicht hätte übernehmen können, wenn er nicht die diskrete Unterstützung derjenigen genossen hätte, die es gegründet haben.

Trump selbst hat seine Rolle bei Resorts International während der Zeit seines viel beachteten „Bankrotts" schließlich abgelegt, bleibt aber ein wichtiger Akteur auf der Finanzbühne und in der Glücksspielindustrie.

So ist Trump - eine wichtige Figur auf der amerikanischen Bühne - zwar offensichtlich nicht jüdischer Abstammung, aber er verdankt zweifellos der Schirmherrschaft der zionistischen Elite viel. Und das sagt viel über die Wege der Macht in Amerika - dem neuen Jerusalem - aus. Gehen wir einen Schritt weiter und betrachten wir diejenigen, die definitiv die neue amerikanische Elite bilden.

Klare Fakten und Zahlen:

Die zionistische Macht in Amerika heute - aus jüdischen Quellen

Eine einleitende Anmerkung...

Auf den folgenden Seiten finden sich eine Vielzahl von Zitaten, die wörtlich aus einer ebenso großen Vielfalt verschiedener Quellen stammen, die fast alle von jüdischen Schriftstellern, Forschern, Journalisten und Akademikern stammen. In den seltenen Fällen, in denen diese Zitate nicht aus streng genommen jüdischen Quellen stammen, stammen sie dennoch aus Quellen, die man vage als „pro-jüdisch" oder „pro-zionistisch" bezeichnen könnte.

Keine dieser Quellen kann in irgendeiner Weise als „antisemitisch" bezeichnet werden, nicht einmal von der erlauchten Anti-Defamation League

Alle Zitate werden deutlich mit Fußnoten zitiert und sind direkt und ungekürzt, es sei denn, sie sind durch Ellipsen deutlich gekennzeichnet. Die fettgedruckten Überschriften, die vor jedem Zitat erscheinen, sind zusammenfassende Wörter, die vom Autor/Redakteur zu beschreibenden Zwecken und zur Unterteilung der verschiedenen Bereiche jüdischer und zionistischer Macht und Einflussnahme, die hier besprochen werden, ausgewählt wurden. Bitte beachten Sie, dass diese fettgedruckten Titel nicht Teil des Zitats selbst sind und von Forschern und Schriftstellern, die diesen Band als Nachschlagewerk verwenden, nicht als solche zitiert werden sollten.

Wir glauben, dass diese Sammlung von Zitaten das schlagkräftigste und informativste Konglomerat - aus neu veröffentlichten Büchern - ist, das jemals in der modernen Zeit zusammengestellt wurde, und zweifellos der prägnanteste und umfassendste Überblick über den Reichtum und die Macht derer, die im neuen Jerusalem herrschen.

Es gibt viele Dokumente zu diesem Thema, wenn man an den richtigen Stellen sucht, aber auf den Seiten dieses Buches finden Sie all dies eng miteinander verbunden an einem Ort, ein praktisches Nachschlagewerk für alle, die es wagen, sich in eines der kontroversesten Themen unserer Zeit zu vertiefen: Die zionistische Macht in Amerika.

Und so beginnen wir...

JÜDISCHE FINANZIERS PROFITIERTEN VON REAGAN

Der erste Bereich, in dem Juden im republikanischen Regime der 1980er Jahre wichtig werden, ist die Wirtschaftspolitik. Obwohl Juden im liberalen politischen Lager eine große Rolle spielten, wurde eine kleine Gruppe jüdischer Bankiers und Finanziers in den 1980er Jahren zu einem wichtigen Verbündeten der Reagan-Regierung und zu einem Schlüsselagenten ihrer Wirtschafts- und Steuerprogramme. Die Juden führten den Vorsitz bei der großen Ausweitung der Liquidität - Geld und Kredite -, die den Wirtschaftsboom und den Anstieg der Aktienwerte in der Reagan-Ära antrieb. Die Reagan-Regierung war angetreten, um die Tugenden des Wettbewerbs auf dem freien Markt und des ungehinderten Kapitalismus zu preisen und versprach, den nationalen Wohlstand durch Steuersenkungen, weniger staatliche Einmischung in die Wirtschaft und weniger schwerfällige staatliche Regulierung von Unternehmen wiederherzustellen. Jüdische Finanziers spielten eine entscheidende Rolle, indem sie der Regierung dabei halfen, ihre Versprechen einzuhalten. Im Gegenzug schützte die Verwaltung diese Finanziers eine Zeit lang vor den Angriffen ihrer korporatistischen und politischen Gegner.[15]

EINE SCHEINEHE

Bei der Umsetzung ihrer Politik fand sich die [Reagan]-Regierung in einem De-facto-Bündnis mit einer kleinen, aber mächtigen Gruppe jüdischer Bankiers und Finanziers wieder. Diese Gruppe von Personen schuf oder perfektionierte die neuen Finanzinstrumente, die zusammen

---

[15] Ginsberg, S. 189.

den Interessen der Regierung dienten, indem sie das Kreditangebot in den 1980er Jahren erhöhten, was wiederum den großen Bullenmarkt dieser Zeit anheizte.

Zum Beispiel perfektionierten jüdische Finanziers und Händler die Terminkontrakte auf Aktienindizes, die die Liquidität des Finanzsystems erheblich erhöhten, indem sie den Handel mit Wertpapieren mit hoher Hebelwirkung ermöglichten....

Jüdische Finanziers wie Saul Steinberg, Victor Posner, Carl Icahn, Nelson Pelz, die Familie Belzberg, Sir James Goldsmith und andere gehörten zu den Hauptakteuren bei diesen feindlichen Übernahmen.

Von den wichtigsten Akteuren auf dem Gebiet der Firmenübernahmen waren nur zwei - T. Boone Pickens und der in Cincinnati ansässige Carl Lindner - waren nicht jüdisch. Boone Pickens und Carl Lindner, mit Sitz in Cincinnati, waren nicht jüdisch.

Jüdische Arbitrageure - Ivan Boesky wurde der berühmteste von ihnen - spielten eine wichtige Rolle beim Erwerb riesiger Aktienpakete und erleichterten so die Übernahmeversuche.

Die Juden waren Pioniere des Programmaustauschs, der es Unternehmen unter anderem ermöglichte, überschüssige Einnahmen in ihren Rentenfonds zu generieren, die für andere Unternehmenszwecke verwendet werden konnten.

In den 1980er Jahren genossen die Reagan-Regierung und die jüdischen Finanziers eine perfekte Zweckehe. Die Regierung war bestrebt, das Wirtschaftswachstum zu fördern und den Wohlstand ihrer gehobenen Wählerschaft zu steigern, auch wenn dies auf Kosten der Arbeiter und Unternehmensleiter ging, deren Firmen geschluckt wurden oder schlichtweg bankrott gingen.

Die jüdischen Finanziers ihrerseits sehen eine beispiellose Gelegenheit, mit dem Segen und dem Schutz der Bundesregierung Reichtum und Macht zu erlangen.[16]

JÜDISCHE FINANZIERS UND RAMSCHANLEIHEN

Als Außenseiter am Rande des Bank- und Wertpapiersektors waren die Juden besser in der Lage, die neuen Möglichkeiten zu erkennen und zu nutzen, die sich aus der Deregulierung des Finanzwesens und dem permissiven Klima der Reagan-Ära ergaben. Während die traditionellen Investmentbanker ihren Kunden, die an Fusionen und Übernahmen beteiligt waren, Beratung und finanzielle Unterstützung anboten, waren die jüdischen Neueinsteiger bereit, sich selbst an solchen Übernahmen zu beteiligen. Die aufstrebenden Juden erkannten die unglaublichen Möglichkeiten, die in den Ramschanleihen steckten, die die etablierten Unternehmen verschmähten. Die Juden perfektionierten die Kunst der Risikoarbitrage, ein weiteres Gebiet, das von den WASPs der Wall Street brüskiert wurde. Die jüdischen Neuankömmlinge und einige ihrer nichtjüdischen Verbündeten sahen die Möglichkeit, hochriskante Anleihen zur Finanzierung feindlicher Übernahmeversuche zu nutzen.

Bei ihren Bemühungen genossen die jüdischen Finanziers den Segen und den Schutz der Reagan-Administration. Die Regierung umwarb die Finanziers und schützte sie vor einem feindlich gesinnten Kongress.[17]

PRAKTISCH ALLE SPEZIALISTEN FÜR ÜBERNAHMEANGEBOTE

Die Aktivitäten der jüdischen Finanziers, insbesondere ihre Beteiligung an der Übernahmewelle zwischen 1985 und 1986, in deren Verlauf fast ein Viertel der in der Fortune-500-Liste aufgeführten Unternehmen verschwand, stießen bei einer Reihe von Vierteln auf heftige Kritik....

---

[16] *Ibid.* S. 192.

[17] *Ibid*, S. 193

Viele Gegner Reagans in der Demokratischen Partei und in den liberalen Medien haben verstanden, dass es die faktische Allianz zwischen der Regierung und jüdischen Finanziers war, die es ermöglichte, genügend Geld und Kredite bereitzustellen, um die wirtschaftliche Expansion trotz der enormen Haushaltsdefizite, die sonst die Verfügbarkeit von Kapital für private Unternehmen eingeschränkt hätten, anzutreiben...... Es ist in den Büros der führenden Politiker des Landes offenbar nicht unbemerkt geblieben, dass fast alle Aufschwung-Spezialisten und ihre Geldgeber Juden waren.[18]

BEDUINEN AN BORD VON DÜSENFLUGZEUGEN

Syrische Juden, die sich in Brooklyn, New York, zusammengeschlossen haben, sind ebenfalls als eine wichtige Kraft in der Sportbekleidungsindustrie aufgetaucht, insbesondere Blue-Jeans-Linien wie Jordache und Gitano. In vielerlei Hinsicht stellen diese Newcomer eine Rückkehr zu einer noch älteren Tradition transnationaler jüdischer Geschäftsleute dar. Als Produkte einer ständig belagerten Gemeinschaft reisen sie wie Beduinen in Düsenjets um die Welt, mit wenig Loyalität über die Geschäfte ihrer unmittelbaren Familie hinaus.[19]

KALIFORNIEN, SIE KOMMEN...

... die jüdische Gemeinde im Großraum Los Angeles und in Kalifornien, die sich in den 1970er und 1980er Jahren mehr als verdoppelt hat, wächst weiter an Stärke und Größe und zieht Juden aus anderen Teilen der USA sowie [Juden aus dem Iran, Israel und Russland] an. Bis 1990 war die jüdische Bevölkerung von Los Angeles - das 1920 weniger jüdische Einwohner hatte als Buffalo im Bundesstaat New York - um mehr als 150.000 auf rund 600.000 Menschen angewachsen, womit die Stadt nach New York das

---

[18] *Ibid*, S. 194-197

[19] Joel Kotkin. *Tribus*. (New York: Random House, 1993), S. 51.

zweitgrößte Zentrum der Diaspora [jüdische Welt außerhalb Israels - Anm. d. Ü.] darstellte.[20]

MEDIEN: UNVERHÄLTNISMÄSSIGER EINFLUSS

Obwohl sie nicht die Medien und die Künste kontrollieren, wie einige Antisemiten suggerieren, üben Juden einen unverhältnismäßig großen Einfluss auf das Film- und Verlagswesen, die Werbung und das Theater aus. In den Medien waren laut einer Umfrage aus den 1970er Jahren ein Viertel der führenden Persönlichkeiten Juden, was mehr als dem Zehnfachen ihres Anteils in der Allgemeinbevölkerung entspricht.[21]

DIE WAHRE MACHT IN HOLLYWOOD

Die jüdische Macht in Hollywood konzentriert sich nicht mehr auf die Studiobesitzer, sondern auf die verschiedenen Agenten, unabhängigen Produzenten und Drehbuchautoren, die die Branche zunehmend dominieren, darunter Promoter wie Arnon Milchan, Michael Ovitz und David Geffen, ein ehemaliger [Künstler-]Agent und Plattenproduzent, den Forbes 1990 als „reichsten Mann Hollywoods" identifizierte. Die traditionellen jüdischen Fähigkeiten in Bezug auf Verkauf, Marketing und die Zusammenstellung der verschiedenen „Elemente", die für den Aufbau einer Produktion notwendig sind, bleiben wesentlich..... Margo Bernay, eine Handelsvertreterin einer Handwerksgewerkschaft, deren Familie in den 1930er Jahren aus den ehemaligen jüdischen Vierteln von East Los Angeles nach Hollywood zog, weist darauf hin, dass die traditionellen jüdischen Fähigkeiten im Verkauf, in der Vermarktung und in der Montage der verschiedenen „Elemente", die für den Aufbau einer Produktion erforderlich sind, nach wie vor von entscheidender Bedeutung sind:

„Wenn man sich die wahre Macht in dieser Stadt ansieht, sind es die Agenten, die Produzenten; sie wird nicht von den Studios ausgeübt. Früher besaßen die Studios die Talente; heute sind es die Talente, die die Studios besitzen. Dort sind also die Juden, die Kreativität, das

---

[20] *Ibid*, S. 61.

[21] Ibid.

Talent, der Glamour, die Macht. Das ist die sechel [Vernunft] Seite des Unternehmens, die Mentalität. Es ist der Teil des Unternehmens, der nicht die Grenzen hat, die man in großen Unternehmen findet - er gibt dir den Raum, den zu beanspruchen die Juden erzogen wurden".²²

DIE NEUE INVASION DURCH JÜDISCHE EINWANDERER

... Trotz wiederholter Vorhersagen ihres demografischen Verschwindens ist die jüdische Gemeinschaft in den USA weiter gewachsen; zwischen 1970 und 1990, angesichts der Zunahme von Mischehen und der niedrigen Geburtenrate, stieg die Zahl der sich selbst als Juden bezeichnenden Juden in Amerika um 300.000. Dieses geringe Bevölkerungswachstum ist zum Teil auf die groß angelegte Einwanderung aus Diasporagemeinden im Iran und in Südafrika zurückzuführen.

Die Auswanderung aus der Sowjetunion war mit insgesamt über 250.000 Personen am größten; 1991 warteten weitere 100.000 Personen mit Visum auf ihre Ausreise.

Die Gründe für die Bevorzugung der verhassten Galut oder des Exils sind unterschiedlich. Für einige machte die Anwesenheit von Verwandten in den USA, wo sich die bei weitem größte Gemeinde von Nachkommen russischer Juden befindet, den Unterschied aus.

Ein weiterer Faktor ist offen gesagt wirtschaftlicher Natur: Amerika, wo die Juden von allen großen ethnischen Gruppen am wohlhabendsten sind, bietet sowjetischen Juden, von denen die meisten gut ausgebildet sind, im Allgemeinen ein viel besseres Feld an Möglichkeiten als das winzige Israel.

Zweifellos haben sich die, die kamen, trotz der üblichen Anpassungsprobleme einigermaßen gut geschlagen. Innerhalb weniger Jahre verdiente die durchschnittliche sowjetisch-jüdische Familie [in

---

²² *Ibid.* S. 61-62.

Amerika] laut einer kürzlich durchgeführten landesweiten Erhebung mehr pro Jahr als die durchschnittliche amerikanische Familie.[23]

DIE ISRAELIS FINDEN EIN NEUES „LAND, IN DEM MILCH UND HONIG FLIESSEN

Angesichts ihres Erfolgs in Amerika sind nur wenige amerikanische Juden außerhalb der Vereinigten Staaten ausgewandert. Dennoch wird die jüdische Beduinentradition bei anderen Stammesmitgliedern fortgesetzt, insbesondere und ironischerweise bei Israelis.

Anstatt die von den frühen Zionisten gefeierten „Söhne des Landes" zu werden, suchten nicht weniger als 800.000 Israelis, Produkte eines kleinen, relativ armen und vom Krieg zerrissenen Landes, anderswo nach besseren Möglichkeiten.

In einigen Jahren, insbesondere vor der Massenmigration aus Russland, überstieg die Zahl der ausreisenden Israelis tatsächlich die Zahl der Zuwanderer.

Obwohl sie in so unterschiedlichen Ländern wie Finnland und Singapur vertreten sind, lassen sie sich am liebsten in den USA nieder, wo eine halbe Million von ihnen in den Hauptsiedlungen New York und Los Angeles konzentriert ist.

Im Vergleich dazu betrug die gesamte amerikanisch-jüdische Einwanderung nach Israel in den vier Jahrzehnten nach 1948 nicht mehr als 60.000 Personen, also weniger als die Hälfte der Israelis, die zwischen 1970 und 1987 legal den Status eines vollwertigen amerikanischen Einwanderers beantragt hatten.[24]

SILICON VALLEY: DAS NEUE GELOBTE LAND

... Die heutigen „Wanderisraelis" haben zum Beispiel Positionen in den elitärsten Rängen der Techniker und anderer Berufsgruppen erreicht.

---

[23] *Ibid.*, p. 63.

[24] *Ibid.* S. 63-64.

Allein die Ingenieure machen fast 20% der Gesamtzahl aus, wobei allein in den kalifornischen High-Tech-Industrien etwa 13 000 Wissenschaftler, Ingenieure und andere Fachkräfte arbeiten - eine Bevölkerungsgruppe, die etwa ein Drittel der Größe der im Land geborenen israelischen technischen Arbeitskräfte ausmacht.[25]

JÜDISCHE FINANZWIRTSCHAFT: „EIN INTERNATIONALER DUFT

Obwohl es keine wirklichen Beweise für eine internationale Verschwörung jüdischer Banker gibt, haben sich einige Juden aus dem Bankensektor verschworen. Das Spiel um Geld übt auf Juden eine Faszination aus, die einige als gleichwertig mit Sex für Franzosen, Essen für Chinesen und Macht für Politiker bezeichnen könnten. Und seit die Diaspora die jüdischen Gemeinden zerstreut hat, haben ihre finanziellen Sorgen immer einen internationalen Beigeschmack. Doch einige Juden haben im internationalen Bankwesen die Grenzen von Moral und Gesetz überschritten.[26]

KUNST: „EIN STARKES JÜDISCHES AROMA

... Jüdische Kunst? Vor nicht allzu langer Zeit wäre dieser Satz ein Widerspruch in sich gewesen. In 99,9% der jüdischen Erfahrung gab es keine große Kunst. Volkskunst ja, dekorative und ornamentale Kunst, aber ernsthafte Arbeit im westlichen Sinne nein. Heute hat sich die Situation völlig verändert und Juden sind auf allen Ebenen der Kunstwelt präsent: als Künstler, Händler, Sammler, Kritiker, Kuratoren, Berater und Mäzene. Tatsächlich hat die zeitgenössische Kunstszene einen starken jüdischen Einschlag. In manchen Kreisen werden die Kunstroller und Händler als jüdische Mafia bezeichnet, weil sie Macht, Prestige und vor allem Geld besitzen. Und wie beim Capo der Familie wird der Einfluss geschickt verteilt: Künstler, die jahrelang vernachlässigt wurden, werden über Nacht zum Erfolg; erfolgreiche

---

[25] *Ibid.* S. 64-65.

[26] Gerald Krefetz. *The Jews and the Money: The Myths and the Reality.* (New Haven und New York: Ticknor and Fields, 1982), S. 101.

Künstler werden so schnell guillotiniert, dass sie möglicherweise gar nicht wissen, dass sie geköpft wurden.[27]

MEIN SOHN, DER...

... In den USA gibt es etwa 30.000 jüdische Ärzte, das sind fast 14% aller in Privatpraxen tätigen Ärzte.[28]

Von den fünfhunderttausend Anwälten sind schätzungsweise mehr als zwanzig Prozent Juden, was fast dem Zehnfachen der zu erwartenden Vertretung entspricht. Im Jahr 1939 wurde geschätzt, dass mehr als die Hälfte der Anwälte, die in New York praktizierten, Juden waren. Heute ist der Anteil noch größer: Vielleicht drei von fünf Anwälten sind Juden.

Die letzte Erhebung der New Yorker Anwaltskammer ergab, dass 60 Prozent der 25.000 Anwälte in der Stadt jüdisch, 18 Prozent katholisch und 18 Prozent protestantisch sind. Die meisten jüdischen Anwälte - etwa siebzig Prozent von ihnen - stammen aus Osteuropa...[29]

Heute sind 15% der 740.000 Anwälte in den Vereinigten Staaten jüdisch. Die jüdische Vertretung ist damit siebenmal so hoch wie in der Gesamtbevölkerung. In den juristischen Elitekreisen ist die Konzentration noch auffälliger.

Vierzig Prozent der Partner in den führenden Anwaltskanzleien in New York und Washington sind Juden. Juden besetzen zwei der neun Sitze (22%) im Obersten Gerichtshof.[30]

Die American Medical Association schätzt, dass es derzeit 684.000 Ärzte in den Vereinigten Staaten gibt. Die Zahl der jüdischen Ärzte

---

[27] *Ibid.*, p. 140.

[28] *Ibid.*, p. 167.

[29] *Ibid.*, p. 185.

[30] Steven Silbiger. *The Jewish Phenomenon.* (Atlanta, Georgia: The Longstreet Press, 2000), S. 62.

liegt bei etwa 100.000, was 15% entspricht. Wie bei den Anwälten ist diese Zahl siebenmal höher als der Anteil der Juden an der Gesamtbevölkerung. Neun Prozent der Bewerbungen für das Medizinstudium im Jahr 1988 stammten von Juden. [31]

Mindestens 20% der Professoren an den großen amerikanischen Universitäten sind Juden, davon über 25% an den renommierten medizinischen Fakultäten, 38% an ähnlichen juristischen Fakultäten und noch mehr in Harvard, wo die Hälfte der Juraprofessoren Juden sind. Heute stellen Juden 20% der Ärzte und Juristen des Landes.[32]

DIE STADTBEWOHNER...

Vor dem Zweiten Weltkrieg lebte die Mehrheit der Juden in Europa, doppelt so viele wie in den Vereinigten Staaten. Nach dem Holocaust lebten doppelt so viele Juden in den USA wie in Europa.

Von den 14,4 Millionen Juden in der Welt... entfallen auf Amerika 5 900 000 Menschen, d. h. 41% der weltweiten jüdischen Gemeinschaft. Die Juden in den USA machen 2,7% der Bevölkerung aus..... Fast 60% der Juden des Landes leben im Nordosten, obwohl der relative Anteil dieser Region in letzter Zeit offenbar abgenommen hat. Im mittleren Norden leben 11,9% der jüdischen Bevölkerung, im Süden 15,8% und im Westen 14,3%. Im Vergleich zu den nationalen Durchschnittswerten sind Juden im Nordosten überrepräsentiert, in der Region Mitte-Nord und im Süden unterrepräsentiert und im Westen fast gleichauf mit der Bevölkerung.

Mit anderen Worten: Das Judentum ist eine urbane oder zunehmend suburbane Religion. Über 77 Prozent der jüdischen Bevölkerung leben in den vierzehn größten Städten oder Ballungsgebieten der Landkreise.

---

[31] *Ibid.*, p. 65.

[32] Lenni Brenner. *Jews in America Today* (Seacaucus, New Jersey: Lyle Stuart, 1986), S. 62.

Fast alle anderen amerikanischen Juden leben in Städten oder Ballungsgebieten. Es gibt relativ wenige Juden auf dem Land.[33]

DIE AM BESTEN GEBILDETEN

In der Nachkriegszeit wurden die Juden in Amerika zu den am besten ausgebildeten aller großen ethnischen oder religiösen Gruppen in den USA. Mitte der 1970er Jahre hatten Juden laut der Studie *Ethnicity, Denomination, and Inequality* (1976) von Pater Andrew M. Greeley durchschnittlich vierzehn Jahre Schulbildung, ein halbes Jahr mehr als die Episkopalen, die sozial höchste religiöse Gruppe der USA. Das war ein halbes Jahr mehr als bei den Episkopalianern, der amerikanischen Religionsgruppe mit dem höchsten sozialen Status. Während weniger als die Hälfte der Amerikaner eine Universität besuchte, taten dies über 80 Prozent der Juden, und wie aus den Statistiken von Harvard, Princeton und Yale hervorgeht, besuchten Juden mit größerer Wahrscheinlichkeit Eliteeinrichtungen. Im Jahr 1971 stellten Juden beispielsweise 17 Prozent der Studenten an Privatuniversitäten.[34]

JÜDISCHE LEHRER DIE NICHTJÜDISCHEN „BEI WEITEM ÜBERTREFFEN"

1940 waren nur 2% der amerikanischen Lehrer jüdisch. In den 1970er Jahren waren es 10%. Die jüdische Präsenz der Nachkriegszeit in der akademischen Welt ist nicht nur wegen ihres hohen Anteils, sondern auch wegen ihres unverwechselbaren Profils bemerkenswert. Jüdische Akademiker versammelten sich in den intellektuell anspruchsvollsten Bereichen - Bereiche, die abstraktes und theoretisches Denken betonten - und in den renommiertesten Institutionen.

Sie waren in Anthropologie, Wirtschaft, Geschichte, Mathematik, Physik und Soziologie überrepräsentiert und in Landwirtschaft,

---

[33] Krefetz, S. 241-242.

[34] Edward S. Shapiro. *The Time of Healing: American Jewry Since World War II.* (Baltimore: Johns Hopkins University Press, 1992), S. 100.

Bildung, Hauswirtschaft, Journalismus, Bibliothekswesen, Krankenpflege und Sportunterricht unterrepräsentiert.

In der Elektrotechnik, dem theoretischsten Zweig des Ingenieurwesens, war der Anteil der Juden höher als im Maschinenbau, im Bauwesen oder in der Chemie. Medizin ist ein Beruf mit hohem Status und Juden sind in der Biochemie, Bakteriologie, Physiologie, Psychologie und in anderen akademischen Bereichen, die mit Medizin zu tun haben, unverhältnismäßig stark vertreten.

Nach allen möglichen Kriterien schrieben Everett Carl Ladd Jr. und Seymour Martin Lipset 1975, dass jüdische Akademiker „ihre nichtjüdischen Kollegen bei weitem übertroffen" hätten. Zu dieser Zeit stellten Juden ein Fünftel der Professorenschaft der Eliteuniversitäten und ein Viertel der Professorenschaft der Ivy League. Sie stellten einen noch größeren Anteil der Ivy-League-Professoren unter 35 Jahren und der Professoren an den Elitehochschulen für Medizin und Jura. Im Jahr 1968 waren 38 Prozent der Professoren an den amerikanischen Elite-Rechtsschulen Juden.[35]

EIN VIERTEL DER REICHSTEN AMERIKANER UND 30% DER MILLIARDÄRE JUDEN SIND.

Seit Anfang der 1980er Jahre veröffentlicht das *Forbes-Magazin* jedes Jahr eine Zusammenstellung der vierhundert reichsten Amerikaner. Wenn man streng nach ihrem Anteil an der Gesamtbevölkerung geht, hätten etwa zwölf Juden auf dieser Liste stehen müssen. Stattdessen waren es mehr als hundert. Juden, die weniger als 3% der amerikanischen Bevölkerung ausmachen, stellen mehr als ein Viertel der reichsten Amerikaner. Sie waren um den Faktor neun überrepräsentiert. Im Gegensatz dazu waren ethnische Gruppen, die weitaus zahlreicher sind als Juden - Italiener, Hispanics, Schwarze und Osteuropäer - auf der Liste kaum vertreten. Je höher die von *Forbes* aufgelistete Vermögenskategorie ist, desto höher ist auch der Anteil der Juden. Mehr als 30% der US-Milliardäre waren jüdisch. Dasselbe Phänomen war in Kanada zu beobachten, wo die drei größten Unternehmerfamilien allesamt jüdisch waren: die Belzbergs aus

---

[35] *Ibid.* S. 100-101.

Vancouver, die Bronfmans aus Montreal und die Reichmanns aus Toronto.

Es ist sogar möglich, dass *Forbes* die Zahl der superreichen amerikanischen Juden unterschätzt hat, da viele von ihnen im Immobiliengeschäft reich geworden sind, dem Bereich, der am schwierigsten zu bewerten und am leichtesten zu verschleiern ist.

Eine noch beeindruckendere Liste wurde in der Ausgabe der *Financial World* vom 22. Juli 1986 veröffentlicht. Sie listet die hundert Wall-Street-Manager - Investmentbanker, Fondsmanager, Arbitrageure, Buyout-Spezialisten, Spekulanten, Rohstoffhändler und Broker - auf, die 1985 mindestens 3 Millionen Dollar verdient hatten. Die Liste beginnt mit Ivan Boesky, der angeblich 100 Millionen Dollar verdient hat... Boeskys Gewinne wurden von den 500 Millionen Dollar, die Michael Milken im folgenden Jahr verdiente, in den Schatten gestellt... Milken und Boesky waren Juden, wie die Hälfte der von der *Financial World* zitierten Personen. Zu den jüdischen Wall-Street-Großverdienern gehören George Soros (93,5 Millionen Dollar), Asher Edelman (25 Millionen Dollar), Morton Davis (25 Millionen Dollar) und Michael Steinhardt (20 Millionen Dollar).[36]

IMMOBILIEN, DIE WICHTIGSTE QUELLE JÜDISCHEN WOHLSTANDS

Jüdische Vermögen sind in vielen Bereichen vertreten. Russell Berrie stellt Teddybären her, Paul Kalmanovitz besitzt Brauereien und Arthur Sackler gibt medizinische Fachzeitschriften heraus.

Doch in keinem Bereich war das unternehmerische Talent der Juden offensichtlicher als im Immobiliengeschäft. Die Hälfte der Juden auf der *Forbes*-Liste hat ihr Vermögen mit Immobilien gemacht, vor allem in New York. „Der Jude rennt zu Immobilien, sobald er genug Geld sparen kann, um das Geschäft abzuschließen", hatte Jacob A. Riis in *How the Other Half Lives* (1890).

---

[36] *Ibid.*, p. 117.

Mit Ausnahme einiger heidnischer Interlops waren die erfolgreichsten New Yorker Immobilienentwickler Juden. Zu ihnen gehörten Laurence und Preston Tisch, Leonard Stern, Samuel LeFrak und Sol Goldman.

Andere Städte hatten ihre eigenen jüdischen Immobilienbarone: Jerry Moore in Houston, A. Alfred Taubman in Detroit, Walter Shorenstein in San Francisco, Guilford Glazer in Los Angeles, Melvin und Herbert Simon in Indianapolis, Monte und Alfred Goldman in Oklahoma City, Frank Morgan und Sherman Dreiseszun in Kansas City, Mortimer Zuckerman und Harold Brown in Boston, Stephen Muss in Miami, Harry Weinberg in Baltimore, Neil Bluhm und Judd Malkin in Chicago und Charles E. Smith in Washington.[37]

IMMOBILIENMILLIARDÄRE

Auf der *Forbes-Liste* der 400 reichsten Amerikaner aus dem Jahr 1999 waren 23% Juden, und von diesen hatten 20% ihr Vermögen mit Immobilien geschaffen.

... Die jüdischen Mitglieder der *Forbes* 400 im Jahr 1999 mit Immobilienvermögen sind die folgenden:

- Robert Pritzker 5,5 Milliarden Dollar

- Thomas Pritzker 5,5 Milliarden Dollar

- Marvin Davis 3,5 Milliarden Dollar

- Donald Bren 3,2 Milliarden Dollar

- Leonard Stern 2,4 Milliarden Dollar

- Robert Tisch 2,3 Milliarden Dollar

- Lawrence Tisch 2,1 Milliarden Dollar

---

[37] *Ibid.*, p. 120.

- Samuel LeFrak 2 Milliarden Dollar

- Sam Zell 1,8 Milliarden Dollar

- Fisher-Familie 1,3 Milliarden Dollar

- Durst-Familie 1,3 Milliarden Dollar

- Mortimer Zuckerman 1,2 Milliarden Dollar

- Carl Berg 950 Millionen Dollar

- Alfred Taubman 860 Millionen Dollar

- Sheldon Solow 800 Millionen Dollar

- Guilford Glazer 700 Millionen Dollar[38]

JUDEN MACHEN MEHR ALS 11% DER AMERIKANISCHEN ELITE AUS

Auf der Grundlage von Einkommen und Bildung befanden sich Juden in den 1980er Jahren in den oberen Schichten der amerikanischen Gesellschaft und hatten politische, wirtschaftliche und soziale Machtpositionen erlangt.

Ab den 1960er Jahren leiteten Juden einige der wichtigsten Zweige der Bundesregierung, darunter die Federal Reserve und die Ministerien für Arbeit, Handel, Staat und Finanzwesen...

Das Sozialsystem war offen genug, um Juden die Möglichkeit zu geben, ein wichtiger Teil der amerikanischen Elite zu werden.

---

[38] Silbiger, S. 72.

Laut einer Analyse der Daten der American Leadership Study durch die Soziologen Richard D. Alba und Gwen Moore haben Juden mehr als 11 Prozent der amerikanischen Elite kompromittiert...[39]

Washington, D.C., war ein Sonderfall. Die Expansion der Bundesregierung in der Nachkriegszeit führte zu einem Anstieg der jüdischen Bevölkerung im Großraum Washington von weniger als zwanzigtausend Menschen im Jahr 1945 auf einhundertfünfundsechzigtausend vier Jahrzehnte später.[40]

DIE JUDEN „SCHUFEN" DIE SOGENANNTE MAFIA

Es waren die Juden, nicht die Italiener, die das schufen, was später als Mafia bezeichnet wurde. In den 1920er Jahren begannen die Italiener, die Juden in der organisierten Kriminalität in New York zu ersetzen... Die jüdischen waren auch in der Glücksspielbranche stark vertreten und entwickelten in den 1940er Jahren Las Vegas.[41]

GEWALT UND SEX IM FERNSEHEN UNTER JÜDISCHER ÄGIDE

Der Inhalt von Hollywoodfilmen und Fernsehsendern unter jüdischer Ägide in den 1980er Jahren unterscheidet sich erheblich von der programmatischen Textur der Filme und Radiokanäle, die die jüdischen Film- und Rundfunkmag-nate der vorherigen Generation verbreitet hatten.

Die puritanischen Strukturen, die aus der vorherrschenden protestantischen Kultur hervorgegangen sind, wurden praktisch aufgegeben. Es gibt nun ein fast unbegrenztes Zugeständnis an die

---

[39] Shapiro, S. 122-123.

[40] *Ibid.* S. 134.

[41] Norman F. Cantor. *Die heilige Kette: Die Geschichte der Juden. (New York: HarperCollins Publishers, 1994), S. 389.*

Erfordernisse des Marktes und an die gängige Darstellung von Gewalt und Sex in Film und Fernsehen.

Jüdische Showunternehmer sind im Allgemeinen viel gebildeter als ihre Vorgänger, aber die von ihnen angebotenen Produkte sind inhaltlich oft vulgärer, werden aber mit der größten vorstellbaren technischen Fertigkeit präsentiert.[42]

DIE DOMINANTE ROLLE DER JUDEN IN DER NEUEN LINKEN KULTUR

Jüdische Akademiker und andere Intellektuelle spielten eine herausragende Rolle bei der Gestaltung der Kultur der Neuen Linken in den 1960er und 1970er Jahren.

Manchmal, wie in den einflussreichen Schriften des historischen Soziologen Immanuel Wallerstein, war diese Theorie der neuen Linken nur eine leicht aktualisierte Version des traditionellen Marxismus-Leninismus.

Meist handelte es sich dabei um eine Mischung aus dem imaginativen Kulturmarxismus von Benjamin, Adorno und der Frankfurter Schule der 1930er Jahre und der radikalsten Seite der Freudschen Tradition.

Führend in dieser Richtung war Herbert Marcuse, ein Produkt der Frankfurter Schule und in den 1950er und 1960er Jahren der prominente Guru der von Juden gesponserten Brandeis University.[43]

DIE FRAUENBEWEGUNG

Die erfolgreiche amerikanische Frauenbewegung der 1970er und 1980er Jahre setzte auch auf jüdische Führungspersönlichkeiten. Jüdische Frauen hatten in der ersten amerikanischen Frauenbewegung in den ersten drei Jahrzehnten des 20. Jahrhunderts keine Rolle gespielt. Diesmal war die Situation anders. Die beiden prominentesten

---

[42] *Ibid.*, p. 401.

[43] *Ibid*, S. 402.

Persönlichkeiten der Frauenbewegung, Gloria Steinem und Betty Freidan, waren möglicherweise Jüdinnen. Eine dritte prominente feministische Theoretikerin, Elizabeth Fox-Genovese, war Halbjüdin. Die Autorin des meistverkauften Romans aller Zeiten, der in 27 Sprachen übersetzt wurde und die weibliche Sexualität feiert, war eine New Yorker Jüdin aus der oberen Mittelschicht, Erica Jong.[44]

DIE WALL STREET-JUDEN „UMGEHEN DIE GRENZEN DES GESETZES

Jüdische Investmentbanker spielten bei den hektischen Spekulationsgeschäften der Wall Street in den 1980er Jahren eine große, wenn nicht sogar die vorherrschende Rolle. Im „Raubtierball" der 1980er Jahre, wie ein erfolgreicher journalistischer Bericht über diese Steuergeschäfte genannt wurde, war die jüdische Tanzkarte voll, obwohl, als ein heidnischer Romanautor, Michael Thomas, die jüdische Präsenz in den Spekulationsgeschäften der Wall Street zu einem wichtigen Thema seines Romans machte, er von der *New York Times Book Review* wegen Antisemitismus angeprangert wurde.[45] [In den 1980er Jahren war die Geschicklichkeit einiger jüdischer Milliardäre, die Grenzen des Gesetzes zu umgehen und mit Hilfe hochbezahlter jüdischer New Yorker Anwälte und einer willfährigen Presse ungeschoren davonzukommen, bemerkenswert.[46]

DEN KAUF VON PROFISPORT

In den 1990er Jahren zeigten jüdische Milliardäre, dass sie den Gipfel der sozialen Leistung und kulturellen Bedeutung erreicht hatten, indem sie Profisportmannschaften kauften, die bis dahin ein stolzes Jagdrevier der WASP und der irischen Mag-Nats gewesen waren. Im Jahr 1993 waren die New York Giants, der geehrte Name des Profisports, zwei weitere Teams der National Football League und zwei der Franchises der Major League Baseball in jüdischen Händen. Einer dieser jüdischen

---

[44] *Ibid.*

[45] *Ibid.*, p. 403.

[46] *Ibid.*, p. 404.

Eigentümer hatte so viel Einfluss bei den anderen Eigentümern, dass er die Entlassung des Baseballbeauftragten organisierte und als Interimskommissar übernahm, der die Eigentümer vor einem Kongressausschuss vertrat. In den 1930er Jahren glaubten die amerikanischen Juden, dass es ihnen gut ging, wenn sie ein paar Boxchampions hervorbrachten. Die Juden mussten ihre verschwitzten Körper nicht mehr zur Schau stellen, denn sie besaßen die Mannschaften.[47]

DIE MACHT DER PRESSE

Wie in Berlin und Wien vor Hitler war die Rolle der Juden im Verlagswesen wichtig. Im Jahr 1950 besaßen jüdische Familien zwei der drei einflussreichsten Zeitungen der USA, die *New York Times* und die *Washington Post*. Darüber hinaus waren beide Familien direkt am täglichen Betrieb der Zeitungen und an der Festlegung der Verlagspolitik beteiligt.[48]

DIE MACHT DES WORTES

Es stimmt, dass Juden im Mediensektor in einer Zahl vertreten sind, die weit über ihrem Anteil an der Bevölkerung liegt.

Studien haben gezeigt, dass Juden zwar nur etwas mehr als 5% der nationalen Presse ausmachen - kaum mehr als ihr Bevölkerungsanteil -, dass sie aber ein Viertel oder mehr der Redakteure, Herausgeber und Produzenten der amerikanischen „Elitemedien" stellen, darunter die Nachrichtenabteilungen der Netzwerke, die wichtigsten Wochenzeitungen und die vier großen Tageszeitungen (*New York Times, Los Angeles Times, Washington Post, Wall Street Journal*).

In der sich schnell verändernden Welt der Medien-Megakonzerne sind die Juden noch zahlreicher. In einem *Vanity-Fair-Artikel vom* Oktober 1994 mit dem Titel „The New Establishment", der ein Profil der Bonzen der Elite der neuen Medien erstellt, sind etwas weniger als die

---

[47] *Ibid.*, p. 405.

[48] *Ibid.*

Hälfte der zwei Dutzend vorgestellten Unternehmer Juden. Den Redakteuren des Magazins zufolge handelt es sich dabei um die wahre amerikanische Elite, „Männer und Frauen aus den Bereichen Unterhaltung, Kommunikation und Computer, deren Ambitionen und Einfluss Amerika zur einzigen wirklichen Supermacht des Informationszeitalters gemacht haben".

Und in einigen Schlüsselbereichen der Medien, insbesondere unter den Führungskräften der Hollywood-Studios, sind Juden so zahlreich vertreten, dass die Aussage, dass diese Unternehmen von Juden kontrolliert werden, kaum mehr als eine statistische Beobachtung ist.

„Wenn es eine jüdische Macht gibt, dann ist es die Macht des Wortes, die Macht der jüdischen Chronisten und der jüdischen Meinungsmacher", sagt Eugene Fisher, Direktor für katholisch-jüdische Beziehungen bei der Nationalen Konferenz der katholischen Bischöfe und einer der eifrigsten Verfechter der jüdischen Gemeinschaft in christlich-religiösen Kreisen. „Die jüdische Gemeinschaft ist sehr gebildet und hat viel zu sagen. Und wenn man die Meinung beeinflussen kann, kann man auch die Ereignisse beeinflussen".[49]

DAS GEWICHT DER MEDIEN GLEICHBEDEUTEND MIT POLITISCHEM EINFLUSS IST

Trotz all des Antisemitismus, der sich in jüdischen Verschwörungstheorien verbirgt, ist die Vorstellung von jüdischem Einfluss in den Medien an sich nicht unbedingt antisemitisch. Die unbequeme Tatsache ist, dass tatsächlich „die Juden Hollywood erfunden haben", wie der Historiker Neal Gabler im unglücklichen Untertitel seiner historischen Studie von 1988, *An Empire of Their Own (Ein Imperium ganz für sich allein)*, feststellte.

Die Filmkamera wurde von Nichtjuden erfunden, aber die Traumfabrik Hollywood wurde von einer Handvoll eingewanderter jüdischer Unternehmer errichtet. Sie erkannten das Potenzial des Films als

---

[49] J. J. Goldberg. *Jewish Power: Inside the American Jewish Establishment.* (Reading, Massachusetts: Addison-Wesley Publishing Company, Inc., 1996), S. 280.

Erzählinstrument und bauten die Studios, Vertriebssysteme und Kinosäle auf, um den Film landesweit zu vermarkten. Diese wenigen Menschen verwandelten eine technologische Kuriosität in eine milliardenschwere Industrie.

Eine Generation später tat eine junge Gruppe jüdischer Unternehmer das Gleiche mit dem Radiosender, dem Mikrofon und der Fernsehkamera....

Hollywood ist am Ende des zwanzigsten Jahrhunderts immer noch eine ethnisch geprägte Industrie. Praktisch alle leitenden Angestellten der großen Studios sind jüdisch. Drehbuchautoren, Produzenten und in geringerem Maße auch Regisseure sind überproportional häufig jüdisch - eine kürzlich durchgeführte Studie ergab, dass diese Zahl bei den profitabelsten Filmen 59% betrug.

Das kombinierte Gewicht so vieler Juden in einer der lukrativsten und wichtigsten Industrien Amerikas verleiht den Juden in Hollywood eine große politische Macht..... Dasselbe könnte man aber in viel höherem Maße auch von anderen Wirtschaftszweigen sagen, in denen große Konzentrationen von Juden zu finden sind: Wall Street, New Yorker Immobilien oder die Bekleidungsindustrie.

In jeder dieser Branchen bilden Juden einen bedeutenden Block - eine große Minderheit an der Wall Street, eine Fast-Mehrheit in der Bekleidungsindustrie und bei Gewerbeimmobilien - und haben ihren Einfluss in eine sichtbare Präsenz auf der politischen Bühne umgesetzt.[50]

„BESSER GESTELLT" ALS DIE „MEISTEN ANDEREN" GRUPPEN

... Auch wenn das Stereotyp von einheitlich reichen Juden falsch ist, geht es ihnen im Durchschnitt dennoch besser als den Angehörigen der meisten anderen ethnischen und religiösen Gruppen. So verfügte 1984 beispielsweise weniger als eine von sechs jüdischen Familien in den

---

[50] *Ibid.* S. 286-288.

USA über ein Einkommen von weniger als 20.000 Euro, während es bei den nicht-hispanischen Weißen nur eine von zwei war.

Am anderen Ende der Einkommenspyramide hatten 41% der jüdischen Haushalte ein Einkommen von 50.000 US-Dollar oder mehr, viermal so viel wie nicht-hispanische Weiße.

Ein Grund für diesen Unterschied ist, dass Juden besser ausgebildet sind als andere Amerikaner. Drei von fünf jüdischen Männern haben einen Hochschulabschluss, fast dreimal so viel wie nicht-hispanische Weiße; einer von drei hat einen Hochschul- oder Berufsabschluss, dreieinhalbmal so viel wie die Gesamtbevölkerung.

Die Unterschiede zwischen jüdischen und nichtjüdischen Frauen sind in etwa gleich: Erstere haben doppelt so häufig wie letztere einen Hochschulabschluss und viermal so häufig einen Fachhochschul- oder Berufsschulabschluss.

Heute ist der Besuch einer Universität unter jüdischen Jugendlichen zudem fast überall üblich. Eine 1980 durchgeführte landesweite Umfrage unter Oberschülern und Oberschülerinnen ergab, dass 83% der jüdischen Schüler planten, eine Universität zu besuchen, und die Hälfte von ihnen erwartete, eine höhere oder berufliche Ausbildung zu absolvieren; von den nichtjüdischen weißen Schülern plante die Hälfte, eine Universität zu besuchen, und weniger als ein Fünftel erwartete, eine höhere oder berufliche Ausbildung zu absolvieren.

Der Unterschied ist qualitativ und quantitativ. Juden gehen nicht nur häufiger zur Schule, sie erhalten auch eine bessere Ausbildung... Seit den 1950er oder 1960er Jahren, als die Ivy-League-Institutionen eine meritokratische Zulassungspolitik einführten, machen Juden etwa ein Drittel der Undergraduate-Studenten aus und etwa denselben Prozentsatz in Jura und Medizin.[51]

---

[51] Charles E. Silberman. *A Certain People*. (New York: Summit Books/Simon & Schuster, Inc., 1985), S. 118-119.

WER BEHERRSCHT DIE „AMERIKANISCHE ELITE"

Laut einer Untersuchung der ethnischen und rassischen Herkunft der Personen, die in der Ausgabe 1974-75 des *Who's Who in America* aufgeführt waren, war die Wahrscheinlichkeit, dass Juden darin auftauchten, zweieinhalb Mal höher als bei der Gesamtbevölkerung. Außerdem gab es im Verhältnis zur Bevölkerung mehr als doppelt so viele Juden wie Menschen englischer Abstammung, der Gruppe, die einst die amerikanische Elite dominiert hatte. Die Entwicklung im vorangegangenen halben Jahrhundert ist auffällig: 1924-25 war die Wahrscheinlichkeit, dass Personen englischer Abstammung registriert wurden, fast zweieinhalbmal so hoch wie bei amerikanischen Juden... In einer Analyse, die 1971-1972 an einer viel kleineren Gruppe von Führungskräften in etwa acht Branchen durchgeführt wurde, stellten die Soziologen Richard D. Alba und Gwen Moore eine noch stärkere Konzentration fest.

Von den 545 untersuchten Personen waren 11,3% Juden, viermal mehr als in der Gesamtbevölkerung... Das Phänomen ist nicht auf die USA beschränkt. In Großbritannien machen Juden etwa 1% der Bevölkerung, aber 6-10% der britischen Elite aus; in Australien, wo Juden 0,5% der Bevölkerung ausmachen, stellen sie 5% der Elite...

Die jüdische Vertretung unter den erfolgreichen Unternehmern ist erheblich höher als unter den Geschäftsführern: Rund 23% der Personen auf der *Forbes-Liste* 1984 der 400 reichsten Amerikaner waren Juden...... Der genaue Anteil schwankt von Jahr zu Jahr etwas.

1982, im ersten Jahr der Veröffentlichung des *Forbes* 400, waren 105 Mitglieder der Gruppe, also 26%, jüdisch. Diese Zahl sank 1983, als der Aktienmarktboom eine Reihe von Neulingen auf die Liste katapultierte, auf 98 (25%) und 1984 auf 93 (23%).[52]

DIE AMERIKANISCHE AKADEMISCHE ELITE

---

[52] *Ibid.* S. 143-144.

Wie auch immer der genaue Anteil aussieht (und die Elite einer Person ist der Klüngel einer anderen), es besteht kein Zweifel daran, dass Juden eine wichtige Rolle im intellektuellen Leben Amerikas spielen.

So stellten Juden 1975 beispielsweise 10% aller Professoren, aber 20% der Professoren, die an Eliteuniversitäten lehrten; fast die Hälfte der jüdischen Professoren - im Vergleich zu 24% der episkopalen und 17% der katholischen Professoren - unterrichteten an den am höchsten eingestuften Institutionen.

Jüdische Professoren veröffentlichen auch viel häufiger Artikel in gelehrten Zeitschriften als ihre nichtjüdischen Kollegen; so stellen Juden 24% der akademischen Elite, d.h. derjenigen, die zwanzig oder mehr Artikel veröffentlicht haben.[53]

LEHRER AN ELITESCHULEN

Die Welle jüdischer Akademiker ist relativ neu. Im Jahr 1940 waren nur 2% der amerikanischen Professoren jüdisch. Bis 1970 hatte sich diese Zahl auf 10% verfünffacht. Die restriktiven Quoten der ersten Hälfte des Jahrhunderts hatten ein Ende gefunden und eine neue Generation von Juden wurde in größerer Zahl ausgebildet.

In den 1990er Jahren stellten Juden 35% der Professoren an Elitehochschulen und ein Jude war heute Präsident fast jeder Eliteeinrichtung, darunter Harvard, Yale, Penn, Columbia, Princeton, das MIT und die Universität von Chicago.[54]

JÜDISCHE LEHRER BESSER BEZAHLT

Da Juden in der Regel angesehenere Institutionen besuchen und sich für Stellen an professionellen Schulen für Recht, Medizin, Wissenschaft

---

[53] *Ibid.*, p. 144.

[54] Silbiger, S. 92.

und Handel entscheiden, liegt ihre Vergütung weit über der eines durchschnittlichen Lehrers.[55]

SCHLÜSSELENTSCHEIDUNG" IN DEN NACHRICHTENSENDUNGEN; FAST EIN DRITTEL DER „MEDIENELITE".

Insgesamt ist der Journalismus zu einem intellektuell spannenden, angemessen gut bezahlten und prestigeträchtigen Beruf geworden, in dem Juden eine immer wichtigere Rolle spielen.

1982 machten Juden beispielsweise knapp 6% der gesamten nationalen Presse aus, aber 25-30% der „Medienelite" - diejenigen, die für die *New York Times*, die *Washington Post* und *das Wall Street Journal*, für *Time, Newsweek und den U.S. News & World Report* sowie für die Nachrichtenabteilungen von CBS, NBC, ABC und das Public Broadcasting System und seine Hauptsender arbeiten. (Eine Studie aus dem Jahr 1971 schätzt den Anteil der Juden in der Medienelite auf 25%).

Betrachtet man die entscheidenden Entscheidungspositionen, scheint die Rolle der Juden noch wichtiger zu sein.[56]

EINFLUSSREICH" IN „VERWALTUNG VON FERNSEHNACHRICHTEN".

Ebenso einflussreich, wenn auch weniger bekannt, sind Juden bei der Leitung der Fernsehnachrichten. Es sind natürlich die Korrespondenten des Senders, die zu vertrauten Namen geworden sind, darunter auch Juden...

Die größte Konzentration von Juden findet sich jedoch auf der Ebene der Produzenten - und es sind die Produzenten, die entscheiden, welche

---

[55] *Ibid.*, p. 93.

[56] Silberman, S. 152-153.

Themen gesendet werden, wie lange sie dauern und in welcher Reihenfolge sie präsentiert werden.

1982, vor einer Umwidmung, waren die ausführenden Produzenten der drei abendlichen Nachrichtensendungen jüdisch, ebenso wie die ausführenden Produzenten von CBS 60 Minutes und ABC 20/20.

Juden sind in den Positionen „Hauptproduzent" und „Produzent von Sendungen" sowie in Führungspositionen fast ebenso häufig vertreten.[57]

BÜCHER VON ODER ÜBER JUDEN

[Der Rezensionsteil der *Washington Post* vom 18. Oktober 1992 ist voll von Büchern, die von Juden oder über Juden geschrieben wurden: über Sport und die jüdisch-amerikanische Erfahrung; eine Biografie von Bill Graham, Holocaust-Überlebender und großer Rock & Roll-Impresario; die Geschichte einer New Yorker Oberschicht-Familie, die vom Antisemitismus infiziert ist; das Gruppenporträt einer Südafrikanerin aus ihrem jüdischen Freundeskreis; das Buch eines jüdischen Ehepaars über ausländische Investitionen in Amerika, in dem die Probleme der multiplen Loyalitäten und des ausländischen Einflusses parallel zu Fragen der Assimilation analysiert werden; und das Buch eines jüdischen Autors über die Politik im Hochschulbereich,, in dem Multikulturalismus in gezogenen Worten über die Integration von Juden in die amerikanische Gesellschaft diskutiert wird.[58]

PRO-ISRAELISCHE KOLUMNISTEN UND KOMMENTATOREN

In einem am 2. April 2003 auf MSNBC.com veröffentlichten Artikel gab der amerikanisch-jüdische Schriftsteller Eric Alterman einen faszinierenden Einblick in die Dominanz pro-israelischer Kommentare unter den Kolumnisten und Kommentatoren der amerikanischen

---

[57] *Ibid.* S. 153-154.

[58] Barry Rubin. *Assimilation and Its Discontents*. (New York: Times Books/Random House, 1995), S. xiii.

Medien, die (natürlich) nicht alle jüdisch sind, aber - in den meisten Fällen - für Medien arbeiten, die oftmals regelrecht jüdischen Finanzinteressen gehören oder stark von der jüdischen Gemeinschaft beeinflusst werden.

Die von Alterman bereitgestellte Liste folgt, obwohl eine erheblich kleinere Liste anderer Kolumnisten, die Israel kritisieren - darunter so offensichtliche Namen wie Pat Buchanan - nicht enthalten ist.

Bitte beachten Sie, dass das beschreibende Material, das den einzelnen Namenslisten vorangeht, Altermans Terminologie ist, obwohl wir Chronisten, die nicht als Juden bekannt sind, durch Kursivsetzung ihrer Eigennamen vermerkt haben. In Klammern haben wir außerdem zusätzliches Material von uns hinzugefügt, das deutlich als redaktionelle Einfügung gekennzeichnet ist.

Kolumnisten und Kommentatoren, auf deren reflexartige und vorbehaltlose Unterstützung Israels man sich verlassen kann.

- *George Will*, The Washington Post, Newsweek und ABC News

- William Safire, *The New York Times*

- A.M. Rosenthal, *The New York Daily News*, ehemaliger Chefredakteur und Kolumnist der *New York Times*.

- Charles Krauthammer, *The Washington Post*, PBS, *Time* und *The Weekly Standard*, ehemals *The New Republic*

- *Michael Kelly, The Washington Post*, The Atlantic Monthly, National Journal und MSNBC.com, ehemals *The New Republic* und *The New Yorker* [Heute verstorben - im Irakkrieg getötet].

- *Lally Weymouth, The Washington Post, Newsweek*

[Frau Weymouth ist Halbjüdin, da sie die Tochter von Katharine Meyer Graham, der ehemaligen Chefin der Washington Post, und ihrem verstorbenen nichtjüdischen (und ironischerweise antisemitischen) Ehemann Philip Graham ist, Anm. d. Ü.].

- Martin Peretz, *The New Republic*

- Daniel Pipes, *The New York Post* [Anmerkung: Pipes soll behauptet haben, er sei kein Jude, doch zahlreiche Quellen behaupten das Gegenteil].

- *Andrea Peyser, The New York Post*

- Dick Morris, *The New York Post*

- Lawrence Kaplan, *The New Republic*

- *William Bennett*, CNN

- William Kristol, *The Washington Post, The Weekly Standard*, Fox News, ehemals ABC News

- Robert Kagan, *The Washington Post* und *The Weekly Standard*

- Mortimer Zuckerman, *US News and World Report* [Zuckerman war vor kurzem Vorsitzender der Konferenz der Präsidenten der wichtigsten jüdischen Organisationen Amerikas].

- David Gelernter, *The Weekly Standard*

- John Podhoretz, *The New York Post* und *The Weekly Standard*

- Mona Charen, *The Washington Times*

- Morton Kondracke, *Roll Call*, Fox News, ehemals McLaughlin Group, *The New Republic* und PBS

- *Fred Barnes, The Weekly Standard*, Fox News, ehemals *The New Republic*, The McLaughlin Group und *The Baltimore Sun.*

- Sid Zion, *The New York Post, The New York Daily News*

- Yossi Klein Halevi, *The New Republic*

- Norman Podhoretz, *Kommentar*

- Jonah Goldberg, *National Review*

- *Laura Ingraham*, CNN, ehemals MSNBC und CBS News

- Jeff Jacoby, *The Boston Globe*

- Rich Lowry, *National Review*

- *Andrew Sullivan, The New Republic*

- Seth Lipsky, *The Wall Street Journal* und *The New York Sun*, ehemals Jewish *Forward*

- Irving Kristol, *The Public Interest*, *The National Interest* und *The Wall Street Journal* Editorial Page

- *Allan Keyes*, MSNBC, WorldNetDaily.com

- *Brit Hume*, Fox News

- *John Leo, US News and World Report*

- *Robert Bartley*, Redaktionsseite *des Wall Street Journal*

- John Fund, *The Wall Street Journal Opinion Journal*, ehemals von der redaktionellen Seite *des Wall Street Journal* [Unbekannte ethnische Herkunft-Ed.]

- *Peggy Noonan*, Redaktionsseite *des Wall Street Journal*,

- Ben Wattenberg, *The Washington Times*, PBS

- *Tony Snow, The Washington Times* und Fox News

- Lawrence Kudlow, *National Review* und CNBC

- Alan Dershowitz, *The Boston Herald, The Washington Times*

- David Horowitz, Frontpage.com

- Jacob Heilbrun, *The Los Angeles Times*

- *Thomas Sowell, The Washington Times*

- Frank Gaffney Jr, *The Washington Times* [Anmerkung: Gaffneys ethnischer Hintergrund ist unbekannt, obwohl es Gerüchte gab, dass er in einer nichtjüdischen Familie geboren wurde, aber zum Judentum konvertiert sei].

- *Emmett Tyrell, The American Spectator* und *The New York Sun*

- *Cal Thomas, The Washington Times*

- *Oliver North, The Washington Times* und Fox News, ehemals MSNBC

- Michael Ledeen, *Revue du monde juif*

- *William F. Buckley, National Review* [Anmerkung: Obwohl Buckley weithin als „irischer Katholik" anerkannt wird und als glühender Katholik bekannt ist, stammt sein römisch-katholischer Hintergrund nicht, wie allgemein angenommen, von der Seite seines schottisch-irischen Vaters, sondern eher von der Seite seiner Mutter.

Obwohl Buckleys Mutter in eine deutsch-katholische Familie namens Steiner in New Orleans hineingeboren wurde, erklärte Walter Trohan, Kolumnist der *Chicago Tribune*, privat vor Vertrauten, er habe es so verstanden, dass die Familie Steiner ursprünglich jüdisch war und zum römischen Katholizismus konvertiert war, wie viele jüdische Familien in New Orleans im 18. und 19. Dies könnte das erste Mal gewesen sein, dass Trohans Offenbarung veröffentlicht wurde. Der Einfachheit halber betrachten wir Buckley hier jedoch als „nichtjüdisch", ungeachtet seiner erklärten Abstammung, Anm. d. Ü.].

- *Bill O'Reilly*, Fox News

- Paul Greenberg, *Arkansas Democrat-Gazette*

- *L. Brent Bozell, The Washington Times*

- *Todd Lindberg, The Washington Times*

- *Michael Barone, US News and World Report* und The McLaughlin Group

- *Ann Coulter, Human Events*

- *Linda* Chavez, Creators Syndicate [Anmerkung: Obwohl Frau Chavez katholisch erzogen wurde, ist ihr Mann jüdisch und es gibt Gerüchte, dass sie zum Judentum konvertiert ist].

- Cathy Young, *Reason* Magazine [Anmerkung: Das ethnische Erbe von Frau Young ist der Redaktion nicht bekannt].

- Uri Dan, *New York Post*

- Laura Schlessinger, Radiomoderatorin

- *Rush Limbaugh*, Radiomoderator

Publikationen, bei denen aufgrund des Eigentümers oder des Herausgebers davon ausgegangen werden kann, dass sie Israel reflexartig und vorbehaltlos unterstützen

- *The New Republic* (Martin Peretz, Michael Steinhardt, Roger Hertog, Owners)

- *Kommentar* (American Jewish Committee, Eigentümer)

- *US News and World Report* (Mortimer Zuckerman, Eigentümer)

- *The New York Daily News* (Mortimer Zuckerman, Eigentümer)

- *The New York Post* (Rupert Murdoch, Eigentümer) [Anmerkung: Murdoch ist zumindest teilweise jüdischer Abstammung].

- *The Weekly Standard* (Rupert Murdoch, Eigentümer)

- Redaktionelle Seite des *Wall Street Journal* (Peter Kann, Chefredakteur)

- *The Atlantic Monthly* (*Michael Kelly*, Chefredakteur) [Anmerkung: Kelly ist inzwischen verstorben, aber das Magazin, das dem oben erwähnten Mortimer Zuckerman gehört, steht nach wie vor fest auf israelischer Seite].

Die Kolumnisten kritisieren wahrscheinlich sowohl Israel als auch die Palästinenser, sehen sich aber selbst als Anhänger Israels und

würden letztlich eher die israelische Sicherheit als die Rechte der Palästinenser unterstützen.

- Thomas Friedman, *The New York Times*

- Richard Cohen, *The Washington Post* und *New York Daily News*

- Avishai Margolit, *The New York Review of Books*

- David Remnick, *The New Yorker*

- Eric Alterman, *The Nation* und MSNBC.com

- *Der* Redaktionsausschuss der *New York Times*

- *Der* Redaktionsausschuss *der Washington Post*[59]

Offensichtlich sind Altermans Listen sehr aufschlussreich und belegen zweifelsfrei, dass, wenn es um die Berichterstattung über den Nahen Osten geht, eine vorherrschende jüdische und pro-israelische Voreingenommenheit herrscht.

Die Namen auf Altermans Listen sind praktisch die „Crème de la Crème" der amerikanischen Medienelite. Jeder, der andeutet, dass es keine pro-israelische Voreingenommenheit seitens der Kommentatoren der Medienelite gibt, spricht im Sinne einer Agenda und muss daher zurückgewiesen werden.

Selbstverständlich sind bei weitem nicht alle Namen auf Altermans Listen jüdisch, und man kann daher nicht sagen, dass „nur jüdische Kolumnisten pro-israelisch sind". Tatsächlich haben viele nicht-jüdische Schriftsteller eine unterwürfige, pro-israelische Haltung eingenommen, und, um ehrlich zu sein, war das für ihre Karriere eher förderlich. Und das könnte die beste Erklärung dafür sein, dass ansonsten intelligente und ausgeglichene Menschen plötzlich jeden gesunden Menschenverstand zu verlieren scheinen, wenn es nur um das

---

[59] Eric Alterman auf MSNBC.com

Thema Israel geht. Kurz gesagt: Die Förderung Israels ist ein lukratives Geschäft, auch wenn es für Amerika oft schädlich ist

DER JOE LIEBERMAN-EFFEKT: JÜDISCHES GELD „VOR DER ÖFFENTLICHKEIT VERBORGEN „.

Niemand weiß mit Sicherheit, wie viel des Geldes der Demokratischen Partei von jüdischen Beitragszahlern stammt („Wir haben nicht einmal eine Statistik darüber", sagt das Democratic National Committee), aber Schätzungen aus gut informierten Quellen - die sich dazu nicht äußern wollten - beginnen bei 30% und steigen von dort aus noch weiter an.

Laut dem Center for Responsive Politics stellen Juden mehr als ein Drittel der größten Einzelspender des DNC (100.000 Dollar und mehr), wie aus Berichten hervorgeht, die von der Bundeswahlkommission [im August 2000] veröffentlicht wurden...

Wenn man den anekdotischen Daten Glauben schenken darf, könnte der DNC zwischen 5 und 30 Millionen Dollar (bis zu 75% mehr, als die Juden in früheren Wahlzyklen gespendet haben) zusätzlich zu seinem selbst gesteckten Spendenziel von mindestens 130 Millionen Dollar sammeln. Weitere 30 Millionen US-Dollar würden fast der gesamten Summe entsprechen, die die Demokraten in diesem Sommer für Werbung ausgegeben haben.

In einem knappen Rennen, in dem die Republikaner einen leichten finanziellen Vorteil haben, könnte das zusätzliche Geld der Demokraten den Ausschlag geben - wahrscheinlich mehr als die spektakulärste Veränderung bei den jüdischen Wählern...

Potenziell bedeutsamer ist die Art und Weise, wie die Wahl des Senators von Connecticut Spendensammler für jüdische Anliegen in Spendensammler für Gore-Lieberman verwandelt... Wird die bemerkenswerte finanzielle Anstrengung der jüdischen Gemeinschaft für das Ticket der Demokraten den Unterschied machen? Nein, es ist nicht notwendig, dies zu erwähnen, wie Pat Buchanan es sich vorstellen könnte.

Die jüdischen Spender von Gore und Lieberman versuchen nicht, das Ticket „jüdischen Interessen", welcher Art auch immer, schuldig zu machen. Sie sind sich in vielen politischen Fragen nicht einig, und ihre Unterstützung ist eher ein Akt des Gemeinschaftsstolzes als eine

Investition in zukünftiges Verhalten. Nichtsdestotrotz könnten die Spenden einen Einfluss auf die Wahl haben. So könnte in einer seltsamen historischen Fußnote der wichtigste Wahleffekt der Auswahl von Joe Lieberman einer Öffentlichkeit, die ansonsten von jedem Detail seiner Kandidatur besessen zu sein scheint, weitgehend verborgen bleiben.[60]

DAS GEHEIMNIS DES JÜDISCHEN WOHLSTANDS

Max Geltman, ein mit der *National Review* identifizierter Reaktionär, enthüllte in seinem Buch *The Confrontation* Folgendes: „Es ist inzwischen ein offenes Geheimnis, dass das American Jewish Committee 1957 beim Volkszählungsamt in Washington intervenierte und es anflehte, bei der Volkszählung 1960 keine Fragen zu Einkommen im Zusammenhang mit nationalen Gruppen zu stellen, da man befürchtete, dass die vergleichsweise hohen Einkommensniveaus der jüdischen Minderheit zu antisemitischen Schmähungen führen könnten. Das Büro kam dem nach".[61]

DIE REICHSTE ETHNISCHE GRUPPE

Während [die Juden] 2,54% der Bevölkerung ausmachen, beziehen sie etwa 5% des Nationaleinkommens. In der gesamten Mittel- und Oberschicht des Landes stellen Juden fast 7%.

1972 gehörten fast 900.000 von zwei Millionen jüdischen Familien zur Mittel- und Oberschicht, während nur 13,5 Millionen von 53 Millionen amerikanischen Familien dieser Kategorie zugerechnet wurden. Laut [Gerald Krefetz, in *Jews and Money*] verdienten 43 Prozent aller Juden mehr als 16.000 US-Dollar, aber nur 25,5 Prozent aller Amerikaner. Während etwas weniger als 5% der jüdischen Bevölkerung zu Millionärsfamilien gehören, stellten Juden zwischen 1982 und 1985 zwischen 23 und 26% der 400 reichsten Amerikaner und vielleicht noch

---

[60] „Jüdischer Appell - Kann Lieberman die Lücke im Fundraising schließen? Sarah Wildman in der Ausgabe von *The New Republic* vom 18. September 2000.

[61] Lenni Brenner. *Jews in America Today* (Seacaucus, New Jersey: Lyle Stuart, 1986), S. 61.

mehr der steuerpflichtigen Millionäre, die 1980 auf 574.342 Personen geschätzt wurden.

Es besteht kein Zweifel daran, dass das amerikanische Judentum im Durchschnitt die reichste ethnische oder religiöse Gruppe des Landes ist. Laut *American Demographics* vom Juni 1984 beträgt das durchschnittliche jährliche Einkommen jüdischer Haushalte 23.300 US-Dollar gegenüber 21.700 US-Dollar bei den Episkopalianern. Presbyterianer erhalten durchschnittlich 20.500 US-Dollar, Personen ohne Religionszugehörigkeit 17.600 US-Dollar, Katholiken 17.400 US-Dollar, Methodisten 17.000 US-Dollar und Lutheraner 16.300 US-Dollar. Weiße Fundamentalisten und Baptisten aus dem Süden verdienen mehr als 14.000 Dollar. Die Statistiken zeigen, dass Juden seit Ende der 1960er Jahre mehr verdienen als Episkopale und Presbyterianer, der Archetyp der WASPS...

Die modernen reichen amerikanischen Juden sind keineswegs eine ausgestoßene Elite, sondern gleichberechtigte Partner ihrer christlichen Kollegen.[62]

EIN WHO'S WHO DER JÜDISCHEN ELITE...

Im Folgenden finden Sie eine Liste wohlhabender amerikanischer Juden, die Herkunft ihres Vermögens und die Schätzung ihres Reichtums (in Dollar von 1986), die der amerikanisch-jüdische Schriftsteller Lenni Brenner unter anderem auf der Grundlage der berühmten *Forbes* 400-Liste der wohlhabendsten Amerikaner zusammengestellt hat. Eine neuere Liste (basierend auf den Zahlen von 2004) wird weiter unten auf diesen Seiten vorgestellt, aber die Liste selbst ist aufschlussreich:

Leonard Abramson
U.S. Health Care Systems, Inc.
140 Millionen US-Dollar

Ted Arison
Carnival Cruises, Immobilien, Casinos
300 Millionen Dollar

---

[62] *Ibid.* S. 64-65.

Charles, Herbert & Herbert A. Allen.
Börse und Immobilien
549 Millionen Dollar

Walter Annenberg
850 Millionen Dollar

Enid Annenberg Haupt
180 Millionen Dollar

Esther Annenberg Simon
180 Millionen Dollar

Jeannette Annenberg Hooker
180 Millionen Dollar

Lita Annenberg Hazen
180 Millionen Dollar

Evelyn-Annenberg-Raum
180 Millionen Dollar

Edmund Ansin
Sunbeam TV Corp.
200 Millionen Dollar

C. Douglas Dillon
150 Millionen Dollar

Richard Dinner
Schwiegereltern der Familie Swig
(Immobilien in San Francisco)
Gesamtvermögen der Familie:
450 Millionen Dollar

Robert Arnow, Jack & Alan Weiler
Immobilien im Wert von 450 Millionen Dollar teilen

Arthur Belfer
Peruanisches Öl, New Yorker Immobilien
475 Millionen Dollar

Familie Belz aus Memphis, Tennessee
Immobilien
250 Millionen Dollar

Charles Benenson
Immobilien
200 Millionen Dollar

Familie Blaustein
850 Millionen Dollar

Paul Block und William Block
Ausgabe
300 Millionen Dollar

Neil Bluhm
Immobilien/Chicago
300 Millionen Dollar

Judd Malkin
Immobilien/Chicago
300 Millionen Dollar

Ivan Boesky
150 Millionen Dollar

Donald Bren
Immobilien
525 Millionen Dollar

Sherman Dreiseszun & Frank Morgan
Immobilien in Kansas City
Banken, Einkaufszentren
300 Millionen Dollar

Edward und Sherman Cohen
Immobilien und Bauwesen
330 Millionen Dollar

Seymour Cohn
550 Millionen Dollar

Henry und Lester Crown
1,1 Milliarden Dollar

Morton Davidowitz
(alias Morton Davis)
D. H. Blair Brokerage
200 Millionen Dollar

Leonard Davis
Kollektivversicherung Colonial Penn
230 Millionen Dollar

Marvin Davis
Davis Oil Company
„immer noch Milliardär" laut *Forbes* im Jahr 1985.

Alfred und Monte Goldman
Immobilien;
Vater hat den Einkaufswagen erfunden.
400 Millionen Dollar

Sol Goldman
Ehemals größter Vermieter in New York
450 Millionen Dollar

Katharine Graham
Das Verlagsimperium der *Washington Post*
350 Millionen Dollar

Edgar Bronfman
665 Millionen Dollar

David, Roy und Seymour Durst
Immobilien
550 Millionen Dollar

Jane Engelhard
Witwe des „Platinkönigs"
365 Millionen Dollar

Harold Farb
Immobilien in Houston
150 Millionen Dollar

Larry und Zachary Fisher
Immobilien in New York
600 Millionen Dollar

Max Fisher
Öl- und petrochemische Interessen der USA und Israels
225 Millionen Dollar

Michel Freiburg
Kontrolliert 20% des weltweiten Getreidehandels
700 Millionen Dollar

Paul Kalmanovitz
Falstaff- und Pabst-Bier, Immobilien
250 Millionen Dollar

Howard Kaskel
Immobilien
250 Millionen Dollar

Edwin Marion Kauffman
Marion Labs. Königliche von Kansas City
190 Millionen Dollar

Pincus Green und Marc Rich
Rohstoffhändler
jeweils 200 Millionen Dollar

Familie Haas
Erben des Levi-Strauss-
Imperiums
775 Millionen Dollar

Armand Hammer
150 Millionen Dollar

Leon Hess
Hess Oil
360 Millionen Dollar

Familie Horvitz
Immobilien in Florida,
Kabelfernsehen
250 Millionen Dollar

Peter Kalikow
Immobilien
375 Millionen Dollar

Leonard Litwin
Immobilien
200 Millionen Dollar

John Loeb
Shearson Lehman/American
Express;
150 Millionen Dollar

Robert Lurie
Immobilien; New York Giants
Baseball
200 Millionen Dollar

Familie Mack
Abriss von Gebäuden
250 Millionen Dollar

George Kozmetsky
Teledyne und andere Investitionen
175 Millionen Dollar

Carl und George Landegger
Papierfabriken
250 Millionen Dollar

Leonard und Ronald Lauder
Erben der Kosmetikprodukte von
Estee Lauder
700 Millionen Dollar

Norman Lear
Fernsehproduzent
175 Millionen Dollar

Sam LeFrak
Der größte Wohnungseigentümer
Amerikas;
800 Millionen Dollar

Leon Levine
Family Dollar Shops
315 Millionen Dollar

Paul und Seymour Millstein
Immobilien
275 Millionen Dollar

Stephen Muss
Immobilien
200 Millionen Dollar

S. I. Newhouse
Das Imperium der Medien
2,2 Milliarden Dollar

Robert Olnick
Immobilien
200 Millionen Dollar

Jack, Joseph und Morton Mandel
Premier Industrial Corp.
260 Millionen Dollar

Leonard Marx
Immobilien
300 Millionen Dollar

Bernard Mendik
Immobilien
180 Millionen Dollar

Dominique de Menil
Tochter von Conrad Schlumberger
200 Millionen Dollar

Sy Syms
Kleidung zu Schnäppchenpreisen
210 Millionen Dollar

Sol Price
Marchandiser
200 Millionen Dollar

Die Pritzker-Familie
Hyatt-Hotels
1,5 Milliarden Dollar

Familie Pulitzer
Louis Post Dispatch Vermögen
475 Millionen Dollar

Familie Resnick
Immobilien, Bauwesen
250 Millionen Dollar

Meshulum Riklis
Rapid American Corporation
150 Millionen Dollar

Max Palevsky
Computer
200 Millionen Dollar

Familie William Paley
Das Vermögen des Fernsehsenders CBS
290 Millionen Dollar

Jack Parker
Immobilien, Herstellung von Kleidung
300 Millionen Dollar

Milton Petrie
Petrie-Läden, Einkaufszentren
585 Millionen Dollar

Victor Posner
Sharon Steel, National Can
250 Millionen Dollar

Familie Schnitzer
Stahl, Schifffahrt, Immobilien
250 Millionen Dollar

Familie Shapiro
Kegel, Becher, Einwegartikel aus Papier
350 Millionen Dollar
(geteilt von 70 Familienmitgliedern)

Peter Sharp
Immobilien
250 Millionen Dollar

Leonard Shoen
U-Haul
300 Millionen Dollar

Walter Shorenstein
Immobilien
300 Millionen Dollar

Rosa Familie
Immobilien
250 Millionen Dollar

Familie Rosenwald
Sears & Roebuck Vermögen
300 Millionen Dollar

Jack und Lewis Rudin
Immobilien
700 Millionen Dollar

Arthur Sackler
Medizinisches Verlagswesen,
Werbung
175 Millionen Dollar

Stanley Stahl
Immobilien
250 Millionen Dollar

Ray Stark
Kinofilme
150 Millionen Dollar

Saul Steinberg
Finanz-/Relianzversicherung
400 Millionen Dollar

Leonard Stern
Hartz Mountain Tiernahrung
550 Millionen Dollar

Steinfamilie
Stone Container Co.
200 Millionen Dollar

Familie Sulzberger
Das Medienimperium der *New York Times*
450 Millionen Dollar

Lawrence Silverstein
Vorsitzender - New York Real Estate Council
180 Millionen Dollar

Herbert und Melvin Simon
Einkaufszentren
385 Millionen Dollar insgesamt

Norton Simon
Industriell
200 Millionen Dollar

Sheldow Solow
Immobilien
250 Millionen Dollar

A. Alfred Taubman
Immobilien, Schnellrestaurants
600 Millionen Dollar

Lawrence und Preston Tisch
Loews Corporation, CBS,
Bulova-Uhren
Kombinierter Wert: 1,7 Milliarden US-Dollar

Lew Wasserman
MCA Talentagentur
220 Millionen Dollar

Familie Weiler
Immobilien
240 Millionen Dollar

Harry Weinberg
Immobilien, Wertpapiere,
Busunternehmen
550 Millionen Dollar

Leslie Wexner
Besitzt 2.500 spezialisierte Bekleidungsgeschäfte
Eine Familie, die eine Milliarde Dollar wert ist

Familie Swig
Immobilien
300 Millionen Dollar

Sydney Taper
First Charter Financial
Corporation
300 Millionen Dollar

Laszlo Tauber
Immobilien
(der größte Geldgeber der US-Regierung)
300 Millionen Dollar

Familie William Ziff
Ziff-Davis publishers
650 Millionen Dollar

Ezra Khedouri Zilkha
Investmentbanking, Colt-Schusswaffen
150 Millionen Dollar

Lawrence Wien
Immobilien
150 Millionen Dollar

Familie Wirtz
Immobilien, Vertrieb von alkoholischen Getränken, Chicago Black Hawks, Bulls
350 Millionen Dollar

Familie Wolfson
Kinosäle, Fernsehsender
240 Millionen Dollar

William Zimmerman
Schnäppchenläden Pic-n-Save
150 Millionen Dollar

Mortimer Zuckerman
Immobilien, Verlagswesen,
U.S. News & World Report, *Atlantik*, *New York Daily News*
200 Millionen Dollar[63]

Natürlich unterliegen Namen und Dollarbeträge, wie bereits angemerkt, ständigen Änderungen, und weiter unten auf diesen Seiten werfen wir einen aktuelleren Blick (anhand der *Forbes* 400-Liste für das Jahr 2004) auf diejenigen aus der zionistischen Elite, die es auf die Liste der reichsten Menschen Amerikas - und sogar der Welt - geschafft haben.

Natürlich umfasst die *Forbes* 400-Liste nicht die Familien und Einzelpersonen, die unter den ersten 400 liegen, und es sollte betont werden, dass eine solche Liste - z. B. die 1000 Reichsten - sehr aufschlussreich wäre.

Und da *Forbes* die Namen nicht nach Priorität, sondern nur alphabetisch sortiert, ist es auf den ersten Blick oft schwierig, die

---

[63] Diese Liste ist in gekürzter Form den Seiten 65 bis 78 von Lenni Brenners Buch *Jews in America Today* entnommen.

Dominanz jüdischer - oder übrigens auch irischer oder italienischer - Namen in der Liste zu erkennen.

Nichtsdestotrotz sind die *Forbes-Ranglisten* sehr aufschlussreich und zeigen zweifelsfrei, dass zionistische Familien im heutigen Amerika zu immensem Reichtum gelangt sind.

Obwohl wir viel über „Hassverbrechen" und „zunehmenden Antisemitismus" und die Schrecken der Verbrechen gegen das jüdische Volk in der Vergangenheit hören, scheinen dieselben Medien, die uns von all dem berichten, nicht daran interessiert zu sein, darauf hinzuweisen, dass das jüdische Volk in Amerika über Reichtümer verfügt, die die wildeste Vorstellung der meisten Menschen übersteigen.

Aber fahren wir fort...

WAS DIE JÜDISCHEN FÜHRER GLAUBEN...

Die wichtigste Studie über die Führung junger [jüdischer Gemeindeaktivisten] ist die des Brandeis-Professors Jonathan Woocher mit dem Titel „The 'Civil Judaism' of Communal Leaders", die im *American Jewish Year Book* von 1981 veröffentlicht wurde. Er untersuchte 309 Teilnehmer aus der Mittelschicht und der oberen Mittelschicht, die an den Programmen zur Entwicklung von Führungskräften des United Jewish Appel und der Gemeindeverbände teilnahmen. Laut Professor

„Fast 65% bestreiten, dass die jüdischen Werte grundsätzlich dieselben sind wie die aller Religionen, und mehr als drei Viertel erkennen eine „besondere" jüdische Verantwortung im Kampf für Gerechtigkeit in der Welt an...

„Fast 60%... halten den jüdischen Beitrag zur modernen Zivilisation für wichtiger als den jedes anderen Volkes... 70%... geben an, dass sie beim Hören von „Hatikvah" (der Hymne Israels) mehr Emotionen empfinden als beim Hören von „The Star Spangled Banner"... eine Mehrheit lehnt den Vorschlag ab, dass ein amerikanischer Jude seine Loyalität in erster Linie den Vereinigten Staaten schuldet.

„Darüber hinaus sind zwar alle Amerikaner, mit Ausnahme einer Handvoll, glücklich, Amerikaner zu sein, aber nur 54% sind es stark, während 86% stark behaupten, sie seien glücklich, Juden zu sein... 63%... sagen ausdrücklich, dass die Juden das auserwählte Volk sind (und nur 18% stimmen dem nicht zu)". [64]

DER POLITISCHE EINFLUSS ÜBERSTEIGT DIE ZAHLEN

... [Da die Juden die reichste Gruppe im Land sind, ist es normal, dass, wie Will Maslow, Generalberater des American *Jewish* Congress [in *The Structure and Functioning of the American Jewish Community*] schrieb, [die Juden die reichste Gruppe im Land sind]:

„Der Prozentsatz der Juden..., die sich als Entscheidungsträger und Geldeintreiber in die Parteiangelegenheiten einmischen, ist wahrscheinlich höher als der jeder anderen rassischen, religiösen oder ethnischen Gruppe. Daraus folgt, dass die Juden eine Rolle im politischen Leben des Landes spielen, deren Bedeutung ihren Anteil an der Gesamtbevölkerung bei weitem übersteigt."[65]

JUDEN IM SENAT DER VEREINIGTEN STAATEN

Barbara Boxer (D-Kalif.)	Norm Coleman (R-Minn.)
Russ Feingold (D-Wis.)	Dianne Feinstein (D-Calif.)
Herb Kohl (D-Wis.)	Frank Lautenberg (D-N.J.)
Carl Levin (D-Mich.)	Charles Schumer (D-N.Y.)
Arlen Specter (R-Pa.)	Ron Wyden (D-Ore.)

JUDEN IN DEN USA REPRESENTANTENHAUS

Gary Ackerman (D-N.Y.)   Shelley Berkley (D-Nev.)

---

[64] Zitiert in Brenner, S. 111.

[65] Brenner, S. 120-121.

Howard Berman (D-Calif.)
Ben Cardin (D-Maryland)
Rahm Emanuel (D-Ill.)
Bob Filner (D-Kalif.)
Jane Harman (D-Ca.)
Tom Lantos (D-Kalif.)
Nita Lowey (D-N.Y.)
Steve Rothman (D-N.J.)
Jan Schakowsky (D-Ill.)
Debbie Wasserman Schulz (D-Fla.)
Brad Sherman (D-Kalif.)
Anthony Weiner (D-N.Y.)

Eric Cantor (R-Va.)
Susan Davis (D-Calif.)
Eliot Engel (D-N.Y.)
Barney Frank (D-Mass.)
Steve Israel (D-N.Y.)
Sander Levin (D-Mich.)
Jerrold Nadler (D-N.Y.)
Bernie Sanders (I-Vt.)
Adam Schiff (D-Kalif.)
Allyson Schwartz (D-Pa.)
Henry Waxman (D-Kalif.)
Robert Wexler (D-Fla.)

EINE FAST DOPPELT SO HOHE STIMMKRAFT

Juden machen 10,6% der Bevölkerung des Staates New York aus. Sie machen 5,9% der Bevölkerung von New Jersey aus, wobei 100.000 Menschen in Bergen County und weitere 95.000 in Essex County leben. Juden machen 4,8% der Bevölkerung des Distrikts Columbia aus. Sie machen 4,7% der Bevölkerung Floridas aus, davon allein 225.000 in der Stadt Miami. Sie machen 4,6% in Maryland aus, mit 100.000 Menschen in den Grafschaften Montgomery und Prince George und 92.000 in Baltimore, 4,3% in Massachusetts, mit 170.000 Juden in Boston.

Sie machen vielleicht nur 3,2% der Kalifornier aus, aber im Großraum Los Angeles leben 500 870 Juden und 75 000 Juden machen etwa 10% der Bevölkerung von San Francisco aus. Im Großraum Philadelphia leben 295.000 und im Großraum Chicago 253.000 Juden.

Da Juden die am besten ausgebildete Schicht der Wählerschaft sind, wählen sie in größerem Umfang als jede andere ethnische oder religiöse Gruppe.

Zweiundneunzig Prozent der Juden stimmen bei nationalen Wahlen ab, während es bei der Gesamtbevölkerung nur 54 Prozent sind. Die Juden machen vielleicht nur 10,6 Prozent des Staates New York aus, aber sie stellen zwischen 16 und 20 Prozent der Wähler. Noch wichtiger ist, dass sie bei den Vorwahlen der Demokraten im April 1984 im Bundesstaat New York 30 Prozent der Wähler ausmachten und schätzungsweise 41 Prozent der Stimmen Mondales auf sie entfielen. Bei Kommunalwahlen stellen sie normalerweise fast 50% der demokratischen Wähler.[66]

DIE JUDEN „IHRE STIMMKRAFT VERSTÄRKEN

Obwohl die Juden eine kleine Minderheit darstellen, üben sie ihr Wahlrecht aus und stärken damit ihre Wählermacht. Rund 80% der wahlberechtigten Juden in den USA sind in den Wählerverzeichnissen eingetragen, verglichen mit rund 50% aller Erwachsenen im wahlberechtigten Alter. Darüber hinaus ist die Wahrscheinlichkeit, dass registrierte Juden wählen, doppelt so hoch. Die Kombination aus beidem verdreifacht die Wahlmacht der Juden. Darüber hinaus leben 81% der Juden in nur neun Bundesstaaten, was sie zu einem wichtigen politischen Block macht, insbesondere auf nationaler Ebene. Bei den Präsidentschaftswahlen entfallen auf diese neun Staaten 202 der 535 Stimmen des Wahlkollegiums. Die jüdische Bevölkerung könnte also bei einer knappen Präsidentschaftswahl das Zünglein an der Waage sein.[67]

KONZENTRATION DER JÜDISCHEN BEVÖLKERUNG UND PROZENTSATZ DER GESAMTEN WÄHLERSCHAFT

	% Juden	% der Wählerschaft
New York (auf Englisch)	9.0	18.3
New Jersey	5.5	9.9

---

[66] *Ibid.* S. 119-120.

[67] Silbiger, S. 53.

Florida	4.7	8.2
Massachusetts	4.5	8.3
Maryland	4.3	8.1
Connecticut	3.0	6.2
Kalifornien	3.0	6.2
Pennsylvania	2.7	4.9
Illinois	2.3	3.9

QUELLE[68]

JÜDISCHE POLITISCHE AKTIONSKOMITEES (PAC)

Das Folgende ist eine illustrative, aber keineswegs vollständige Liste von Political Action Committees (PACs), die heute innerhalb des jüdisch-amerikanischen Einflussbereichs operieren. Fast alle von ihnen tragen völlig harmlose Namen, die ihre jüdische oder pro-israelische Voreingenommenheit nicht widerspiegeln. Tatsächlich sind die meisten (wenn nicht sogar alle) dieser PACs auf die Wahl pro-israelischer Kandidaten ausgerichtet, und ihr kombinierter Einfluss deutet auf ein erstaunliches Konglomerat aus finanzieller und politischer Macht hin.

Auch wenn die Aufzählung dieser scheinbar endlosen Liste von Namen, die auf den ersten Blick nicht viel bedeuten, zunächst wie eine schreckliche Verschwendung einer bedruckten Seite erscheinen mag, sollte man bedenken, dass diese PACs - die in ganz Amerika so weit verbreitet sind - schon lange die Fähigkeit haben, zusammenzuarbeiten, um die Kandidaten ihrer Wahl zu wählen. Natürlich beteuern sie alle, dass sie voneinander „unabhängig" sind, aber wer das glaubt, ist bereit, alles zu glauben

National PAC (Washington, DC)

Committee for Joint Action for Political Affairs (Illinois)

---

[68] Ibid.

Citizens Organized Political Action Committee (Kalifornien)

Wüstenkaukasus (Arizona)

Delaware Valley PAC (Pennsylvania)

24. Kongressbezirk von Kalifornien PAC

Hudson Valley PAC (New York)

Texas Capital Committee

East Midwood PAC (New York)

Balpac (Illinois)

Connecticut Good Government PAC

City PAC (Illinois)

Gold Coast PAC (Florida)

Elections Committee of the County of Orange (Kalifornien) South Bay Citizens for Good Government (Kalifornien) Icepac (New York)

Topac (Illinois)

Long Island PAC (New York)

Government Action Committee (Texas)

Kings County PAC (New York)

Ocean State PAC (Rhode Island)

Tennesseans for Better Government (Tennesseer für eine bessere Regierung)

Americans for a Better Congress (Illinois)

Südkarolinen für eine repräsentative Regierung

Silver State PAC (Nevada)

Für Integrität in der Regierung (Texas)

Badger PAC (Wisconsin)

Caucus in Südflorida

Suffolk PAC (New York)

Young Americans PAC (Kalifornien)

Seattle PAC (Bundesstaat Washington)

Fonds für die Freiheit (Washington, DC)

Chaipac (Missouri)

Politischer Ausschuss von Walters Construction Management (Colorado) Garden PAC (New Jersey)

Northern New Jersey PAC (New Jersey)

Americans for Better Citizenship (New York)

AG PAC (Iowa)

PAC der Region Südtexas

PAC von Nordost-Pennsylvania

Heritage PAC (Massachusetts)

Chipac/eine gemeinnützige Organisation aus Illinois

Mississippians for a Responsible Government

Florida Congress Committee

Louisans for Better Government (Louisianer für eine bessere Regierung)

Roundtable PAC (New York)

San-Franciscaner für eine gute Regierung

Americans for Good Government (Alabama)

Nationales Aktionskomitee (Florida)

National Bipartisan PAC (Washington, DC)

Politisches Komitee der Frauen in Hollywood

Mid-Manhattan PAC

Citizens Concerned for the National Interest (Illinois) Arizona Politically Interested Citizens (Politisch interessierte Bürger)

Mopac (Michigan)

Garden State PAC (New Jersey)

Pacific PAC (Kalifornien)

Wahlkampfausschuss des Massachusetts-Kongresses

Texas Congressional Action Committee

PAC mit mehreren Einsätzen (Illinois)

Louisianans for American Security PAC (Louisianer für die amerikanische Sicherheit)

Women's Pro-Israel National PAC (Washington, DC) Georgia Citizens for Good Government (Bürger von Georgia für eine gute Regierung)

Ausschuss für 18 (Colorado)

Chicagoans for a Better Congress (Chicagoer für einen besseren Kongress) (Illinois)

San Diego Community PAC (Kalifornien)

Heartland PAC (Washington, DC)

Tx PAC (Texas)

Unser Erbe schützen (Illinois)

Louis PAC

Good Government Association of the Sacramento Area

Religion and Tolerance Committee (Washington, DC) Adler Group, Inc. PAC (Florida)

R R D und B Good Government Committee (Washington, D.C.) Baypac (Florida)

Vereinigung der besorgten Bürger von Maryland

Campaign for America (New Jersey)

Five Towns PAC (New York)

Cape PAC (Washington, DC)

Lower Westchester PAC (New York)

Freedom Now (Kalifornien)

Southwest Political Action Caucus (New Mexico)

Küste der Barbaren (Kalifornien)

State Pac (New York)

PAC Pennsylvania

Wilamette PAC (Oregon)

South-Brook PAC (New York)

Mobilization PAC (New York)[69]

Und ob Sie es glauben oder nicht, diese Liste ist nicht einmal vollständig! Aber es handelt sich sicherlich um eine repräsentative Auswahl, die zeigt, wie geschickt die Zionisten ihre PACs unter harmlosen Namen verschleiern.

PACs kommen und gehen, aber die jüdisch orientierten PACs haben sich als eine der beständigsten erwiesen, und es ist eine Ironie des Schicksals, dass diese politisch einflussreichen Organisationen nach dem Watergate-Skandal entstanden sind, als „Reformen" in aller Munde waren.

Tatsächlich haben die „Reformen" nach Watergate, wie der wachsende Einfluss dieser PACs zeigt, die tatsächliche Institution jüdischer politischer Macht auf der amerikanischen Bühne bewirkt, vielleicht in einer Weise, die es zuvor noch nie gegeben hatte.

ISRAELISCHE EINWANDERER UND ORGANISIERTES VERBRECHEN

Zwischen 1950 und 1979 erhielten 96.504 israelische Staatsbürger den Status eines legalen Einwanderers in diesem Land. Die Zahl der illegalen Einwanderer wird auf 23.000 geschätzt. Im Land geborene Israelis stellen seit 1966 die Mehrheit und seit 1978 etwa 75%. Die Zahl der Auswanderer steigt jedes Jahr um etwa 10%. Etwas weniger als einer von 50 amerikanischen Juden ist heute ein ehemaliger Israeli.

Drei Viertel von ihnen leben in New York, New Jersey, Illinois oder Kalifornien, die meisten von ihnen in Gebieten mit hoher jüdischer Konzentration. Über 70% von ihnen sind Berufstätige und White Collar-Arbeiter, aber etwa 5% arbeiten im Dienstleistungssektor, insbesondere als Taxifahrer und manchmal als Flottenbesitzer.

---

[69] Listen jüdischer politischer Aktionskomitees wurden im Laufe der Jahre in einer Vielzahl von Publikationen und im Internet veröffentlicht. Diese Sammlung jüdischer PACs ist ein Konglomerat aus mehreren dieser Listen.

Ihre große Sichtbarkeit erweckte in der öffentlichen Meinung die Illusion, dass die meisten Migranten der Unterschicht angehörten. Es gibt jedoch ein Element, das viele Juden ihnen gegenüber zutiefst voreingenommen gemacht hat. Am 29. April 1984 berichtete die *Jerusalem Post*, dass eine Studie des Justizausschusses des US-Senats schätzte, dass „etwa 1000 Personen" in „eine Unzahl von organisierten kriminellen Aktivitäten" verwickelt waren.

Ihre Aktivitäten entfalten sich in New York, Kalifornien und anderswo und umfassen „Versicherungsbetrug, fiktive Rechnungsstellung, Konkursbetrug, Erpressung, Drogenhandel, illegale Einwanderung und Mord...". Diese Israelis sind stark in die Einfuhr und den Vertrieb von Betäubungsmitteln, insbesondere Kokain und Heroin, involviert".[70]

JUDEN UND DIE KOMMUNISTISCHE PARTEI - USA

Es gibt keine genauen Zahlen, aber es ist sicher, dass der Anteil der Juden in der Kommunistischen Partei der Vereinigten Staaten den jeder anderen ethnischen Gemeinschaft überstieg. Man kann davon ausgehen, dass zwischen 40 und 50 Prozent der Parteimitglieder zwischen Ende der 1930er und Mitte der 1940er Jahre Juden waren.[71]

JÜDISCHE FRAUEN ÜBERTREFFEN NICHTJÜDISCHE FRAUEN

[Eine Studie aus dem Jahr 1990 ergab, dass 78% der jüdischen Männer im Alter von fünfundzwanzig Jahren und älter mindestens eine Universitätsausbildung absolviert hatten, verglichen mit nur 42% der weißen Männer: 65% der jüdischen Männer hatten einen Abschluss, verglichen mit 57% der weißen Männer; 32% hatten ein Hochschulstudium absolviert, verglichen mit nur 11% der weißen Männer. Jüdische Frauen hatten auch einen großen Bildungsvorteil gegenüber nichtjüdischen Frauen: 60% besuchten eine Universität, verglichen mit 34% aller weißen Frauen. Das erklärt vielleicht, warum so viele jüdische Frauen zu den Pionierinnen der Frauenbewegung

---

[70] Brenner, S. 32-33.

[71] *Ibid.*, p. 46.

gehörten..... Laut der April-Ausgabe 1999 der Zeitschrift *Biography* waren 50% der „25 mächtigsten Frauen" jüdisch oder hatten jüdische Eltern.[72]

„GEHEIMER" CLUB JÜDISCHER MILLIARDÄRE

Im Mai 1998 berichtete das *Wall Street Journal* über einen „geheimen, lose organisierten Club von zwanzig der reichsten und einflussreichsten jüdischen Geschäftsleute Amerikas", der als „Mega Group" oder „Study Group" bezeichnet wurde. Leslie Wexner, Vorsitzender von The Limited, und Charles Bronfman, Co-Vorsitzender von Seagram Co. gründeten die Gruppe 1991.

Die Mitglieder treffen sich zweimal im Jahr für zwei Tage und nehmen an einer Reihe von Seminaren teil, die mit Philanthropie und Juden zu tun haben. Angesichts der alternden Einwanderergeneration, der verschwommenen Erinnerung an den Holocaust und der hohen Rate an Mischehen bemüht sich die Gruppe darum, den philanthropischen Schwung und die jüdische Identität aufrechtzuerhalten. Diese Gemeinschaft von sehr wohlhabenden Menschen ermöglicht es ihren Mitgliedern, Partnerschaften für ihre individuellen Anliegen zu suchen und sich gegenseitig über ihre Erfolge und Schwierigkeiten zu informieren. Networking-Veranstaltungen gibt es auch in anderen Religionen, aber in den obersten Rängen von Unternehmen wie diesem gibt es nur wenige davon. Die Mitglieder der Mega Group halten sich bedeckt, da sie nicht mit den etablierten jüdischen Institutionen konkurrieren wollen. Sie engagieren sich für spezielle Projekte, von denen sie glauben, dass sie etwas bewirken können, wie z. B. die Unterstützung jüdischer Schulen oder Programme wie das „Birthright Project", das alle hier geborenen jüdischen Jugendlichen, die dies wünschen, nach Israel schickt. [Zu den Mitgliedern gehören Steven Spielberg von Dreamworks, Laurence Tisch, Präsident der Lowes Corp, Marvin Lender, Bagelmagnat, Leonard Abramson, Gründer von

---

[72] Steven Silbiger. *The Jewish Phenomenon*. (Atlanta, Georgia: The Longstreet Press, 2000), S. 24.

U.S. Healthcare, und Lester Crown, Investor und Miteigentümer der Chicago Bulls.[73]

EINE DOPPELT SO HOHE SELBSTSTÄNDIGENQUOTE

Im Allgemeinen ist die Selbstständigenquote der amerikanischen Juden fast doppelt so hoch wie die anderer ethnischer Gruppen in den USA, ein ähnliches Verhältnis wie in Großbritannien und Europa. Nur 4% der laotischen und puertoricanischen Einwanderer sind Unternehmer. Koreanische und israelische Einwanderer stehen mit Raten von fast 30% an der Spitze. Diese Bereitschaft zum Unternehmertum ist für den jüdischen Erfolg von entscheidender Bedeutung, denn 80% der Millionäre in den USA sind Autodidakten, die ihren Reichtum nicht geerbt haben.[74]

DIE JUDEN VON WALL STREET

Hier eine kurze Liste weiterer bekannter jüdischer Persönlichkeiten der Wall Street:

- George Soros - globaler Investor in Währungen, Rohstoffe und Aktien;

- Carl Icahn - Investor und Übernahmespekulant; besitzt TWA, USX, Continental Airlines, RJR Nabisco;

- Laurence Tisch - Investor und Übernahmespekulant; Besitzer der Loews-Kinos und -Hotels, CBS [Anm.: heute verstorben];

- Barry Diller - Präsident von USA networks, Eigentümer von Home Shopping Network und Ticketmaster;

---

[73] *Ibid.* S. 47-48.

[74] *Ibid.*, p. 69.

- Michael Bloomberg - Gründer und Eigentümer des Finanzinformationsdienstes Bloomberg LP [Anm.: heute Bürgermeister von New York];

- Ron Perelman - Spezialist für Firmenübernahmen; Eigentümer von Revlon, MacAndrew & Forbes und anderen Unternehmen;

- Sanford Weill - Co-Vorsitzender der Citigroup, Eigentümer von Salomon, Smith Barney und Travelers Group;

- Abbey Cohen - viel beachtete Anlagestrategin, Goldman Sachs Group;

- Alan Greenspan - Vorsitzender der Federal Reserve; bestimmt die US-Zinssätze;

- Alan „Ace" Greenberg - Vorsitzender von Bear Stearns;

- Stephen Schwarzman - gründete die Blackstone Group, ein Investmentbanking-Unternehmen;

- Harvey Golub - Vorsitzender von American Express;

- Saul Steinberg - Vorsitzender der Reliance Corporation, Investor;

- Asher Edelman - einflussreicher Finanzkolumnist für *Barron's;*

- Louis Rukeyser - geistreicher Moderator der Sendung „Wall Street Week" auf PBS.[75]

DIE „HERREN" DES INTERNETS

In einem *Forbe*s-Artikel über das Internet vom Juli 1998 mit dem Titel „Die Herren des neuen Universums" wurde darauf hingewiesen, dass

---

[75] *Ibid.*, p. 79.

dreizehn Unternehmen den Internetboom anführen. Die Recherchen ergaben, dass vier von ihnen (30%) jüdisch sind.[76]

JÜDISCHE SOBENSCHWESTERN

Dr. Ruth Westheimer, *geborene* Karola Ruth Siegel, ist ein hervorragendes Beispiel für jüdische Direktheit... Ist Dr. Ruth die einzige, die eine große jüdische Lieferantin von [Ratschlägen] für Amerika ist? Ganz und gar nicht. Joyce Brothers und Laura Schlessinger im Rundfunk, Ann Landers (Esther Pauline Friedman Lederer) und ihre Zwillingsschwester Abigail „Dear Abby" Van Buren (Pauline Esther Friedman Phillips) in den Printmedien - sie alle haben ihren Lebensunterhalt damit verdient, das Gleiche zu tun.[77]

EINEN BREITEN TRAININGSEFFEKT

Juden waren die Schöpfer von Hollywood und den großen Studios, die es definierten. Die Beteiligung der Juden am Filmgeschäft ist mehr als nur eine Erfolgsgeschichte; sie ist die Grundlage für den unverhältnismäßig großen Einfluss, den die Juden bei der Gestaltung der amerikanischen Populärkultur hatten. Und das hört nicht bei den Filmen auf, denn die Filmindustrie hat tatsächlich die Fernsehindustrie hervorgebracht.

Die Zeit der großen Studios ist vorbei, doch der jüdische Einfluss auf Hollywood bleibt bestehen. Die Eigentümer von Dreamworks, Steven Spielberg, David Geffen und Jeffrey Katzenberg, verfügen zusammen über einen Sparstrumpf von 5 Milliarden US-Dollar. Sumner Redstone, der über Viacom Paramount Pictures besitzt, hielt früher einen großen Anteil an Columbia Pictures und Twentieth Century Fox. Michael Eisner leitet das Disney-Studio, das zu Walts Zeiten Juden ironischerweise ausschloss. Edgar Bronfmans Unternehmen Seagram besitzt die Universal Studios. Michael Ovitz verwaltet die Karrieren von Prominenten....

---

[76] *Ibid.*, p. 87.

[77] *Ibid.*, p. 100.

Neben Unternehmern sind auch sehr viele Juden an der Unterhaltungsindustrie beteiligt. Das ist nicht Teil eines großen Projekts, aber wenn sich eine ethnische Gruppe so stark und erfolgreich in einer bestimmten Branche engagiert, wie es die Juden in der Filmbranche getan haben, erzeugen der Einfluss, die Beziehungen und die Macht der Gruppe eine breite Sogwirkung, und andere jüdische Schauspieler, Schriftsteller, Redakteure, Techniker, Regisseure und Produzenten tun es ihnen gleich..."[78]

JUDEN UND NACHRICHTEN: EINE SEHR ENGE GEMEINSCHAFT

Im Fernsehen ist der jüdische Einfluss ebenso ausgeprägt wie im Kino. In den Fernsehnachrichten sind Juden vor der Kamera sehr auffällig. Als Journalisten werden ihre persönlichen religiösen und kulturellen Überzeugungen in ihren Berichten nicht berücksichtigt, aber ihre Macht ist groß, denn sie beeinflussen, wie wir Amerikaner die Welt sehen und unsere Meinungen prägen...... Noch einflussreicher als Journalisten sind die Produzenten von Nachrichtensendungen, denn sie entscheiden, welche Themen gesendet werden, in welcher Reihenfolge sie präsentiert werden und wie lange sie laufen. Eine unverhältnismäßig große Zahl von ihnen ist auch jüdisch....

In den 1980er Jahren waren die ausführenden Produzenten der drei Abendnachrichtensendungen jüdisch. Wie *Jewish Power* [von J. J. Goldberg, an anderer Stelle zitiert - Hrsg.] außerdem hervorhebt, stellen Juden zwar „5% der aktiven Presse auf nationaler Ebene - kaum mehr als ihr Anteil an der Bevölkerung -, aber ein Viertel der Redakteure, Herausgeber und Produzenten der amerikanischen 'Elitemedien', einschließlich der Nachrichtenabteilungen der Netzwerke, der führenden wöchentlichen Nachrichtenmagazine und der vier großen Zeitungen".

Der bemerkenswert hohe Anteil von Juden im Fernsehen hält seit Generationen an, vielleicht weil es sich um eine relativ kleine und eng verbundene Gemeinschaft handelt. In einer Umfrage unter Fernsehschaffenden gaben 59% an, im jüdischen Glauben

---

[78] *Ibid.*, p. 108-111.

aufgewachsen zu sein, während 38% sich immer noch als Juden identifizieren.[79]

ZWEI HÄUSER, VIEL GEREIST, ABENDESSEN IM RESTAURANT

Eine 1993 durchgeführte Umfrage unter den Abonnenten von *The Exponent*, der jüdischen Wochenzeitung in Philadelphia, ergab ein klares Bild des jüdischen Reichtums und der Ausgaben der Juden. Solche Umfragen sind absolut unwissenschaftlich, aber die Ergebnisse zeigen, dass die Juden [steuerlich] konservativ sind, aber für Dinge ausgeben, die sie schätzen:

- 26,1% besaßen einen Zweitwohnsitz;

- 34,7% sind in den letzten zwölf Monaten außerhalb der USA gereist;

- 49,2% sind in den letzten dreißig Tagen zehnmal oder öfter in einem Restaurant essen gegangen;

- 21% gehören einem Gesundheitsclub an;[80]

PERSONEN, DIE SICH DEN KAUF VON BÜCHERN LEISTEN KÖNNEN

Juden sind der Eckpfeiler des Verkaufs gebundener Bücher und „machen zwischen 50 und 75% der Verkäufe gebundener Bücher ohne institutionelle Bindung in den USA aus". Selbst 25% würden einen erstaunlich unverhältnismäßigen Anteil am Gesamtverkauf ausmachen. Taschenbücher sind die teuersten Ausgaben, die vor den billigeren Taschenbüchern erscheinen und den Verlegern die höchsten

---

[79] *Ibid.* S. 112-117.

[80] *Ibid*, S. 124-125.

Gewinnspannen ermöglichen. Jüdisch-amerikanische Käufer sind daher für die Verlagsindustrie extrem wichtig.[81]

ANKAUF VON BÜCHERN MIT FESTEM EINBAND

	National Nationaler Durchschnitt	Juden Leser
Kauf eines Buches in den letzten 12 Monaten	19%	70%
1-5 Bücher	13%	39%
6-9 Bücher	3%	9%
10 oder mehr	3%	17%

QUELLE[82]

GEHALTENE WERTPAPIERE UND INVESTITIONEN

Wert der gehaltenen Wertpapiere	Nationaler Durchschnitt	Jüdische Investoren
Wertpapiere besitzen	27%	73%
50 000 $ à 99 999	2.1%	12%
100K$ oder mehr	1.8%	38%
$100K-$499,999	NA	24%
$500K-$999,999	NA	7%
1 Million Dollar oder mehr	NA	7%

---

[81] *Ibid.*, p. 126.

[82] *Ibid.* zitiert die *Simmons-Studie über Medien und Märkte*, 1989, die 1990 vom Simmons Market Research Bureau veröffentlicht wurde.

QUELLE[83]

JÜDISCHE NAMEN IN DER FORBES 400-LISTE

Es wäre unmöglich, alle jüdischen Geschäftsleute zu nennen, die heute in Amerika erfolgreich sind. Eines der offensichtlichsten Erfolgskriterien ist jedoch die Aufnahme in die *Forbes* 400-Liste. Um im Oktober 1999 auf dieser Liste zu erscheinen, musste man ein Nettovermögen von mindestens 625 Millionen US-Dollar haben. Juden stellten 23% der Gesamtgruppe, 36% der Top 50 und 24% der Milliardäre, was dem Sieben-, Achtzehn- und Zwölffachen ihres relativen Prozentsatzes in der gesamten amerikanischen Bevölkerung entspricht. Diese Prozentsätze in der *Forbes* 400 waren im Laufe der Zeit konstant, obwohl die Akteure von Jahr zu Jahr wechselten; Untersuchungen der Listen von 1982, 1983 und 1984, die von anderen durchgeführt wurden, zeigen ähnliche Zahlen. [84]

DIE LISTE DER JUDEN IM „FORBES 400" IM JAHR 2004

Das Folgende ist eine Liste der jüdischen Amerikaner, die auf der *Forbes* 400-Liste der reichsten Amerikaner für das Jahr 2004 aufgeführt sind, obwohl die Liste möglicherweise nicht vollständig ist, denn wie der amerikanisch-jüdische Schriftsteller Steven Silbiger auf (unter Bezugnahme auf frühere Listen) bemerkte, gibt es vielleicht bis zu fünfzehn weitere Personen, die ebenfalls auf der Liste stehen könnten, die aber ihren jüdischen Hintergrund geheim halten. [85]

(Am Ende der Hauptliste findet sich eine kleinere Liste von Personen, deren Namen in der *Forbes* 400-Liste von 2004 auftauchen, deren ethnischer Hintergrund jedoch unbekannt oder unklar, aber wahrscheinlich jüdisch ist). Die folgende Liste ist wahrscheinlich die

---

[83] *Ebenda*, S. 131, zitiert die Simmons-Studie *über Medien und Märkte*, 1989, die 1990 vom Simmons Market Research Bureau veröffentlicht wurde.

[84] *Ibid.*, p. 87.

[85] *Ibid.*, p. 88.

umfassendste und aktuellste Zusammenfassung der wichtigsten jüdischen Milliardäre und Mega-Millionäre im heutigen Amerika, obwohl es viele substanzielle jüdische Vermögen gibt, die nicht unter den „Top 400" aufgeführt sind (aber bereits auf der Liste erschienen sind).

Es sei jedoch angemerkt, dass viele Erben des Mars Candy-Vermögens und des Pritzker-Hotelimperiums beispielsweise mehrere Milliarden Dollar untereinander aufgeteilt haben, was sie zu einer der reichsten Familiengruppen der Welt macht.

Die Nummer hinter dem Namen der Person entspricht ihrer Position auf der *Forbes* 400-Liste (es sei darauf hingewiesen, dass mehrere Personen diese bestimmte Position einnehmen können), was natürlich bedeutet, dass es oft mehr als 400 Namen auf der *Forbes-Liste* gibt.

Michael Dell (9)
Dell-Computer
14,2 Milliarden Dollar

Larry Ellison (10)
Oracle Corp (Netzwerksoftware)
13,7 Milliarden Dollar

Forrest Edward Mars Jr. (17)
Süßigkeiten
10 Milliarden Dollar

Jacqueline Mars (17)
Süßigkeiten
10 Milliarden Dollar

John Franklyn Mars (17)
Süßigkeiten
10 Milliarden Dollar

Sumner Redstone (20)
Viacom, National Amusements
8,1 Milliarden Dollar

Carl Icahn (21)
Investitionen, Rückkäufe
7,6 Milliarden Dollar

George Soros (24)
Investitionen, Transaktionen
7,2 Milliarden Dollar

Keith Rupert Murdock (27)
News Corp.
6,9 Milliarden Dollar

Eli Broad (28)
Versicherung, Immobilien
6 Milliarden Dollar

Marvin Davis (30)
Immobilien, Öl
5,8 Milliarden Dollar

Mickey Arison (32)
Carnival Cruise Lines
5,3 Milliarden Dollar

Michael Bloomberg (34)
Bloomberg News Service
5 Milliarden Dollar

David Geffen (37)
Dreamworks
4,4 Milliarden Dollar

Wenn Newhouse (25)
Vorgezogene Veröffentlichungen
7 Milliarden Dollar

Donald Newhouse (25)
Vorgezogene Veröffentlichungen
7 Milliarden Dollar

Ronald Perelman (40)
Revlon-Kosmetik, Investitionen, Zigarren
4,2 Milliarden Dollar

Sergey Brin (43)
Google
4 Milliarden Dollar

Larry Page (43)
Google
4 Milliarden Dollar

Familie Lester Crown (53)
General Dynamics
3,6 Milliarden Dollar

Leonard Lauder (55)
Kosmetika von Estee Lauder
3,2 Milliarden Dollar

Maurice Greenberg (59)
Versicherung
3,1 Milliarden Dollar

Sheldon Adelson (60)
Computermessen, Kasinos
3 Milliarden Dollar

Preston Tisch (60)
Loews Corp; CBS
3 Milliarden Dollar

Leslie Wexner (65)
Begrenzte Marken
2,9 Milliarden Dollar

Ronald Lauder (102)
Kosmetika von Estee Lauder
2,1 Milliarden Dollar

Donald Bren (38)
Immobilien in Kalifornien
4,3 Milliarden Dollar

Jeff Bezos (38)
Amazon
4,3 Milliarden Dollar

William Davidson (68)
Guardian Ind. (Glasherstellung)
2,8 Milliarden Dollar

Ralph Lauren (72)
Kleidung, Mode
2,7 Milliarden Dollar

Steven Spielberg (74)
Kinofilme
2,6 Milliarden Dollar

Leonard Stern (79)
Hartz Berg
2,5 Milliarden Dollar

Edgar Bronfman, Vater (79)
Seagrams, Time-Warner usw.
2,5 Milliarden Dollar

Sam Zell (87)
Immobilien, Investitionen
2,4 Milliarden Dollar

Ronald Burkle (92) Supermärkte, Investitionen
2,3 Milliarden Dollar

Leona Helmsley (97)
Immobilien in New York
2,2 Milliarden Dollar

Haim Saban (97)
Fernsehen
2,2 Milliarden Dollar

Leslie Gonda (118)
Internationales Leasing
1,5 Milliarden Dollar

Herbert Kohler und Familie (102)
Sanitäre Geräte
2,1 Milliarden Dollar

Leonore Annenberg (106)
TV Guide, Triangle Publications
2 Milliarden Dollar

Bruce Kovner (106)
Caxton Corp; Investitionen
2 Milliarden Dollar

Bernard Marcus (106)
Home Depot
2 Milliarden Dollar

Stephen A. Cohen (106)
Hedgefonds
2 Milliarden Dollar

Herbert Anthony Allen, Jr. (106)
Investment Banking
2 Milliarden Dollar

Mitchell Rales (118)
Danaher Corp.
1,9 Milliarden Dollar

Steven Rales (118)
Danaher Corp.
1,9 Milliarden Dollar

Mortimer Zuckerman (152)
U.S. News & World Report,
Immobilien
1,6 Milliarden Dollar

Sidney Frank (152)
Alkohole
1,6 Milliarden Dollar

Henry Samueli (165)
Broadcom
1,5 Milliarden Dollar

Anthony Pritzker (165)
Hotels, Investitionen
1,5 Milliarden Dollar

S. Daniel Abraham (124)
Slim-Fast-Diät
1,8 Milliarden Dollar

Thomas J. Pritzker (142)
Hotels, Investitionen
1,7 Milliarden Dollar

Stanley Druckenmiller (142)
Hedgefonds
1,7 Milliarden Dollar

Tom T. Gores (142)
Gehebelter Aufkauf von
Unternehmen
1,7 Milliarden Dollar

Edward S. Lampert (142)
Investitionen
1,7 Milliarden Dollar

Penny Pritzker (152)
Hotels, Investitionen
1,6 Milliarden Dollar

Melvin Simon (152)
Immobilien
1,6 Milliarden Dollar

Peter B. Lewis (152)
Progressive Corp (Kfz-
Versicherung)
1,6 Milliarden Dollar

Karen Pritzker (165)
Hotels, Investitionen
1,5 Milliarden Dollar

Linda Pritzker (165)
Hotels, Investitionen
1,5 Milliarden Dollar

Michael Krasny (165)
CDW Corp.
1,5 Milliarden Dollar

Henry Kravis (165)
Gehebelter Aufkauf von
Unternehmen
1,5 Milliarden Dollar

Daniel Pritzker (165)
Hotels, Investitionen
1,5 Milliarden Dollar

James Pritzker (165)
Hotels, Investitionen
1,5 Milliarden Dollar

Jay Robert Pritzker (165)
Hotels, Investitionen
1,5 Milliarden Dollar

Jean Pritzker (165)
Hotels, Investitionen
1,5 Milliarden Dollar

John A. Pritzker (165)
Hotels, Investitionen
1,5 Milliarden Dollar

John J. Fisher (165)
The Gap (Kleidung)
1,5 Milliarden Dollar

Robert J. Fisher (165)
The Gap (Kleidung)
1,5 Milliarden Dollar

Wilma Stein Tisch (165)
Loews Corp; CBS
1,5 Milliarden Dollar

Sanford Weill (203)
Citigroup (Travelers Group)
1,4 Milliarden Dollar

Alfred Mann (203)
Erfinder, Geschäftsmann
1,4 Milliarden Dollar

Ernest S. Rady (215)
Investitionen
1,3 Milliarden Dollar

Alec Gores (215)
Gehebelter Aufkauf von
Unternehmen

George R. Roberts (165)
Gehebelter Aufkauf von
Unternehmen
1,5 Milliarden Dollar

Louis Gonda (165)
Internationales Leasing
1,9 Milliarden Dollar

Dirk Ziff (165)
Ziff Davis Publishing (verkauft)
1,5 Milliarden Dollar

Robert Ziff (165)
Ziff Davis Publishing (verkauft)
1,5 Milliarden Dollar

Daniel Ziff (165)
Ziff Davis Publishing (verkauft)
1,5 Milliarden Dollar

Stephen Wynn (215)
Casinos
1,3 Milliarden Dollar

Nicholas Pritzker II (234)
Hotels, Investitionen
1,2 Milliarden Dollar

Alan Gerry (234)
Cablevision
1,2 Milliarden Dollar

Norma Lerner (234)
Erbe des MBNA-Vermögens
(Kreditkarten)
1,2 Milliarden Dollar

Randolph Lerner (234)
Erbe des MBNA-Vermögens
(Kreditkarten)
1,2 Milliarden Dollar

Nancy Lerner Beck (234)
Erbe des MBNA-Vermögens
(Kreditkarten)
1,2 Milliarden Dollar

Arthur Blank (234)
Home Depot
1,2 Milliarden Dollar

1,3 Milliarden Dollar

Barry Diller (215)
USA Networks; Ticketmaster
1,3 Milliarden Dollar

Mark Cuban (215)
Broadcast.com
1,3 Milliarden Dollar

Pincus Green (260)
Rohstoffhändler
1,1 Milliarden Dollar

Carl Berg (260)
Immobilien im Silicon Valley
1,1 Milliarden Dollar

Herbert Siegel (280)
Fernsehen
1,1 Milliarden Dollar

Donald Fisher (260)
The Gap (Kleidung)
1,1 Milliarden Dollar

Doris Fisher (260)
The Gap (Kleidung)
1,1 Milliarden Dollar

Michael Milken (278)
Investitionen
1 Milliarde Dollar

Jeremy Maurice Jacobs Sr (278)
Sportkonzessionen
1 Milliarde Dollar

David Gottesman (278)
Investitionen
1 Milliarde Dollar

Nelson Peltz (278)
Snapple Getränke; gehebelte Firmenübernahmen
1 Milliarde Dollar

Thomas Lee (234)
Gehebelter Aufkauf von Unternehmen
1,2 Milliarden Dollar

Marc Rich (260)
Marc Rich (260)
1,1 Milliarden Dollar

Michael Milken (278)
Drexel Burnham Lambert, Verhandlungen
1 Milliarde Dollar

William S. Fisher (278)
The Gap (Kleidung)
1 Milliarde Dollar

Jerome Kohlberg, Jr (278)
Kohlberg, Kravis & Roberts
1 Milliarde Dollar

Andreas Bechtolsheim (278)
Google
1 Milliarde Dollar

Neil Gary Bluhm (278)
Immobilien
1 Milliarde Dollar

Malcolm Glazer (278)
Einkaufszentren
1 Milliarde Dollar

Marvin J. Herb (278)
Abfüllen von nichtalkoholischen Getränken
1 Milliarde Dollar

Michael F. Price (278)
Investitionen
1 Milliarde Dollar

Arthur J. Rock (315)
Risikokapital
975 Millionen Dollar

Bernard A. Osher (324)
Bankwesen, Investitionen
960 Millionen Dollar

Irwin Jacobs (334)
Qualcomm (Telekommunikation)
930 Millionen Dollar

Herbert Sandler (337)
Bank
920 Millionen Dollar

Marion O. Sandler (337)
Bank
920 Millionen Dollar

Alfred Taubman (340)
Einkaufszentren
900 Millionen Dollar

Guilford Glazer (340)
Immobilien, Einkaufszentren
900 Millionen Dollar

Phillip Frost (352)
Ivax Corp.
850 Millionen Dollar

Leon Levine und Familie (361)
840 Millionen Dollar

Paul Barry Feuerwehrmann (362)
Reebok
830 Millionen Dollar

Walter Shorenstein (389)
Immobilien in San Francisco
750 Millionen Dollar

Stephen L. Bing und Familie (389)
Vermächtnis
750 Millionen Dollar

Gerry Lenfest (369)
Kabelkommunikation
800 Millionen Dollar

Jeffrey Katzenberg (369)
Dreamworks
800 Millionen Dollar

Robert Friedland (369)
Bergbau
800 Millionen Dollar

Norman Hascoe (369)
Investitionen
800 Millionen Dollar

Lowell Milken (369)
Investitionen
800 Millionen Dollar

Marc B. Nathanson (369)
Kabel, Investitionen
800 Millionen Dollar

Max Martin Fisher (383)
Marathon Oil
775 Millionen Dollar

Harold Honickman (383)
Abfüller von Pepsi
775 Millionen Dollar

William Levine (389)
Außensysteme (Anzeigetafeln)
750 Millionen Dollar

Jack Nash (389)
Investitionen
750 Millionen Dollar

Stephen Schwarzman (389)
Investitionen
750 Millionen Dollar

QUELLE[86]

Hier sind die Namen einer Handvoll weiterer Personen, die auf der *Forbes* 400-Liste für das Jahr 2004 aufgeführt sind und deren ethnischer Hintergrund unbekannt ist, die aber möglicherweise jüdisch sind. Wie in der obigen Liste entspricht die Zahl in Klammern hinter dem Namen der Person ihrem Rang auf der Liste.

Charles Ergen (23)
EchoStar
7,3 Milliarden Dollar

George Joseph (278)
Versicherung
1 Milliarde Dollar

Carl Pohlad (92)
Bank
2,3 Milliarden Dollar

Phillip Ruffin (215)
Kasinos, Immobilien
1,3 Milliarden Dollar

Gary Magness (349)
Vermächtnis
875 Millionen Dollar

William H. Gross (278)
Anleihen
1 Milliarde Dollar

Philip H. Knight (22)
Nike
7,4 Milliarden Dollar

Wilbur L. Ross Jr. (278)
Gehebelter Aufkauf von Unternehmen
1 Milliarde Dollar

Eric Schmidt (165)
Google
1,5 Milliarden Dollar

QUELLE[87]

AMERIKA: DER GRÖSSTE TRIUMPH...

In Amerika ist der Triumph am größten. Mit etwas mehr als 2,5% der amerikanischen Bevölkerung sind die Juden in allen Bereichen, in

---

[86] Diese Liste wurde von Michael Collins Piper auf der Grundlage der *Forbes* 400-Liste von 2004 erstellt, wobei das Internet und andere Quellen, darunter die hier zitierten Silbiger und Brenner, genutzt wurden, um die jüdische Abstammung der Personen, deren Namen auf der Liste stehen, zu belegen.

[87] *Ibid.*

denen sie sich betätigen durften, erstaunlich unverhältnismäßig erfolgreich... Der 100. Jahrestag von [Theodor Herzls Werk] *Der jüdische* Staat findet nicht nur einen jüdischen Staat, sondern auch zwei Juden [Mickey Kantor und Sir Leon Brittan], die die großen Handelsblöcke, die USA und die Europäische Union, bei Handelsverhandlungen vertreten, und zwei weitere als Innenminister [Michael Howard] und Außenminister [Malcolm Rifkind] des Landes [England], in dem Inglis einmal gesagt hatte, dass die Juden immer eine separate Nation bleiben sollten, und von dem Carlysle gehofft hatte, dass sie nach Palästina vertrieben werden würden.[88]

DIE WESTLICHE KULTUR IST „VOM JUDENTUM DURCHDRUNGEN

Während die Juden im Westen möglicherweise mit einem starken, wenn nicht gar tödlichen Bevölkerungsrückgang konfrontiert sind, hat sich die *Verjudung*, über die sich ihre Feinde einst beklagten, bewahrheitet: Die westliche Kultur ist vom Judentum durchdrungen.

Soweit sie nicht schwarz war, war die amerikanische Populärkultur des zwanzigsten Jahrhunderts jüdisch, von Hollywood bis zum Broadway, von Showliedern bis zum bissigen Humor.[89]

Damit sind wir am Ende unserer Untersuchung jüdischer und prozionistischer Quellen und ihrer Kommentare - von denen viele Fakten und Zahlen unumstritten sind - über die zionistische Macht in Amerika angelangt.

Ist es notwendig, noch weiter zu gehen? Haben wir hier nicht eine Übersicht zusammengestellt, die sehr deutlich zeigt, worum es geht

Kann man daran zweifeln, dass diejenigen, die behaupteten, die jüdische Macht in Amerika sei immens, nicht gelogen haben, dass sie

---

[88] Wheatcroft, S. 343.

[89] *Ibid.*, p. 344.

sich nicht der „Förderung alter antisemitischer Mythen und Enten" schuldig gemacht haben, wie uns die Medien oftmals einreden

Im Gegenteil, das jüdische Volk hat allen Grund, stolz zu sein, und in seinen eigenen Publikationen fühlt es sich völlig frei, seinen Sonderstatus in den Vereinigten Staaten zu verkünden. Die in *Das neue Jerusalem* dargestellten Fakten sind zum großen Teil eine Bekräftigung dieses Sonderstatus.

Ein endgültiges Urteil

Die jüdische Macht in Amerika ist heute größer als die jüdische Macht in irgendeinem Land zu irgendeinem Zeitpunkt in der Geschichte.

Professor Norman Cantor hat die immense Macht der Juden im heutigen Amerika zusammengefasst. In seinem umstrittenen Buch *Die heilige Kette*, das wegen seiner Offenheit vielfach kritisiert wurde, schrieb Cantor: In den vier Jahrzehnten nach 1940 gelangten die Juden in die amerikanische Gesellschaft durch den Komfort der Vorstädte, die Durchdringung der Universitäten und die privilegierten Hochburgen der gelehrten Berufe, die Unternehmen, die Politik und die Regierung sowie die Kontrollebenen der Medien. In den intellektuellen Berufen waren Juden um den Faktor fünf oder sechs überrepräsentiert.

1994 machten die Juden nur 3% der amerikanischen Bevölkerung aus, aber ihr Einfluss entsprach dem einer ethnischen Gruppe, die 20% der Bevölkerung ausmacht.

Nichts in der jüdischen Geschichte kam diesem Grad der jüdischen Erlangung von Macht, Reichtum und Vorrang gleich.

Weder im muslimischen Spanien, noch im Deutschland des frühen 20. Jahrhunderts, noch in Israel selbst, weil es in diesem kleinen Land keine vergleichbaren Niveaus von Reichtum und Macht im Weltmaßstab zu erreichen gab. [90]

---

[90] Cantor, S. 406-407.

Cantor schließt: „Die Morgans, die Rockefellers, die Harrimans, die Roosevelts, die Kennedys, die Titanen vergangener Epochen, wurden vom Juden als Urheber makelloser Heldentaten verdrängt...".[91]

Und so ist es, laut einem jüdischen Akademiker, was die Realität der Fakten und Zahlen widerspiegelt, die wir auf diesen Seiten gesehen haben: Die alten Namen der amerikanischen Elite wurden überholt und heute ist die zionistische Elite wahrhaftig als diejenigen hervorgetreten, die in Amerika - dem neuen Jerusalem - herrschen.

Moderne zionistische Philosophen: „Amerika ist das neue Jerusalem".

Um jeden Zweifel daran zu vermeiden, dass die Führer der zionistischen Gemeinschaft in den USA nun die Vereinigten Staaten als das neue Jerusalem betrachten, ist es unerlässlich, diese hervorstechende und unbestreitbare Tatsache zu berücksichtigen:

Zionisten werfen Israelkritikern nun offen vor, nicht nur antisemitisch und antiisraelisch, sondern auch antichristlich und antiamerikanisch zu sein, und behaupten, dass antiisraelische Gefühle in Wirklichkeit die Grundlage des Antiamerikanismus sind und dass der Antiamerikanismus untrennbar mit antiisraelischen, antisemitischen und antichristlichen Gefühlen verbunden ist.

Kurz gesagt, die Grundlinie dieses Vorschlags ist, dass Amerika tatsächlich „das neue Jerusalem" ist. Amerika und Israel sind eins. Solche Ansichten werden auf den höchsten Ebenen der zionistischen Bewegung genährt und sind heute sogar in den Diskurs der öffentlichen Debatte in Amerika eingeflochten. So können wir nur zu dem Schluss kommen, dass all dies eine Bestätigung der These ist, die auf den Seiten von *Das neue Jerusalem* aufgestellt wurde.

Denn die meisten Menschen in der Welt, die sich über den von den USA verfolgten neuen Imperialismus Sorgen machen, wissen sehr wohl, dass diese Politik nicht wirklich ein „Amerikanismus" ist, sondern in Wirklichkeit das Produkt der zionistischen Mächte und ihrer hoch

---

[91] *Ibid.*, p. 418.

platzierten politischen Entscheidungsträger, die in den USA, insbesondere unter der Präsidentschaft von George W. Bush, zur Herrschaft gelangt sind.

Wie üblich zeigen Zionisten jedoch immer wieder ihre Fähigkeit, die Realität so zu verzerren, dass sie in ihr spezielles Weltbild passt. Die Menschen auf der ganzen Welt sind nicht „antiamerikanisch" (in dem Sinne, dass sie kein Problem mit dem amerikanischen Volk haben). Im Gegenteil, es scheint, dass Menschen mit unterschiedlichem Hintergrund auf der ganzen Welt oft besser als die Amerikaner selbst verstehen, wer Amerika wirklich regiert, und dass sie eine gewisse Sympathie für die Amerikaner empfinden, die sich von der zionistischen Minderheit unermüdlich manipulieren ließen. Es gibt also keinen „Antiamerikanismus" in dem Sinne, wie die Zionisten uns glauben machen wollen.

Es ist auch wichtig zu erkennen, dass die Völker der Welt kein Problem mit den Grundsätzen der Demokratie, Freiheit und Autonomie haben, auch wenn sie sehr vage definiert sind. Die Vorstellung, dass der Rest der Welt (mit Ausnahme Israels) irgendwie „antiamerikanisch" ist, ist ein zerstörerischer und gefährlicher Mythos, den die Zionisten verbreitet haben, um die Amerikaner gegen alle aufzubringen, die es wagen, die zionistische Macht in Amerika in Frage zu stellen.

Das Konzept des „Antiamerikanismus" ist also zum größten Teil eine zionistische Erfindung. Im Zuge der Terroranschläge vom 11. September und in der Zeit vor der völlig verrückten (und von den Zionisten angeordneten) Invasion des Irak durch die USA im Frühjahr 2003 begannen die zionistisch kontrollierten Medien in den USA, den „Antiamerikanismus" zu einer Folge der dringenden Notwendigkeit zu machen, einen weltweiten (und scheinbar endlosen) „Krieg gegen den Terror" zu befeuern, zu dessen lebenswichtigem Bestandteil Präsident Bush und seine zionistischen Manipulatoren den Feldzug zur Zerstörung des Irak erklärt haben.

Als direkte Folge der Lügen und Hetzreden der Bush-Regierung in Verbindung mit der bewussten Verzerrung und Desinformation durch die Medien glaubten gute, ehrliche und aufrechte amerikanische Patrioten, dass der irakische Machthaber Saddam Hussein eine Rolle bei den Terroranschlägen vom 11. September gespielt habe und der Krieg gegen den Irak daher gerechtfertigt sei.

Bei der Vorbereitung des Irakkriegs begannen zionistische Propagandisten und die Medien, den Amerikanern zunehmend folgende Botschaft zu vermitteln: „Die ganze Welt ist gegen uns" - oder, um es genauer auszudrücken, zumindest so, wie sie in den Medien dargestellt wurde: „Die ganze Welt ist gegen uns, die guten Amerikaner, und unsere guten Freunde, die Israelis: „Die ganze Welt ist gegen uns, die guten Amerikaner, und unsere guten Freunde, die Israelis, die sicherlich unser einziger demokratischer Verbündeter im Nahen Osten und unser einziger wirklicher, starker und zuverlässiger Verbündeter in der ganzen Welt sind.

Das Thema des grassierenden „Antiamerikanismus" wurde den Amerikanern genau zu dem Zweck eingetrichtert, all jene zu „Anti" zu machen, die sich weigerten, den Krieg gegen Saddam zu unterstützen, von dem die Zionisten verlangten, dass die Amerikaner ihn in ihrem Namen führten. In gewisser Weise wurde der Irakkrieg zu einem - wenn nicht sogar „dem" - Maßstab dafür, wer die größere und weitreichendere zionistische Agenda unterstützte und wer nicht.

Wie dem auch sei, das Thema „Antiamerikanismus" wird nun von Zionisten in den Medien in die öffentliche Debatte eingebracht, und wie wir gesehen haben, wird „Antiamerikanismus" von Zionisten nicht nur mit der Opposition gegen Israel und jüdische Interessen, sondern auch gegen das Christentum selbst gleichgesetzt - in der Tat ein außergewöhnliches Thema.

Doch obwohl es für den Durchschnittsamerikaner schwierig sein mag, eine historische und geopolitische Kontroverse von solchem Ausmaß, deren weltweite Verzweigungen offensichtlich immens sind, zu akzeptieren (oder auch nur zu verstehen), behauptet einer der renommiertesten „Intellektuellen" des Zionismus genau das in einem auda himmelweiten Essay, der in der Januarausgabe 2005 des *Commentary* Magazine, der stets pompösen, aber dennoch kandierten Zeitschrift des American Jewish Committee, erschienen ist.

In seinem Essay „Der Amerikanismus und seine Feinde" behauptet der Yale-Professor David Gelernter, dass der „Amerikanismus" selbst - zumindest so, wie er von Gelernter und seinen zionistischen Kollegen definiert wird - nichts anderes ist als eine moderne Weiterentwicklung des alten zionistischen Denkens, das bis in die Bibel selbst zurückreicht. Amerika, so behauptet er, ist im Wesentlichen das neue Israel, das neue Jerusalem, eine virtuelle Hilfskraft des Staates Israel selbst.

Bevor wir jedoch die Besonderheiten von Gelernters erstaunlichem Essay erforschen, müssen wir unbedingt das besondere Umfeld verstehen, aus dem er hervorgegangen ist, denn das allein zeigt schon die Bedeutung dieser These, zumindest aus der Sicht der wirklich wichtigen Einflusskreise in Amerika, nämlich der zionistischen Elite.

Die Tatsache, dass Gelernters Vorschlag in *Commentary* formuliert wurde - *lange Zeit herausgegeben* von dem neokonservativen „Ex-Trotzkisten" Norman Podhoretz, der immer noch hinter den Kulissen der Zeitschrift das Sagen hat - bedeutet eine Menge. Allgemein anerkannt als eines der wichtigsten Medien, die die Außenpolitik der USA unter der Bush-Regierung beeinflussen, ist *Commentary* sicherlich eine der wichtigsten Stimmen des Zionismus, nicht nur in Amerika, sondern in der ganzen Welt.

Darüber hinaus werden Gelernters Ansichten zu politischen Angelegenheiten, obwohl er ein Computerspezialist ist, regelmäßig in großem Stil auf den Seiten *der New York Times* und der *Washington Post* sowie in dezidiert pro-israelischen Publikationen wie *The New Republic*, *National Review* und der Hauszeitung des zionistischen Milliardärs Rupert Murdoch, *The Weekly Standard*, veröffentlicht, die von William Kristol herausgegeben wird, der heute vielleicht der wichtigste Medienpublizist und Public Affairs-Stratege für die so genannte „neokonservative" Sichtweise ist.

Insofern ist das, was Gelernter zu sagen hat, mit Vorsicht zu genießen, da er ein integraler Bestandteil von Kristols Netzwerk ist und auch in *Commentary* alle Freiheiten hat, solch provokative Meinungen zu verbreiten. Gelernter ist heute eine der meistgelesenen Stimmen des Zionismus.

Wenn man also versteht, was „Neokonservative" wie Gelernter glauben, versteht man die eigentliche Geisteshaltung der kompromisslosen zionistischen Bewegung, nicht nur in den USA und Israel, sondern in der ganzen Welt, denn der Neokonservatismus wird wahrscheinlich als der wichtigste Einfluss in der immer noch facettenreichen Welt des heutigen Zionismus beschrieben.

Obwohl die Geschichte der Neokonservativen (die in dem früheren Werk dieses Autors, *The High Priests of War*, ausführlich beschrieben wird) den Rahmen unserer Studie sprengen würde, ist es wichtig zu erwähnen, dass William Kristols Vater, Irving Kristol, als „Pate" der neokonservativen Bewegung bekannt ist und selbst als trotzkistischer Kommunist der alten Schule war, einer der „New Yorker Intellektuellen" - Teil einer Zelle, die sich selbst „Die Familie" nannte -, der Podhoretz als Mentor diente, als trotzkistischer Kommunist alter Schule einer der selbsternannten „New Yorker Intellektuellen" - Teil einer Zelle, die sich selbst „Die Familie" nannte -, der Podhoretz als Mentor diente, als *Commentary* zu einer der mächtigsten medialen Stimmen der Israel-Lobby wurde.

Heute sind die Kristols und Podhoretz - zusammen mit Leuten wie Gelernter - die treibenden Kräfte hinter der globalen Agenda der Bush-Regierung, verbündet mit Schlüsselpolitikern der Regierung wie dem stellvertretenden Verteidigungsminister Paul Wolfowitz und in enger Zusammenarbeit mit gleichgesinnten Verbündeten innerhalb der Hardliner-Fraktionen in Israel. All dies ist natürlich besonders relevant, da unter Präsident Bush die tatsächliche Verschmelzung Amerikas mit dem Staat Israel umso offensichtlicher wurde - ein Bündnis, das selbst für amerikanische Verhältnisse beispiellos ist.

Es ist daher nicht unwichtig, dass, als Präsident Bush seine zweite umstrittene Antrittsrede hielt, einer der intellektuellen Masterminds dieser Rede Natan Sharansky war, einer der schärfsten Hardliner-Führer in Israel, mit dem die neokonservativen Zionisten in den USA ziemlich eng zusammenarbeiten. Zusammen mit William Kristol und anderen amerikanischen Neokonservativen reiste Sharansky auf Einladung Bushs ins Weiße Haus und war an der Ausarbeitung der Rede, die der Präsident hielt, beteiligt.

In dieser Antrittsrede bekräftigte Bush sein Bekenntnis zu den Prinzipien einer globalen Weltrevolution - dargestellt als Streben nach „Demokratie" -, die die Grundlage der sich ständig weiterentwickelnden Philosophie jener ex-trotzkistischen Neokonservativen bildeten, die für den „mitfühlenden Konservatismus" der Bush-Regierung Pate stehen. Kurz gesagt, Bushs Agenda (eher die Agenda der zionistischen Bush-Manipulatoren) ist nichts anderes als eine modernisierte Version des altmodischen internationalen Bolschewismus, der vom verstorbenen Leo Trotzki inspiriert wurde.

Wie wir jetzt sehen, sind die heutigen Trotzkisten - heute die Führer des Zionismus - Realisten und Opportunisten, um nichts anderes zu sagen. Als solche haben sie ihren Weltherrschaftsmechanismus umgestaltet und an ihre besonderen Bedürfnisse im 21. Jahrhundert angepasst, so sehr, dass sie sogar einen wiedergeborenen„ messianischen und bewaffneten Cowboy mit texanischem Akzent als ihren wichtigsten öffentlichen Sprecher rekrutiert haben. Und tatsächlich hat er einen regelrechten Kult entwickelt.

In dieser zweiten Antrittsrede verkündete der junge Bush, dass „Amerikas vitale Interessen und unsere tiefsten Überzeugungen nun eins.... sind. Die Förderung dieser Ideale ist die Mission, die unsere Nation geschaffen hat..... Es ist jetzt die dringende Notwendigkeit für die Sicherheit unserer Nation und der Ruf unserer Zeit".

Letztendlich bedeutet dies einen zukünftigen Krieg und viel Krieg - einen Weltkrieg - nichts anderes als eine Ausweitung des laufenden imperialen Unternehmens im Irak, um als Ziele all jene einzubeziehen, die als Hindernis für die Neue Weltordnung wahrgenommen werden, von der die Führer des internationalen Zionismus so lange geträumt haben. Und nun haben sie Amerika in ihren Händen und kontrollieren damit die einzige mächtige Nation, deren Ressourcen (und Volk) für die Verwirklichung dieses Traums ausgebeutet werden können.

Es ist kein Zufall, dass das *Time* Magazine - die wöchentliche Stimme der amerikanischen zionistischen Königsfamilie Bronfman - George W. Bush am Vorabend seiner zweiten Amtszeit als „amerikanischen Revolutionär" bezeichnet hat. Bush mag ein Amerikaner sein, aber die Revolution, die er anführt, ist nicht amerikanisch. Es ist eine Revolution, deren Gründerväter die Führer des internationalen Zionismus sind. Der junge Bush mag ein König sein, aber die zionistischen Intriganten sind seine Regenten.

Bushs Agenda ist die zionistische Agenda, und das Thema der Förderung der globalen Demokratie ist ein integraler Bestandteil des modernen (und ständig wachsenden) zionistischen Plans, die Welt *mit amerikanischer Waffengewalt* neu zu gestalten.

Das bringt uns zu David Gelertners Essay in *Commentary* zurück, denn er ist eine philosophische Ergänzung zu dem von Sharansky hervorgehobenen - und von Bush gewissenhaft und begeistert aufgegriffenen - Thema und Teil einer ständigen, gar nicht so subtilen Bemühung, das neue internationale Imperium, das die Bush-Regierung zu etablieren versucht, zu betonen und zu fördern.

Obwohl sein Essay veröffentlicht wurde, bevor Bushs Antrittsrede öffentlich gehalten wurde - obwohl er bereits privat in den Händen von Gelernters zionistischen Partnern zusammengebraut worden war - behauptet Gelernter, dass das, was heute der Sharansky-Bush-Standpunkt ist, in Bezug auf die amerikanische Geschichte bis in die Zeit der puritanischen und Pilger-Gründungsväter zurückreicht.

Gelernter stellt fest, dass „die Puritaner sich als Gottes neues auserwähltes Volk betrachteten, das in Gottes neuem verheißenen Land lebte - kurz gesagt, als Gottes neues Israel", und behauptet, dass „viele Denker festgestellt haben, dass der Amerikanismus vom Puritanismus inspiriert ist, ihm nahe steht oder mit ihm verflochten ist", und stellt fest, dass „einer der bedeutendsten Wissenschaftler, die dies in letzter Zeit gesagt haben, Samuel Huntington in seinem großartigen Buch über die amerikanische Identität, *Who Are We*

Als ehemaliges Mitglied des Council on Foreign Relations scheint Huntington für Gelernter eine ironische Wahl zu sein, wenn er für Amerikanismus und Demokratie predigt, da sein früheres Buch *The Crisis of Democracy* (veröffentlicht von der von Rockefeller finanzierten Trilateralen Kommission) nahelegte, dass es in Amerika zu viel Demokratie gebe und diese abgeschafft werden müsse.

Aber auch hier gilt „Demokratie" - in den Augen der Elite - nur für diejenigen, die sie frei sehen wollen.

In jüngerer Zeit machte sich Huntington zum Sprecher einer hochrangigen Kampagne, die darauf abzielte, bestimmte Einwanderergruppen - insbesondere Muslime und hispanische Katholiken - an der Einreise in die USA zu hindern, hauptsächlich im Namen des „Kampfes gegen Terrorismus und Antisemitismus", da die jüdische Elite zu dem Schluss gekommen war, dass katholische Einwanderer ebenso wie Muslime der jüdischen Macht misstrauen und nicht leicht zu kontrollieren sind.

Wie dem auch sei, Gelernter behauptet, dass der Puritanismus der von Huntington gewählten Art die wahre Grundlage Amerikas ist. Er schreibt: „Der Puritanismus hat den Amerikanismus nicht nur inspiriert oder beeinflusst: Der Puritanismus hat den Amerikanismus nicht nur inspiriert oder beeinflusst, er hat sich in Amerikanismus verwandelt..... Man kann die Pilgrims oder die Puritaner im Allgemeinen nicht wirklich verstehen, ohne die hebräische Bibel und die klassische jüdische Geschichte zu kennen; auch das Judentum selbst zu kennen, ist hilfreich...

Die frühen Anhänger des Amerikanismus neigten dazu, sogar ihr eigenes *Christentum* [mit Betonung auf Gelernter] in einer Weise zu definieren, die es dem Judentum ähneln ließ.

Und es ist wahrscheinlich hilfreich zu betonen, dass Gelenter feststellt, dass der Puritanismus in seiner klassischen Bedeutung an der amerikanischen Küste einen Übergang erlebt hat, und zwar so sehr, dass viele puritanische Kongregationen zu Unitariern wurden. Die Ironie dabei ist natürlich, dass es nicht wenige Christen gibt - darunter auch fundamentalistische Anhänger Israels -, die Unitarier nicht einmal als Christen betrachten. (Wie dem auch sei, Gelernter deutet vielleicht an, dass (zumindest aus Sicht der Zionisten) die moderne Form des „Puritanismus", die dem „Amerikanismus" zugrunde liegt, in Wirklichkeit alles andere als christlich ist. Und das würde natürlich wiederum viele christliche Unterstützer Israels überraschen, die verkünden, dass Amerika eine christliche Nation ist, die ihren Teil dazu beiträgt, die sogenannten Versprechen Gottes an das jüdische Volk erfüllen zu helfen.

Gelernters Bewertung der Bibel, so wie er sie liest, lautet unter anderem, dass insbesondere die Amerikaner „einen göttlichen Auftrag gegenüber der gesamten Menschheit" haben und dass daraus drei Schlussfolgerungen gezogen werden können: „Jeder Mensch, wo immer er sich befindet, hat ein Recht auf Freiheit, Gleichheit und Demokratie. (Die Frage, auf welche Bibel sich Gelernter bezieht, ist vielleicht relevant, geht hier aber sicherlich über das hinaus, was wir meinen). Andeutend, dass die von ihm als „Theologen des Amerikanismus" bezeichneten Personen verstanden haben, dass Freiheit, Gleichheit und Demokratie nicht nur philosophische Ideen, sondern „das Wort Gottes" sind, kommt Gelernter zu dem Schluss, dass die Konsequenz daraus „die Inbrunst und Leidenschaft ist, mit der die Amerikaner an ihr Glaubensbekenntnis glauben". Laut Gelernter besteht dieses Credo darin, dass „die Amerikaner, praktisch allein auf der Welt, darauf bestehen, dass Freiheit, Gleichheit und Demokratie nicht nur für Frankreich und Spanien, sondern auch für Afghanistan und den Irak richtig sind".

Hier beginnt Gelernter, sein spezielles Thema zu entwickeln, nämlich dass der Zionismus ein integraler Bestandteil dessen ist, was er

„Amerikanismus" nennt, und untrennbar mit ihm verbunden ist: Das Credo des Amerikanismus auf Freiheit, Gleichheit und Demokratie für alle zusammenzufassen, heißt nur die Hälfte der Sache zu sagen. Die andere Hälfte handelt von einem gelobten Land, einem auserwählten Volk und einer universellen, göttlich verordneten Mission. Dieser Teil des Amerikanismus ist die amerikanische Version des biblischen Zionismus: kurz gesagt, der amerikanische Zionismus.

Indem Gelernter behauptet, dass der „Amerikanismus" (wie er ihn definiert) ein „amerikanischer Zionismus" ist - die Vorstellung, dass Amerika auch ein zionistisches „gelobtes Land" ist, das mit dem Staat Israel und dem traditionellen jüdischen Zionismus selbst eins ist - legt er nahe, dass sowohl Israel als auch Amerika jüdische Staaten sind. Er geht sogar noch weiter: Der Beitrag des klassischen Israel (und des klassischen Zionismus) zum Amerikanismus ist unermesslich. Kein mir bekannter moderner Historiker oder Denker... ist dieser außergewöhnlichen Tatsache gerecht geworden. Sie scheinen vergessen zu haben, was der bedeutende irische Historiker des 19. Jahrhunderts William Lecky erkannt hat: dass „hebräischer Mörtel die Fundamente der amerikanischen Demokratie zementiert hat". Und selbst Lecky, so vermute ich, hat nicht das ganze Ausmaß dieser Wahrheit erfasst. Wenn wir sie nicht begreifen, werden wir den Amerikanismus - oder Antiamerikanismus - niemals vollständig verstehen können.

Kurz gesagt behauptet Gelernter, dass „Antiamerikanismus" nicht mehr (oder weniger) ist als die Opposition gegen die zionistische Theologie, die seiner Meinung nach eine beträchtliche Rolle als „Mörtel" gespielt hat, der „die Fundamente der amerikanischen Demokratie zementiert" hat. Dann geht Gelernter weiter und wendet seine bizarre Theorie auf die Führung der US-Außenpolitik an. Im gleichen Geiste wie, wo *die Washington Post* vom 21. Januar 2005 erklärte, Präsident Bushs globale Vision sei „eher wilsonisch als konservativ", behauptet Gelernter:

[Woodrow Wilson steht im Zentrum des klassischen Amerikanismus. Kein Präsident hat die Sprache der Bibel und der göttlichen Mission mit solcher Klarheit gesprochen... Unter der Regierung Wilsons vollzog der Amerikanismus einen grundlegenden Übergang. Er hatte immer die Idee einer göttlichen Mission beinhaltet. Aber was war diese Mission? Bis zur Schließung der Grenze im letzten Jahrzehnt des 19. Jahrhunderts bestand die Mission darin, den Kontinent zu bevölkern.

Mit der Schließung der Grenze wurde die Mission zu „Amerikanismus für die ganze Welt".

Laut Gelernter führten die nachfolgenden Präsidenten wie Franklin D. Roosevelt und Harry S. Truman Kriege im Namen des Amerikanismus. FDRs Krieg gegen ein virtuell vereintes Europa, das mit Japan verbündet war, war nichts anderes als ein Krieg, um die vielleicht größte Bedrohung zu besiegen, die für die zionistische Macht in der gesamten Geschichte des Planeten je aufgetaucht war. Truman startete natürlich den Kalten Krieg gegen die Sowjets, von dem wir heute wissen, dass er nur ein weiterer globaler Profitmechanismus war, denn während amerikanische Kinder in Korea und später in Vietnam starben, unterstützten die internationalen Banken - von denen viele jüdisch waren und andere nicht - die sowjetische Tyrannei, obwohl es in ihrem Interesse lag, dies zu tun.

Gelernter zufolge war es jedoch Ronald Reagan, der diesen „Amerikanismus" bekräftigte, als er von einer „glänzenden Stadt auf einem Hügel" sprach und damit das biblische Buch Matthäus im gleichen Geist wie der puritanische Pater John Winthrop zitierte.

Es war Reagan, so Gelernter, dessen „Verwendung dieser Wörter das moderne Amerika mit der christlich-menschlichen Vision, der puritanischen Vision, der Vision (letztlich) der hebräischen Bibel und des jüdischen Volkes, das diese Nation geschaffen hat, in Verbindung brachte". Heute, so Gelernter weiter, „ist die Tatsache, dass der Amerikanismus der Nachfolger des Puritanismus ist, entscheidend für das [Verständnis] des Antiamerikanismus".

Aus der zionistischen Perspektive, die Gelernter hervorhebt, ist die gegenwärtige europäische Opposition gegen die globalen Pläne, die von den neokonservativen politischen Entscheidungsträgern der Bush-Administration vorangetrieben werden, nichts anderes als die gegenwärtige Manifestation einer fernen Vergangenheit:

Jahrhundert waren die Anti-Amerikaner konservativ, monarchistisch und antipuritanisch..... Jahrhundert wurden die europäischen Eliten zunehmend feindselig gegenüber dem Christentum, was zwangsläufig zu einer Feindseligkeit gegenüber Amerika führte.

Und mit einem großen Schwung setzt sich Gelernter in Szene...

In der Neuzeit ist der Antiamerikanismus eng mit dem Antichristentum *und dem* Antisemitismus verbunden. [Hervorhebung durch Gelernter]

All dies spiegelt den Geisteszustand der zionistischen Elite und derjenigen wider, die heute die amerikanische Außenpolitik im Namen eines großen Projekts zur Förderung einer schlecht definierten demokratischen Weltrevolution diktieren.

Was er vertritt, ist nichts anderes als die Neue Weltordnung, vor der echte amerikanische Patrioten seit Generationen gewarnt haben, ein Projekt, das in seiner elementarsten Definition echter „Antiamerikanismus" ist.

Echte Amerikaner - und ihre vielen Freunde auf der ganzen Welt, die sich zu Recht über den Aufstieg der zionistischen Macht in Amerika Sorgen machen - würden einen Fehler begehen, wenn sie den Einfluss eines solchen Denkens außer Acht ließen: Ob man damit einverstanden ist oder nicht, es ist die Philosophie der zionistischen Elite, so unmoralisch und infernalisch sie auch sein mag.

Das Endergebnis im großen zionistischen Projekt ist die Errichtung eines Weltreichs, das von Amerika, dem neuen Jerusalem, aus regiert wird.

Während das „echte" Jerusalem im besetzten Palästina als spirituelle Hauptstadt des internationalen Zionismus dienen kann, wird Amerika Geld, Waffen und junge Männer und Frauen bereitstellen, die kämpfen und sterben werden, um die Welt für den zionistischen Reichtum und die zionistische Vorherrschaft sicher zu machen - alles im Namen des „Amerikanismus", der nun die große jüdische Maske ist.

Letztendlich ist also die in *Das neue Jerusalem* aufgestellte These - dass die Zionisten Amerika als ihr neues Jerusalem beansprucht haben - keine schreckliche und hasserfüllte „antijüdische Verschwörungstheorie".

Tatsächlich ist nach Ansicht der Zionisten selbst die Vorstellung, dass Amerika das neue Jerusalem ist, die Grundlage des Zionismus im 21. Jahrhundert. Diese Schlussfolgerung ist unausweichlich.

Die Frage, die bleibt, ist, was die Amerikaner - und andere in der Welt - diesbezüglich zu tun gedenken...

Ist Amerika mehr als „das neue Jerusalem"?

Vielleicht ist es wirklich... Das neue Babylon.

Einige Gedanken zum Abschluss...

Die Welle der Zukunft...

Wir schließen diesen Band mit der Gewissheit ab, dass das auf diesen Seiten zusammengetragene Material unbestreitbar umfassender ist als alles, was bisher zu einem Thema gesehen wurde, das vielleicht das heißeste Thema ist, das heute auf dem Antlitz der Erde diskutiert wird.

Hunderte Millionen Menschen auf der ganzen Welt sind davon überzeugt, dass Amerika in Wirklichkeit das „neue Jerusalem" ist - das Machtzentrum des weltweiten Zionismus. Amerika hat sich unbestritten als das sprichwörtliche „Land, in dem Milch und Honig fließen" etabliert, das auf Gedeih und Verderb (viele würden sagen „zum Schlechteren") den winzigen Staat Israel als zionistisches Kronjuwel bei weitem in den Schatten stellt. Das lässt sich nicht leugnen.

Wie der gottlose, unmoralische und sinnlose amerikanische Angriff auf den Irak (mit den darauf folgenden weitreichenden Zerstörungen und Verwüstungen, einschließlich des sinnlosen Todes von über 1 000 Amerikanern, ganz zu schweigen von der Ermordung Tausender anderer) gezeigt hat, hat die zionistische Macht in Amerika ein nie dagewesenes Niveau erreicht, wie mehr als ein jüdischer Historiker und sicherlich nicht weniger als eine der einflussreichsten Zeitungen des Staates Israel zugegeben haben.

Es gibt natürlich diejenigen, die sagen, dass die zionistische Macht in Amerika eine natürliche Folge des „freien Marktes" und eine Demonstration der amerikanischen Demokratie in ihrer besten Form ist. Andere - viele andere - behaupten das Gegenteil.

Die Ermordung von John F. Kennedy markierte in der Tat einen Wendepunkt im amerikanischen System und eigentlich auch in der Welt. Obwohl die zionistische Macht schon lange ihren Einfluss in Washington und ganz Amerika ausübte, war der Staat Israel selbst 1963 relativ neugeboren. Als Präsident widersetzte sich JFK jedoch entschieden den Forderungen der zionistischen Lobby, insbesondere seinem Wunsch, Israel zu helfen, eine große Weltmacht zu werden, und bezahlte dafür mit seinem Leben. Dies ebnete den Weg für eine große Neuausrichtung der US-Politik gegenüber Israel und der arabischen Welt und gab auch der israelischen Lobby in Washington neue Macht. Und natürlich ist dieser Einfluss seither stetig gewachsen.

Die Verbreitung von Atomwaffen in der arabischen und muslimischen Welt war eine direkte Reaktion auf Israels Atomwaffenaufbau - den JFK zu stoppen versuchte - und es ist nicht übertrieben zu sagen, dass die USA, wenn es JFK unter gelungen wäre, Israel am Aufbau von Atomwaffen zu hindern, höchstwahrscheinlich nie in das Debakel im Irak verwickelt worden wären, das aus Saddam Husseins anfänglichen Bemühungen resultierte, ein Atomwaffenarsenal aufzubauen, das dem israelischen entgegenwirken sollte. Und die Tragödie des Irak wird Amerika und sein Volk noch über Generationen hinweg verfolgen.

Während also die zionistische Lobby hier in Amerika unerschütterlich bleibt und die Interessen ihres ausländischen Klienten - des Staates Israel - fördert, haben die zionistischen Familien und Machtblöcke hier auf amerikanischem Boden ein massives Konglomerat aus Reichtum und Macht zusammengetragen, das, wie wir gesehen haben, die USA tatsächlich zweifelsohne zum Neuen Jerusalem gemacht hat.

Die geheime Geschichte von JFKs Hinterzimmerkampf mit Israel muss allen bekannt sein, wenn die Amerikaner - und die Völker der Welt - wirklich verstehen wollen, wie und warum der Zionismus eine solche Vorherrschaft im amerikanischen Leben erlangt hat.

Die Herrschenden tun dies, weil am 22. November 1963 ein amerikanischer Präsident, der ihre Macht in Frage stellte, in einer äußerst unrühmlichen öffentlichen Hinrichtung getötet wurde - ein Verbrechen, das bis heute ungestraft geblieben ist. Heute sind wir mit der Realität konfrontiert, die sich aus diesem Verbrechen in Dallas ergibt. Wir müssen damit beginnen, die Situation zu untersuchen und darüber nachzudenken, was auf Amerika - und die Welt - zukommt.

Wenn wir unseren Blick auf andere moderne Nationalstaaten richten, stellen wir fest, dass der Kampf gegen die zionistische Macht - genau wie in Amerika - das unausgesprochene „große Geheimnis" der

Gegenwart ist. An einigen Orten geht der Kampf jedoch in die heiße Phase....

In der westlichen Hemisphäre finden wir in Venezuela einen populistischen Revolutionär, Hugo Chavez, der sich (freudig) gegen die internationalen zionistischen Intrigen stellt. Es ist kein Zufall, dass Chavez bei einer Gelegenheit stolz an der Seite des damaligen irakischen Machthabers Saddam Hussein stand und erklärte, dass er und Saddam gegen die „Pharisäer" seien.

Chavez wusste genau, was er sagte. Ebenso ist es kein Zufall, dass Chavez heute zunehmend zur Zielscheibe der zionistischen Medien wird.

In Asien schockierte der ehemalige malaysische Premierminister Mahathir Muhammed die Welt, als er öffentlich über die immense Macht des internationalen Zionismus sprach. Er wurde für seine Bemerkungen von den Medien gnadenlos kritisiert, aber jeder wusste natürlich, dass er Recht hatte. Aus diesem Grund ist Muhammed nach wie vor immens beliebt, nicht nur in der muslimischen Welt, sondern in allen Nationen der Welt, in denen frei denkende Menschen die Wahrheit nicht fürchten.

Im neuen postsowjetischen Russland bemüht sich eine Handvoll zionistischer Milliardäre - bekannt als „Oligarchen" - darum, die eiserne Hand über die russische Wirtschaft zu halten, angesichts der Herausforderung durch den russischen Präsidenten Wladimir Putin, der mit seinem Vorgehen gegen diese mächtigen Kräfte seine eigene Zukunft aufs Spiel gesetzt hat. Es versteht sich von selbst, dass die von Zionisten kontrollierten westlichen Medien die Maßnahmen Putins gegen die Oligarchen nicht begrüßten. Die Medien verunglimpfen Putin als Rückkehr in die Zarenzeit oder in die Zeit des gefürchteten Stalin, der in seinen letzten Tagen begann, gegen den zionistischen Einfluss in Russland zu kämpfen und damit seinen eigenen vorzeitigen Tod herbeiführte.

(Die Fakten über Stalins Ermordung wurden 2004 von Jonathan Brent und Vladimir Naumov in *Stalin's Last Crime* schlüssig dokumentiert und bestätigen, was über 50 Jahre lang in jüdischen Publikationen weitgehend und mehr oder weniger subtil angedeutet und sogar angepriesen worden war). Die Frage, ob Putin den zionistischen Angriff überleben wird, ist eine Frage, deren Beantwortung eine große Rolle bei der Ausrichtung der Zukunft Russlands und der Welt spielen wird, da die Zionisten keine Skrupel haben, einen neuen „Kalten Krieg" zwischen den USA und Russland zu schüren, um Putin zu zähmen und das Überleben des zionistischen Einflusses in Russland zu sichern.

Letztendlich war der Kampf gegen die übergroße Macht und den Einfluss der Zionisten und ihre oft schädlichen Folgen schon immer Teil der Geschichte und könnte sich in den USA heute als das entscheidende Thema der kommenden Jahre erweisen - oder sollte es zumindest sein.

Ist es wirklich so lebenswichtig für das amerikanische System, dass eine Handvoll Milliardärsfamilien das Medienmonopol in Amerika in der Hand hat Drohen Si und Donald Newhouse nicht strenge Antimonopolgesetze, die sie ihres umfangreichen Besitzes an Zeitungen in ganz Amerika berauben würden? Können Si und Donald nicht einfach nur eine einzige Zeitung und ein einziges Magazin besitzen - oder vielleicht nur ein paar Mehr als ein amerikanischer Medienkritiker hat sich über die zunehmende Konzentration des Medienbesitzes besorgt gezeigt, doch bislang haben nur eine Handvoll unabhängiger Stimmen (darunter übrigens auch ein jüdischer Abgeordneter, Bernie Sanders aus Vermont) es ernsthaft gewagt, diese Frage aufzuwerfen.

Ist es nicht auch an der Zeit, an die Warnungen des verstorbenen populistischen Senators von Louisiana, Huey P. Long, zu erinnern, der eine Umverteilung des Reichtums forderte ? Wie Analysten wie Kevin Phillips u. a. festgestellt haben, wächst die Kluft zwischen Arm und Reich in diesem Land exponentiell, da auch die Mittelschicht immer ärmer wird. Ist es nicht an der Zeit, die angehäuften großen Vermögen zu zerschlagen und gegen diejenigen vorzugehen, die FDR als „die Übeltäter des großen Reichtums" bezeichnete

Werden die drei Erben des gigantischen Mars-Vermögens (30 Milliarden Dollar) wirklich leiden, wenn sie bis auf ein paar hundert Millionen Dollar alles aufgeben müssen? Die gleiche Frage stellt sich übrigens auch in Bezug auf einige nichtjüdische Vermögen in Amerika.

Stellen Sie sich vor, was zur Verbesserung Amerikas im eigenen Land getan werden könnte, wenn auch nur eine Handvoll dieser monumentalen Konglomerate von Reichtum hier bei uns umverteilt werden könnte, um das Leben aller Amerikaner zu verbessern.

Kein Kind müsste Hunger leiden. Keine Eltern müssten darum kämpfen, ihre Kinder auf die Universität zu schicken. Krankheiten und Drogenmissbrauch könnten im Rahmen einer gut finanzierten nationalen Kampagne mit bislang unerreichten Ressourcen bekämpft werden. Keine Gemeinde würde mehr ohne angemessene Gesundheitsversorgung auskommen müssen. Ältere Menschen würden nie wieder Hundefutter essen, um das Geld für dringend benötigte Medikamente zu sparen. Unsere Altenheime wären keine hässlichen Orte mehr, an die unsere Senioren geschickt würden, um dort elendiglich zu sterben. Unsere maroden Brücken, Autobahnen und Eisenbahnen könnten wieder instand gesetzt werden.

Die Liste der Dinge, die wir mit einer Infusion von Reichtum aus den Händen der Superreichen erreichen könnten, ist endlos. Lassen Sie Ihre Fantasie spielen. Und denken Sie daran, dass Amerika als Nation auch den Menschen auf der ganzen Welt behilflich sein könnte.

All das ist im Moment nur ein Traum. Tatsächlich arbeiten die zionistische Elite und ihre Verbündeten in den oberen Etagen der amerikanischen Führungsschicht fleißig daran, ihre eigene Herrschaft zu sichern und dafür zu sorgen, dass ihr Vermögen unangetastet bleibt. Alle Arten von Gesetzen zur Unterdrückung des Dissenses in der Bevölkerung Amerikas werden derzeit ausgearbeitet.

Die Einführung von Gesetzen zu „Hassverbrechen" - die nichts anderes sind als Tricks, mit denen Kritikern des jüdischen Einflusses auf die Gestaltung der US-Politik begegnet werden soll - sowie freiheitsfeindliche Maßnahmen wie der „Patriot Act" und ähnliche Gesetze sind Teil eines von langer Hand geplanten Programms zur Unterdrückung von Dissens und zur Einführung eines Programms zur „Gedankenkontrolle" mit einem einzigen Ziel: die Fortsetzung der zionistischen Herrschaft über die amerikanische Erfahrung zu gewährleisten.

Es gibt zwar Hinweise darauf, dass hochrangige Elemente im amerikanischen Leben - Personen in einflussreichen politischen Institutionen wie der CIA, dem FBI, dem Außenministerium, der Nationalen Sicherheitsbehörde und dem Militär selbst - zunehmend unruhig werden, die zu Recht befürchten, dass der zionistisch-jüdische Einfluss auf die amerikanische Politik eine Gefahr für Amerika und seine Stellung in der Welt darstellt. Nichtsdestotrotz ist die herausragende zionistische Kontrolle und/oder Einflussnahme auf das amerikanische Medienmonopol eine Kraft, die eine große Rolle bei der Gestaltung der amerikanischen Psyche als Ganzes spielt.

Zum gegenwärtigen Zeitpunkt scheint es leider sehr unwahrscheinlich, dass das amerikanische Volk kurz davor steht, sich zu erheben und einen Präsidenten und einen Kongress zu wählen, die die zionistische Macht und das, wofür sie steht, in Frage stellen.

Wenn jedoch eine ausreichende Anzahl von Amerikanern - an einer ausreichenden Anzahl von Orten in diesem riesigen Land - bereit ist, aufzustehen, sich zu äußern und diejenigen zu unterstützen, die Machtpositionen innehaben, ist es wahrscheinlich, dass hochrangige Personen, die ernsthafte Fragen über die zionistische Macht stellen, eher als je zuvor bereit sind, ebenfalls aufzustehen und sich zu äußern.

Kurz gesagt, wir können eine „Revolution von oben" haben - denn eine Revolution von unten scheint zum gegenwärtigen Zeitpunkt höchst unwahrscheinlich. Die erste amerikanische Revolution war das Produkt unzufriedener Intellektueller, Militärführer und Geschäftsleute, und die kommende zweite amerikanische Revolution wird unweigerlich aus denselben Quellen stammen.

Deshalb müssen die einfachen Amerikaner wachsam bleiben. Sie müssen weiterhin unabhängige Stimmen in den freien Medien unterstützen und sich zu gegebener Zeit denen anschließen, die an höchster Stelle endlich den Mut haben zu sagen: „Ich bin außer mir vor Wut und werde mir das nicht länger gefallen lassen".

Die Welle der Zukunft bewegt sich schnell auf die amerikanische Küste zu und die ganze Welt schaut auf sie. Diese Welle wird mit einem lauten Knall niedergehen, wie man ihn noch nie zuvor in der Geschichte gehört hat, und am Ende werden die Amerikaner, koste es, was es wolle, offen und kühn in unmissverständlichen Worten erklären, dass *unsere Nation das Neue Jerusalem für alle Völker ist, und nicht nur für eine sich selbst verehrende Elite, die einen Clan für sich beansprucht.* Wenn dies geschieht - und nur dann - können wir sicher sein, dass sich Amerika (und die Welt) auf dem wahren Weg der Erlösung befindet und nicht auf dem Weg, den die Herrschenden von uns gerne sehen würden - dem Weg der Zerstörung.

-MICHAEL COLLINS PIPER

„Die Wahrheit hängt von einer rechtmäßigen Ableitung aus allen wirklich materiellen Tatsachen ab und ist nur durch diese zu erlangen.

-S.T. COLERIDGE Table-Talk, 27. Dezember 1831

„Man kann über die Juden sagen, was man will, dass sie verflucht sind: Sie gedeihen überall, wohin sie kommen; sie können den Fürsten ihres Landes zwingen, ihm Geld zu leihen; keiner von ihnen bettelt; sie halten zusammen; und was den Hass auf sie betrifft: Warum hassen sich die Christen gegenseitig so sehr?".

-JOHN SELDEN Table-Talk, 1689

„Juden haben keinen Sinn für Proportionen und kein Urteilsvermögen in Bezug auf das Weltgeschehen. Ich finde, dass die Juden sehr, sehr egoistisch sind. Es ist ihnen egal, wie viele Esten, Letten, Finnen, Polen, Jugoslawen oder Griechen als Vertriebene [nach dem Krieg] ermordet oder misshandelt werden, solange die Juden eine Sonderbehandlung genießen. Doch als sie die Macht innehatten - physisch, finanziell oder politisch - konnten weder Hitler noch Stalin ihnen Grausamkeiten oder Misshandlungen der Zurückgelassenen vorwerfen.

-Präsident HARRY S. TRUMAN Unveröffentlichtes Tagebuch. Eintrag vom 21. Juli 1947 (zitiert in der Washington Post, 11. Juli 2003)

Bibliografie der Quellen

ANMERKUNG: Die Bände, die unten erscheinen, sind die Quellen, die hauptsächlich im Abschnitt „Fakten und Zahlen" von *Das neue Jerusalem* verwendet werden, und sind diejenigen, die in den Endnoten dieses Bandes ordnungsgemäß vermerkt sind. Es sollte sofort ersichtlich sein, dass alle Quellen definitiv „Mainstream" sind.

Die Namen der jüdischen Autoren sind fett gedruckt.

Obwohl bei der Erstellung dieses Buches auch andere Bände konsultiert wurden (und diese im Text ordnungsgemäß erwähnt werden), sind sie nicht in dieser Bibliografie enthalten, die sich größtenteils mit den Quellen befasst, die für den Abschnitt verwendet wurden, der als „kalte und harte Fakten und Zahlen" über die zionistische Macht in Amerika beschrieben wird.

Lenni Brenner. *Juden in Amerika heute.* (Seacaucus, New Jersey: Lyle Stuart, 1986).

Norman F. Cantor. *The Sacred Chain: The History of the Jews (Die heilige Kette: Die Geschichte der Juden)* (New York: HarperCollins Publishers, 1994).

Benjamin Ginsberg. *Die verhängnisvolle Umarmung: Jews and the State* (Chicago: University of Chicago Press, 1993).

J. J. Goldberg. *Jewish Power: Inside the American Jewish Establishment.* (Reading, Massachusetts: Addison-Wesley Publishing Company, Inc., 1996).

Joel Kotkin. *Tribus.* (New York: Random House, 1993).

Gerald Krefetz. *Die Juden und das Geld: Die Mythen und die Wirklichkeit* (New Haven und New York: Ticknor and Fields, 1982).

Ferdinand Lundberg. *The Sixty Families of America.* (New York: Halcyon House edition, 1939) (Anmerkung: Lundberg soll schwedischer Abstammung sein).

Ferdinand Lundberg. *Die Reichen und die Superreichen*. (New York: Lyle Stuart, 1968).

New York Magazine, 29. Januar 1996. Artikel von Philip Weiss.

Barry Rubin. *Assimilation and Its Discontents*. (New York: Times Books/Random House, 1995).

Edward S. Shapiro. *The Time of Healing: American Jewry Since World War II*. (Baltimore: Johns Hopkins University Press, 1992).

Steven Silbiger. *Das jüdische Phänomen*. (Atlanta, Georgia: The Longstreet Press, 2000).

Charles E. Silberman. *A Certain People*. (New York: Summit Books/Simon & Schuster, Inc., 1985).

Geoffrey Wheatcroft. *Die Zionskontroverse*. (Omnia Veritas Ltd, www.omnia-veritas.com. 1996).

„Jüdischer Appell - Kann Lieberman die Lücke im Fundraising schließen? Sarah Wildman in der Ausgabe von *The New Republic* vom 18. September 2000.

ZUR ERINNERUNG: Nach der Veröffentlichung des ersten Buches dieses Autors, *Final Judgment*, behauptete ein Kritiker, dass viele meiner Quellen und Verweise „aus dem Zusammenhang gerissen" oder falsch wiedergegeben seien.

Dies war nicht der Fall. Ein anderer Kritiker behauptete, dass „die meisten" meiner Schlüsseldokumente aus einer einzigen Quelle stammten. Auch das stimmte nicht.

Dass Kritiker jedoch nicht davor zurückschrecken, einen Autor zu belügen und zu diffamieren, weil ihnen nicht gefällt, was er dokumentiert, ist eine unschöne Realität, die dieser Autor selbst entdeckt hat. Deshalb ermutige ich die Leute immer dazu, „mir meine Fehler zu zeigen" und „mir zu zeigen, wo ich falsch liege".

Zumindest mir scheint es so, dass, wenn Sie etwas schreiben, das auch nur ansatzweise kritisch gegenüber dem Staat Israel oder seinen Anhängern ist, dies automatisch alles, was Sie schreiben, absolut falsch macht. Das behaupten zumindest meine Kritiker, und zwar auf sehr laute, wiederholte und hysterische Weise.

Ich überlasse es ehrlichen Lesern, sich auf meine zitierten Quellen zu beziehen und sie anhand meiner Fußnoten zu überprüfen, und wie gesagt, wenn ich etwas aus dem Zusammenhang gerissen oder falsch wiedergegeben habe, sollen sie mir das bitte mitteilen. Aber nennen Sie mich nicht einen Lügner.

- MCP.

Die Medien in aller Welt loben Michael Collins Piper, doch die kontrollierten US-Medien verunglimpfen ihn...

Im März 2003, am Vorabend der US-Invasion im Irak, war Michael Collins Piper, der Autor von *The New Jerusalem,* in Abu Dhabi, der Hauptstadt der Vereinigten Arabischen Emirate (VAE), als Gast des distinguierten Zayed Centre for Coordination and Monitoring, des offiziellen Think Tanks der Liga der Arabischen Staaten. Über Pipers Vortrag, der sich mit der Voreingenommenheit der US-Medien zugunsten Israels befasste, wurde in der arabischen und englischen Presse des Nahen Ostens sehr positiv berichtet (siehe oben). Im August 2004 reiste Herr Piper nach Kuala Lumpur, der Hauptstadt Malaysias, wo er vor zahlreichen Industriellen, Intellektuellen, Anwälten, Journalisten, Diplomaten und anderen sprach und eine ähnliche, direkte und ehrliche Berichterstattung in den lokalen Medien erfuhr (unten). Im Gegensatz dazu wurde Herr Piper in seinem Heimatland von den führenden US-Medien heftig angegriffen. Das ist keine Überraschung, da Piper - Medienkritiker der unabhängigen Zeitung *American Free Press* (AFP) - ein starker Befürworter von Maßnahmen ist, die die zunehmende Konzentration des Medienbesitzes in den Händen einiger weniger Familien und Finanzinteressen bremsen sollen.

EIN BRIEF DES AUTORS:

Liebe Leserin, lieber Leser:

In Anlehnung an meine früheren Werke - FINAL JUDGMENT und THE HIGH PRIESTS OF WAR - ist dieser letzte Band, THE NEW JERUSALEM, eine kritische Auseinandersetzung mit der zionistischen Macht in Amerika und ihren Folgen. Es ist bei weitem kein „angenehmes" Thema, sich damit zu befassen

Wenn ich über den finanziellen Einfluss der Muslime in Amerika schreiben würde, würden meine Bemühungen in den Medien große Beachtung finden und ich würde als literarisches Genie gelten, in allen großen Nachrichtensendungen interviewt werden und meine Bücher würden in allen Zeitungen des Landes rezensiert werden. Leider ist dies aufgrund des Themas, das ich mir vorgenommen habe, keineswegs der Fall.

Deshalb ist es lebenswichtig, dass nicht nur die einfachen Amerikaner und die unabhängigen Medien, sondern auch denkende Menschen aller Rassen und Glaubensrichtungen auf der ganzen Welt meine Arbeit und die anderer gleichgesinnter Schriftsteller durch Mundpropaganda, Radioaufrufe usw. weithin verbreiten.

Wie ich bereits erwähnt habe, wird meine Arbeit als „radikal" und „kontrovers" angesehen, aber ich entschuldige mich nicht dafür, dass ich die Wahrheit sage. Meine Kritiker sagen, dass man mich ignorieren soll und muss, dass das, was ich zu sagen habe, absurd und unwichtig ist, aber dieselben Kritiker verbringen viel Zeit damit, den Leuten zu sagen, dass sie mich nicht beachten sollen, und sie beschimpfen mich mit allen möglichen Namen. Ich habe das Gefühl, dass ich etwas richtig machen muss.

Mir scheint, dass es an der Zeit ist, eine vereinte globale Front gegen den Zionismus zu errichten. Was

den Ausdruck meiner ausgezeichnetsten Gefühle,

MICHAEL COLLINS PIPER

Andere Titel

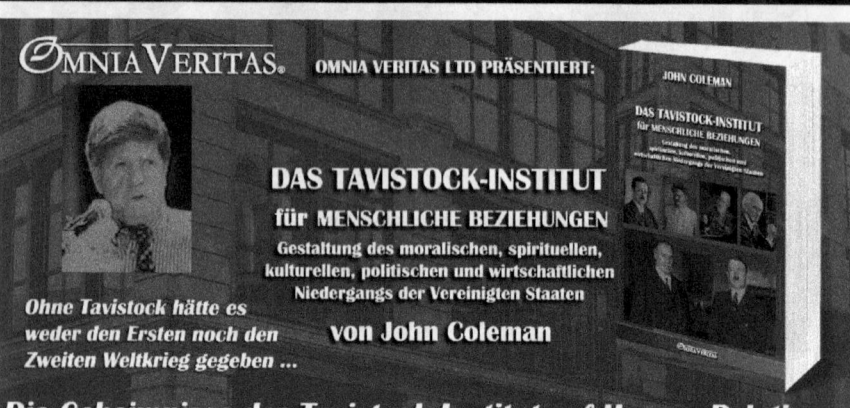

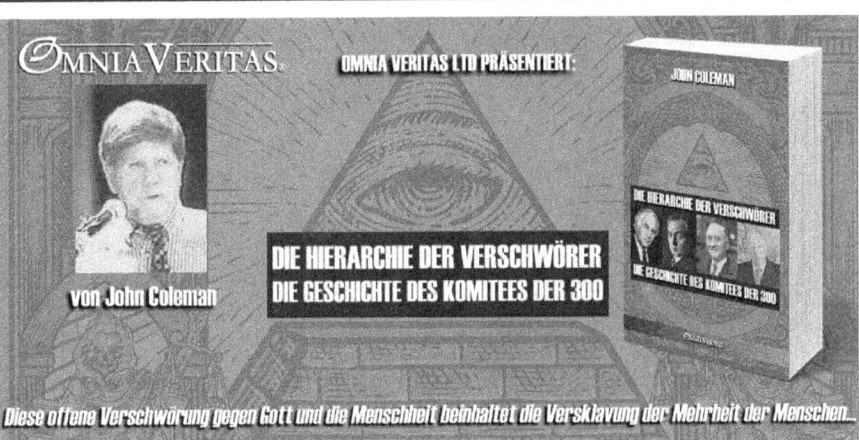

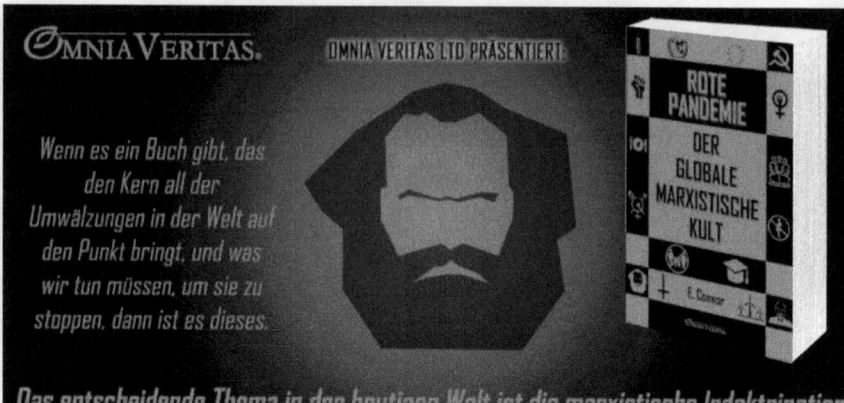

www.ingramcontent.com/pod-product-compliance
Lightning Source LLC
Chambersburg PA
CBHW050140170426
43197CB00011B/1908